本书研究获得国家社会科学基金项目"我国种业对外开放的适度性评估与政策选择"(项目批准号:12CGL064)资助

国家社科基金丛书

我国种业对外开放的实证评估与政策选择

An Empirical Evaluation and Policy-making of the Opening-up of China's Seed Industry

陈龙江 著

人民出版社

目 录

导 论 ……………………………………………………… 001
    第一节　问题的提出与研究意义 ………………………… 001
    第二节　国内外研究现状 ………………………………… 003
    第三节　研究目标与主要研究内容 ……………………… 013
    第四节　研究特色与创新之处 …………………………… 016

第一章　外资进入我国种业的主要历程与影响 ………… 018
    第一节　外资进入我国种业的主要历程与基本概况 …… 018
    第二节　外资进入我国种业的影响 ……………………… 025

**第二章　种业对外开放水平与适度性的概念框架与
评估方法** ………………………………………… 032
    第一节　种业对外开放水平内涵界定 …………………… 033
    第二节　种业对外开放的适度性 ………………………… 034
    第三节　AHP-FCE 综合评估方法 ……………………… 041

第三章　我国种业对外开放水平的实证评估 …………… 051
    第一节　基于规则的种业对外开放承诺 ………………… 051

第二节　基于结果的种业对外开放实践 …………………… 059
　　第三节　种业对外开放水平的综合评估结果 ……………… 085

第四章　开放实践专题研究Ⅰ：我国农作物种子进口
　　　　贸易的现状与趋势 ……………………………………… 100
　　第一节　我国农作物种子进口总体概况 …………………… 101
　　第二节　我国农作物种子进口贸易结构及其变化 ………… 108
　　第三节　我国农作物种子进口的趋势判断 ………………… 118
　　第四节　政策启示 …………………………………………… 120

第五章　开放实践专题研究Ⅱ：农户对外资种子的
　　　　认知与采用行为及其影响因素 ………………………… 123
　　第一节　调查方法与样本基本特征 ………………………… 127
　　第二节　农户玉米种子采用决策行为 ……………………… 130
　　第三节　农户对外资种子的认知、购买和比较评价 ……… 137
　　第四节　农户特征与外资种子采用行为 …………………… 145
　　第五节　政策启示 …………………………………………… 151

第六章　我国种业对外开放的适度性实证评估 ………………… 155
　　第一节　竞争力评估指标体系构建与指标权重确定 ……… 155
　　第二节　竞争力评估指标样本选择说明 …………………… 159
　　第三节　竞争力绩效与竞争力潜力的测算评估 …………… 173
　　第四节　适度性实证评估结果 ……………………………… 179

第七章　我国种业对外适度开放的政策选择 …………………… 182
　　第一节　扩大种业对外开放的政策选择 …………………… 183
　　第二节　提升民族种业竞争力的政策选择 ………………… 197

目 录

第八章 政策选择专题研究Ⅰ：国产棉种竞争力影响因素的实证估计与政策启示 …… 213

- 第一节 我国抗虫棉种市场竞争格局 …… 214
- 第二节 基于"钻石模型"的国产抗虫棉种竞争力影响因素估计 …… 216
- 第三节 政策启示 …… 221

第九章 政策选择专题研究Ⅱ：种子品种创新与生产质量对我国玉米产出的影响 …… 223

- 第一节 文献综述 …… 226
- 第二节 玉米品种创新与生产质量的改善 …… 229
- 第三节 实证模型设定与资料来源 …… 232
- 第四节 估计结果分析 …… 236
- 第五节 政策启示 …… 241

第十章 主要结论与研究展望 …… 243

- 第一节 主要结论 …… 243
- 第二节 研究不足与展望 …… 247

附 录 …… 249

参考文献 …… 260

后 记 …… 275

导 论

第一节 问题的提出与研究意义

20世纪90年代，外资开始进入我国种业。1997年9月，农业部和原国家计委等四部（委、局）联合发布《关于设立外商投资农作物种子企业审批和登记管理的规定》，正式拉开了我国种业对外开放的序幕。2000年《种子法》颁布和2001年加入世界贸易组织（WTO）以后，我国种业对外开放进入了新的阶段，外资种业公司（特别是跨国种业巨头）加快进入我国种业。截至2011年，孟山都、杜邦先锋等世界种业巨头已在华设立了35家种子生产经营企业，种子年进口量1700多万公斤。[①]

从近几年的发展趋势看，外资进入呈现出四个特点：一是投资重点由园艺作物向粮食作物拓展；二是投资环节由生产经营向科研育种延伸；三是投资形式由合资向并购发展；四是投资布局由城市向主产区推进。[②] 目前外资种子公司在蔬菜和花卉领域占据了较高的市场份额，特别是占据了高端蔬菜种子至少50%以上的市场份额。在大田作物上，外资公司市场份额在不

---

① 回良玉：《在全国现代农作物种业工作会议上的讲话》，2011年5月9日，北京种业信息网，见http://www.znlz.com/news_detail/newsId=de9da43f-611d-4ce7-b424-d73f818df0bf&comp_stats=comp-FrontNews_list01-1291551043627.html。
② 张毅、朱隽：《我国种业面临新挑战》，《人民日报》2010年7月11日第6版。

我国种业对外开放的实证评估与政策选择

断提升，但总体仍较低。如棉花领域，目前只占据 1% 左右份额，玉米市场所占份额在 15% 左右，在水稻和小麦市场，跨国公司所占市场份额很少。

外资携强大的技术、资本、品牌和服务优势进入我国种业，对丰富我国农作物品种，引进先进的技术和服务理念，提高种业服务水准，增强我国种子企业的竞争意识，推动我国农业整体水平提高发挥了积极作用。先锋公司引入的玉米单粒播种技术，带动了整个玉米种业向按粒包装的方向发展，缩小了民族种业与跨国公司的差距。

虽然外资进入对我国种业发展具有积极的一面，但随着近几年外资加快进入我国种业，各界对于我国种业可能遭外资垄断和控制，从而对我国粮食安全造成威胁的担忧也与日俱增。赵刚和林源园发布的研究报告就认为，中国种业面临灭顶之危。[①] 这种担忧源于外资种业公司的日渐强势和我国种业公司的竞争力下降。一方面，名义上只能占合资公司 49% 股份的外资公司实际上掌握着种子公司的核心资源（即技术与专利），同时，近几年外资公司通过加快对国内种子企业的并购，隐性突破我国产业政策的限制；另一方面，目前我国 4300 多家持证种子企业中，具有研发能力的只有 100 多家，企业规模小，缺乏科研能力，难以与外资跨国种子巨头公司竞争。目前，除在棉花、玉米、水稻育种的某些方面具有局部优势外，整体上已不具竞争优势。

在此背景下，部分学者和业界人士担忧种业会重蹈大豆业几乎全军覆灭的覆辙，避免种业过度开放，保护民族种业，限制外资的呼声四起，一些重要媒体均发表了连续的专题报道。然而，仅凭感性材料和个例来认定我国种业开放过度显然有待商榷。目前我国种业对外开放仍有如下问题有待深入研究：一是种业对外开放的程度到底怎样？应该从哪些方面采用什么样的方法和指标来恰当评估种业的对外开放度？二是如何判定种业对外开放的适度

---

① 赵刚、林源园:《我国种业灭顶之危》,《第一财经日报》2009 年 7 月 20 日第 A14 版。

性？目前种业到底是开放过度还是开放不足，或者开放适度？所有这些问题已成为当前我国种业对外开放不可回避的问题。

粮食是关系到国家安全的战略性资源，种子是粮食安全的关键，种业更是关系国计民生的战略产业。[①] 种业安全是我国粮食安全的前提，是农业安全的先决条件之一。因此，种业对外开放是一个非常重要的政策问题。如果过度开放，可能会带来产业安全问题；而开放不足，则不利于种业市场的竞争与发展壮大。因此，弄清楚以上问题对政府制定种业对外开放政策，从而保证农业安全具有重要的意义。

然而，对于种业开放这一关系中国粮食安全和农业未来的重大问题的研究目前相当稀少，规范和系统的学术研究极为稀缺。有鉴于此，本书拟从"适度性"这一视角切入，对种子产业对外开放问题展开研究，在构建种业对外开放度及其适度性的概念框架和相应评价指标体系基础上，实证测度我国种业对外开放度及其适度性，提出未来种业对外适度开放的政策选择建议。本书将回答种业对外开放是否适度这一紧迫问题，研究结论可为政府决策提供参考，有助于种业在开放中稳定发展。

第二节 国内外研究现状

有关我国种业对外开放度及适度性问题，目前尚未查询到直接相关的学术研究，间接相关的文献集中于两个方面：一是关于对外开放度的研究；二是关于我国种业对外开放的媒体报道以及少部分相关研究。

一、关于对外开放度的测度研究

对外开放度的研究目前分为两个层次：国家层面和产业层面。国家层

---

① 赵刚、林源园：《我国种子产业发展遭遇严重挑战》，《创新科技》2009年第6期。

我国种业对外开放的实证评估与政策选择

面的研究侧重于利用指标体系或综合指标来考察一国的总体开放度。由于对外开放度的界定不同，国家层面的研究可以分为两类：一是早期研究将对外开放度等同于贸易开放度，主要测度贸易依存度；二是认为对外开放度是一个综合或者多维的概念，需要从几方面进行综合测度，不能只包括贸易开放度，还应当包括金融开放度和投资开放度，甚至于生产开放度、技术开放度、人员流动等。[1]

对贸易开放度的测度目前有两种方法：一种是直接的、基于规则的贸易开放度测度方法，即对一国的对外贸易所涉及的相关政策、制度的开放性进行测度；另一种是间接的、基于结果的贸易开放度度量方法，贸易政策和制度开放性的变化会反映到一国的对外贸易量上，而且，根据"一价定理"，贸易的扩大会导致各国之间商品和要素价格的趋同，[2]因此对贸易依存度指标等进行测度便可反映贸易开放度。这一方法弥补了由于绝大部分的政策和制度难以量化，导致基于规则的贸易开放度测度所得到的结果可信度不高的不足。

基于规则的贸易开放度测度方法具体包括关税税率、非关税壁垒、世界银行外向指数、萨克斯和华纳综合指标[3]、爱德华兹法[4]等方法。最为广泛引用的贸易开放度指标是世界银行外向指数，该指数将不同的国家从完全外向到完全内向划分为四个层次，但是其四个层次的划分依然是基于很强的主观判断。由于各种贸易开放度测度方法各有其合理性，但也有其片面性，所以爱德华兹将九种贸易开放度测度方法综合成一个新的指标。[5]

---

[1] 周茂荣、张子杰：《对外开放度测度研究述评》，《国际贸易问题》2009年第8期。
[2] 周茂荣、张子杰：《对外开放度测度研究述评》，《国际贸易问题》2009年第8期。
[3] Sachs J. D., Warner A., Aslund A., et al., "Economic Reform and the Process of Global Integration", *Papers on Economic Activity*, 1995（1）.
[4] Sebastian Edwards, "Openness, Productivity and Growth: What do We really Know?", *The Economic Journal*, 1998, 108（447）.
[5] Sebastian Edwards, "Openness, Productivity and Growth: What do We really Know?" *The Economic Journal*, 1998, 108（447）.

导 论

基于结果的贸易开放度度量方法具体包括要素禀赋模型法[1]、基于价格扭曲程度的多拉尔法[2]、引力模型法、综合贸易强度（CTI）指标[3]以及综合对外开放度指标[4]。贸易依存度是贸易开放度最常用的指标，其优势在于数据的可得性和所得结果的可比性，而其劣势在于不能真实地反映对外贸易政策和制度的开放性，因为其不仅受到贸易政策和制度的影响，而且受到一国国内市场规模、资源禀赋等因素的重要影响。[5]综合对外开放度的测度方法主要是先选取对外开放度的指标体系，然后确定各指标在综合对外开放度指标中所占权重并对各指标值加权求和。然而，由于对外开放度概念界定的混乱，综合对外开放度指标体系的选择也各不相同。[6]

综合对外开放度指标方法涉及一个重要的问题，即指标权重的设定方法。目前主要有四种方法：主观赋权法[7]、主成分分析法[8]、因子分析法[9]和聚类分析法[10]。主观赋权法即研究者根据经验给定各指标权重的方法，其简便易用，但缺陷在于给定权重时依据主观判断，理论基础不强。主成分分析法、

---

[1] Leamer Edward E, "Measures of Openness", in Robert Baldwin (eds.), *Trade Policy Issues and Empirical Analysis*, University of Chicago Press, 1988.

[2] Dollar D., "Outward-oriented Developing Economies really Do Grow More rapidly: Evidence from 95 LDCs 1976–1985", *Economic Development and Cultural Change*, 1992, 40 (3).

[3] Jay Squalli, Kenneth Wilson, "A New Approach to Measuring Trade Openness", *Economic & Policy Research Unit Working Paper*, No.06–07, 2006, Zayed University, Dubai, UAE, http://www.zu.ac.ae/research/images/06–07–web.pdf.

[4] Gavin Cameron, James Proudman, Stephen Redding, "Openness and its Association with Productivity Growth in UK Manufacturing Industry", *Bank of England Working Papers* 104, Bank of England, 1999.

[5] 周茂荣、张子杰:《对外开放度测度研究述评》,《国际贸易问题》2009 年第 8 期。

[6] 周茂荣、张子杰:《对外开放度测度研究述评》,《国际贸易问题》2009 年第 8 期。

[7] 黄繁华:《中国经济开放度及其国际比较研究》,《国际贸易问题》2001 年第 1 期。

[8] Gavin Cameron, James Proudman, Stephen Redding, "Openness and its Association with Productivity Growth in UK Manufacturing Industry", *Bank of England Working Papers* 104, Bank of England, 1999. Muhittin Kaplan, Alper Aslan, "Quantifying International Openness in Turkey, 1965–1995", *Doğuş Üniversitesi Dergisi*, 2006, 7 (1).

[9] 胡智、刘志雄:《中国经济开放度的测算与国际比较》,《世界经济研究》2005 年第 7 期。

[10] 刘朝明、韦海鸣:《对外开放的度量方法与模型分析》,《财经科学》2001 年第 2 期。

我国种业对外开放的实证评估与政策选择

因子分析法和聚类分析法是近些年兴起的方法,具有较好的统计理论基础,但需要一定的调查样本支持。

产业层面对外开放度的测度,主要集中于金融业[1]、运输业[2]、电信和旅游业等服务业。[3] 对于这些产业的对外开放度,学者们重点测度基于规则的开放度,亦关注基于结果的开放度,极少数研究则开始探讨这些产业对外开放适度性的测度。

基于规则的金融开放度测度一部分评估资本账户的管制程度,主要的方法是构建综合指标体系,其特点在于利用一系列指标来表征资本账户开放度,使用二元虚拟变量 0/1 来表示各分指标封闭或者开放,然后对各分指标的取值求和或求平均,[4] 或者利用主成分分析法综合指标取值,[5] 所得结果即为资本账户开放程度。以上指标由于采用二元虚拟变量,无法反映开放的程度差异,因此一些学者对其进行了部分改进。如将二元虚拟变量增加为三元虚拟变量等,以区分开放的程度差异,但这种改进显然是非实质性的。

基于规则的金融开放度测度的另一部分则主要基于各国对世界贸易组

---

[1] 张金清、刘庆富:《中国金融对外开放的测度与国际比较研究》,《国际金融研究》2007 年第 12 期。管华雨:《中国银行业对外开放的测度及其适度性研究》,博士学位论文,复旦大学,2008 年。Jacques Miniane, "A New Set of Measures on Capital Account Restrictions", *IMF Staff Papers* 51, 2004. Menzie D.Chinn & Hiro Ito, "A New Measure of Financial Openness", *Journal of Comparative Policy Analysis*, 2008, 10(3).

[2] 程涛:《我国运输业适度开放问题研究》,《中国物流与采购》2008 年第 11 期。

[3] 程涛、邓一星:《我国服务贸易适度开放问题之研究——基于承诺开放度的分析》,《国际贸易问题》2008 年第 12 期。潘菁、刘辉煌:《我国知识型服务贸易对外开放度的实证研究:与欧盟比较》,《上海行政学院学报》2009 年第 3 期。Mattoo, Aaditya & Rathindran, Randeep & Subramanian, Arvind, "Measuring Services Trade Liberalization and Its Impact on Economic Growth: An Illustration", *Policy Research Working Paper Series* 2655, The World Bank, 2001.

[4] Jacques Miniane, "A New Set of Measures on Capital Account Restrictions", *IMF Staff Papers* 51, 2004.

[5] Menzie D.Chinn & Hiro Ito, "A New Measure of Financial Openness", *Journal of Comparative Policy Analysis*, 2008, 10(3).

织的服务贸易具体承诺表构建指标。[1]潘菁、刘辉煌采用频度分析法实证分析比较中国与欧盟在服务贸易方面的总体对外开放度与知识型服务贸易部门对外开放度。[2]张金清、刘庆富则将规则从服务贸易减让承诺表扩展到包括其在内的相关政策法规范围,其对外开放的评价指标主要包括金融对外开放参与者的市场准入、经营和服务项目开放、实现途径和方式这三大指标,三大指标再进行分层,对末层指标权重,采用主观赋值法给予各项权重,对于其他层次的指标权重则利用模糊判断的多层次分析法进行计算,最终加权计算得到综合的对外开放水平指标值。[3]

与多数研究只关注对外开放度的测度不同,少数研究进一步提出了产业对外开放度的适度性问题及其测度方法。如程涛、邓一星在分析我国服务贸易的适度开放问题时,通过比较各行业的承诺开放度(基于规则的测度)、实际开放度(以贸易依存度来衡量)、国际竞争力三个指标值的吻合程度,来判定是否过度开放或开放不足,以此判定开放的适度性。他们认为,若承诺开放度和实际开放度都较高,具备较强国际竞争力,则该行业的开放度理想;若承诺开放度较低,实际开放度更低,不具备国际竞争力,则开放不足;若承诺开放度较低而实际开放度较高,不具备国际竞争力,则过度开放。[4]管华雨则进一步构建了银行业对外开放的适度性综合测度指标,对适度性的评价主要考察这两个因素:一是银行业对外开放承诺水平,二是银行业对外开放条件水平。因此,此两指标之比可用来刻画一国或地区银行业对外开放适度性水平。具体计算综合指标值时,利用多层次分析和嫡值法确定

---

[1] Aadtya Mattoo, "Financial Services and the WTO: Liberalisation Commitments of the Developing and Transition Economies", *The World Economy*, Blackwell Publishing, 2000, Vol. 23(3).
[2] 潘菁、刘辉煌:《我国知识型服务贸易对外开放度的实证研究:与欧盟比较》,《上海行政学院学报》2009年第3期。
[3] 张金清、刘庆富:《中国金融对外开放的测度与国际比较研究》,《国际金融研究》2007年第12期。
[4] 程涛、邓一星:《我国服务贸易适度开放问题之研究——基于承诺开放度的分析》,《国际贸易问题》2008年第12期。

各层次评价指标的权重。①

二、关于中国种业开放的研究

关于种业对外开放的学术研究极为稀少，相关探讨主要散见于新闻媒体和种业杂志的报道中。目前各界对于中国种业的对外开放程度存在很大争论，主要分为两方：一方认为种业开放过度，惊呼外资控制中国种子市场，对我国的种质资源和种子产业安全构成了威胁，国内种业面临全线失守、全军覆没的灭顶之灾；另一方则认为，目前种业对外开放并没有过度，外资没有控制和垄断中国种业，并没有威胁种业产业安全，因此要继续坚持对外开放，但是，开放要把握度。

前者如赵刚、林源园和顾列铭均指出，我国种子市场开放后，由于国内上千家种业企业规模普遍较小，难以形成具有国际竞争力的种子企业，结果跨国公司大量涌入，严重挤压了国内种子企业的生存空间。同时，外资加紧在我国进行研发布局，对我国的种质资源和种子产业安全构成了威胁。②而且，外资垄断种子后造成的高价格、高风险"苦果"已逐步显现，国内种业正面临全线失守、全军覆没的险境。胡军华也指出，如果现在完全敞开中国种业市场，没有一家企业可以抗衡国外种子企业的进入，将难逃被兼并或倒闭的命运，预计整个种业在跨国农业公司的冲击下将基本瘫痪。③因此，赵刚、林源园和杨今胜等认为，在这一背景下，培育具有国际竞争力的种业"航空母舰"，保持国家对种业的控制力和影响力，对促进经济发展和保障国家粮食安全具有重大意义。同时，由于我国在大田作物转基因种子等方面的竞争力薄弱，因此目前不宜开放大田作物种子市场，而

---

① 管华雨：《中国银行业对外开放的测度及其适度性研究》，博士学位论文，复旦大学，2008年。
② 赵刚、林源园：《我国种子产业发展遭遇严重挑战》，《创新科技》2009年第6期。顾列铭：《"洋种子"的是是非非》，《中国外资》2010年第9期。
③ 胡军华：《大豆育种业陷重围》，《农产品市场周刊》2010年第4期。

是等有了与跨国公司相竞争的本钱后，再开放大田作物种子市场，这样才不至于陷入被动境地。①

后者如农业部种植业司副司长马淑萍指出，虽然在玉米种子等领域面临外资企业的较大压力，但外资企业在国内种业市场份额仍然有限。在种子新品种开发方面，虽然先锋、孟山都等跨国农业巨头与国内企业联合研发的一些种子在国内颇有口碑，但从总体情况来看，尚未显山露水，目前外资企业的植物新品种申请只占申请总量的5%左右。②刘石也指出，与众多的其他行业相比，中国农业的开放最晚，开放的程度也最小，截至2009年，中国种子行业实际引进外资仅一亿美元左右，而且绝大多数是在蔬菜和花卉领域，而非主要农作物领域，与其他行业相比微不足道。以如此缓慢的发展速度和区区的市场份额而惊呼"外资控制中国种子市场"，实在有悖市场经济的基本常识。③靖飞、李成贵通过研究孟山都、先正达、利马格兰、杜邦先锋等跨国种业巨头在中国种子市场的扩张历程和特征发现，跨国种业巨头在中国种子市场表现出强劲的竞争力，其扩张的基础是雄厚的研发实力和不断满足客户需求的能力，其扩张的真正意图是中国玉米种子市场。④靖飞、李成贵同时也指出，与跨国种子企业孟山都和先正达相比，中国种业上市公司整体规模小，种子业务发展极不稳定，且获利能力较差，种子研发投入方面的差距明显，这些差距的产生是中国种业发展历程和所处发展阶段的必然反映。⑤

---

① 赵刚、林源园：《我国种子产业发展遭遇严重挑战》，《创新科技》2009年第6期。杨今胜、李小霞、柳京国、于淼、李洪胜、邓廷绪、王元仲：《国际化背景下我国种子产业的发展策略》，《山东农业科学》2010年第5期。
② 马淑萍：《中国种业市场900亿"蛋糕"难防外资》，《种子世界》2008年第11期。
③ 刘石：《谁在试图"控制中国种业"》，《经济参考报》2009年12月30日，见http://views.ce.cn/view/economy/200912/30/t20091230_20716255.shtml。
④ 靖飞、李成贵：《跨国种子企业在中国种子市场的扩张及启示》，《农业经济问题》2010年第12期。
⑤ 靖飞、李成贵：《跨国种子企业与中国种业上市公司的比较与启示》，《中国农村经济》2011年第2期。

我国种业对外开放的实证评估与政策选择

虽然中国国内种业企业与跨国公司存在较大差距,但靖飞、李成贵进一步针对国内种业"外资威胁"论,从外资进入对种质资源安全、产业安全、粮食安全和农户经济利益四个方面进行了分析,发现外资进入中国种业还未达到威胁程度。①李成贵也认为跨国种子企业确实给中国种子产业发展带来了压力,在局部地区也具有一定的威胁,但实事求是地讲,还没有上升到"外资威胁"论,更不会发展到对中国种子市场的控制。②

刘石特别分析了巴西种业开放的经验,指出巴西农业开放的二十多年来,跨国种子公司占了巴西种子产业的主导地位,但带来了生产技术、生产效率和农民收入大幅度提高等诸多利益,巴西成为当今世界市场上唯一一个可以和美国在农业领域全面争锋的农业强国。因此,中国的种子产业应该更开放。③靖飞、陈宁基于1980—2010年巴西和阿根廷玉米和大豆生产贸易数据,对其种子市场被跨国种子企业控制前后的玉米和大豆生产贸易情况进行分析。其研究结果表明,两国玉米单产水平明显提高,大豆种植规模得到迅速扩张,由此带来两国玉米和大豆产量的大幅度提升,改变了玉米和大豆世界贸易格局,巴西从玉米的净进口国发展成为玉米净出口国,两国大豆贸易规模得到扩大,已经发展成为美国主要的大豆出口竞争对手。因此,作者认为,从巴西和阿根廷的经验看,中国既要合理利用跨国种子企业进入的机会,保障国家粮食安全,同时,也必须加快推进国有农业科研机构分类改革进程,提高种子企业科技创新能力。④

佟屏亚认为,对中国种业来说,开放比改革更重要,保护"民族种业"

---

① 靖飞、李成贵:《威胁尚未构成:外资进入中国种业分析》,《农业经济问题》2011年第11期。
② 李成贵:《中国种业挑战机遇并存——外资进入中国种业分析》,《农村工作通讯》2012年第4期。
③ 刘石:《从巴西的经验看中国种子产业的开放》,《北京农业》2009年第6期。
④ 靖飞、陈宁:《跨国种子企业进入是福是祸——来自巴西和阿根廷的发现》,《农业经济问题》2014年第7期。

是个伪命题，必须加快开放和改革的步伐，中国种业需要引进外资、先进技术与管理理念，跨国公司也需要中国的市场和资源，中国种业融入国际化产业链才是安全的，不仅有助于中国种业的发展，也会有效地提高粮食产量。①

面对以上关于种业对外开放度的两方争论，一些专家也指出，必须坚持对外开放，但是要在市场开放和国内市场安全之间寻求政策的平衡点。②如成思危提出应该注意两种倾向：一种倾向是对产业安全问题麻木不仁，漫不经心；也要谨防另一种倾向，即夸大产业的不安全，并以此对开放政策质疑。只有坚持改革开放才能确保产业安全。③陈锡文则指出，要坚定不移地对外开放，但是要有度，尤其是关系到一个产业的发展，关系到产业安全问题时更应如此。农业对外开放不能改变，但是当某些个别产品外资控制的比重过高的倾向显现出来时，应该认真研究和应对这类问题。④温思美则明确指出，种子市场开放要适度，否则将会影响我国的农业安全。⑤

除以上关于种业对外开放水平及其适度性的有关讨论外，也有少数研究基于外资进入的背景，从法律视角探讨了跨国种子公司进入中国带来的监管问题和解决对策。如李长健、汪燕认为由于制度的种种缺陷，我国对外资监管的漏洞凸显，使得外资种子企业的发展逐渐威胁到了整个产业安全，甚至是农业安全，因此，健全我国外资种子企业监管的法律制度迫在眉睫，具体可从构建外商投资种业审查的主体制度、完善我国外商投资的相关法律制

---

① 佟屏亚：《中国种业：开放比改革更重要》，《北京农业》2009年第20期。
② 程国强：《农业对外开放影响农资行业》，《中国农资》2007年第10期。
③ 成思危：《只有坚持改革开放才能确保产业安全》，2011年5月26日，中国经济网，见 http://finance.ce.cn/macro/jjxr/mjpl/200712/01/t20071201_12730302.shtml。
④ 陈锡文：《中国农业既要坚定不移对外开放又要把握适度》，《农村工作通讯》2009年第17期。
⑤ 温思美：《种子市场开放要适度》，《科技创新与品牌》2010年第4期。

度、改革外资入股方式等方面着手解决。①杨辉指出，面对我国种子产业安全法律制度存在的一系列不足，应借鉴国外发展经验与教训，完善包括各项制度在内的种子产业安全法律制度体系，具体而言，主要包括种子产业外资准入制度、种子生产经营管理制度、种业国家安全审查制度、种子产业反垄断审查制度、种质资源保护制度、种业知识产权保护制度、种子产业科技创新制度、种子市场监管与执法制度。在完善制度基础上，还要构建一套行之有效的法律运行保障机制，以保证种子产业安全法律制度能够有效运行。②

三、简要评论

虽然目前各界对于种业对外开放度存在较大争论，但是这些争论很多是基于感性材料和个案展开，个别论点甚至带有较强的情感色彩。没有规范系统的科学研究，显然难以对种业对外开放这一重大问题作出恰当的评价。种业对外开放关系中国粮食安全和农业未来，对于种业对外开放的度的把握显然至关重要。由于目前缺少对此问题的深入研究，因此，迫切需要对此展开深入系统的研究。

虽然对于种业对外开放的学术研究相当稀缺，但有关对外开放度的研究成果较多，这些研究所采用的方法可以给种业开放研究提供借鉴。从已有研究看，无论是在国家层面还是产业层面，目前主流的观点是，对对外开放度的测度需要综合考虑，构建综合性指标。现有对外开放测度主流方法有两种：基于规则和基于结果的开放度度量方法，各有优缺点。笔者认为，两种方法测度的结果各自反映了对外开放度的两个方面，前者反映的是对外开放

---

① 李长健、汪燕：《基于产业安全的我国外资种子企业监管法律问题研究》，《中国种业》2012 年第 6 期。
② 杨辉：《外资进入视野下我国种子产业安全法律制度研究》，硕士学位论文，华中农业大学，2017 年。

度的承诺水平(规则层面),后者反映的则是对外开放度的现实实现水平(结果层面)。因此,在产业对外开放的测度中,可以考虑同时将两者结合起来考察,其结果将更为完善。

在实证测度中,无论采用基于规则还是基于结果的开放度度量方法,均面临指标权重的分配问题。目前采用的权重分配方法分为主观赋权法和客观赋权法两类。其中,主观赋权法受主观经验影响可能存在较大偏差,而客观赋权法则相对偏差较小,但通常需要一定的样本数据作支撑。未来研究中,权重分配应是在尽可能采用客观赋权法基础上,同时结合主观和客观赋权法使用。

从已有研究来看,对于对外开放水平是否与经济发展和产业发展相适应,即是否适度这一难点问题的研究仍相当薄弱,仅有极少数研究涉及,尚未构建起广泛接受的适度性评估方法和指标体系,对此需要结合具体产业进一步深入探索。

因此,总体来看,目前对种业对外开放的程度如何、是否适度这一紧迫问题仍有待深入研究。基于此,本书拟从"适度性"这一视角切入展开研究,尝试对以上问题作出回答。本书将构建种业对外开放度及适度性的概念框架和测度指标,为未来研究提供一个分析框架。同时,本书将实证测度我国种业对外开放度及其适度性,提出种业对外适度开放的政策选择建议,以期为政府准确判定种业对外开放度、决定未来开放步骤和路径政策提供参考。

第三节 研究目标与主要研究内容

一、研究目标

本书的目标在于两方面:一是通过理论研究,构建种业对外开放度及适度性测度的概念框架和评估指标体系，并实证检验指标体系，以期为未来有关研究贡献一个分析框架；二是通过实证测度结果，揭示当前种业对外开放的现状，判定种业对外开放是否适度，以发现种业对外开放的不足及原因，最终提出未来种业对外开放的政策选择建议，为政府决策提供参考。

二、主要研究内容

本书将围绕我国种业对外开放的适度性问题这一核心主题展开研究，研究内容将主要回答如下问题：一是种业对外开放的程度如何？如何测度种业对外开放度？二是目前种业到底是开放过度还是开放不足，或者开放适度？如何判定种业对外开放的适度性？三是未来可以采取怎样的开放政策？重点研究内容如下：

（一）构建种业对外开放度与适度性的概念框架与测度指标体系

本书第二章将构建种业对外开放度与适度性测度的分析框架。首先界定种业对外开放的内涵，区分规则层面的对外开放承诺水平和结果层面的对外开放实现水平。承诺水平指一国或地区在政策法规层面上放松或取消外资种业参与者的市场准入、生产经营等方面管制的程度。实现水平则指以承诺水平为前提的外资参与者在东道国境内进入市场从事相应生产经营和服务项目的实践状态。适度性则界定为一国种业对外开放与该国种业发展水平相适应的程度。在概念界定基础上，构建对外开放承诺水平、实现水平及其适度性的评价指标体系。在实证评估中，将分层次构建指标体系，对各层次指标加权估计，加总计算得到指标综合值。

（二）我国种业对外开放度与适度性的实证测度与评估

将在总结外资进入我国种业的主要历程与影响（第一章）基础上，利用构建的指标体系，首先对我国种业对外开放水平进行实证测度（第三章），从政策法规层面的承诺水平和结果层面的实现水平揭示种业对外开放的现状，利用专家咨询、农户调查和统计数据，采用群组决策层次分析法和模糊综合评判法相结合的方法（AHP-FCE混合方法）构建层次结构模型，利用yaahp软件计算各层次指标权重值，最终加权计算得到开放承诺水平和实现水平评估的综合结果。然后进一步利用构建的适度性评估指标实证评估我国种业对外开放的适度性（第六章），同样采用群组决策层次分析法（AHP）确定评估指标权重，并利用样本企业统计数据最终计算得出适度性评估值，依评估值分析当前种业开放所处的适度性区间。本部分同时包括与种业开放实践有关的两项专题研究：我国农作物种子进口贸易的现状与趋势（第四章）和农户对外资种子的认知与采用行为及其影响因素（第五章）。

（三）种业对外适度开放的政策选择

基于前文章节对种业对外开放度现状和适度性评估的实证结论，结合种业开放的效应，以农业部提出的"种子产业安全"为前提，提出种业适度开放的政策建议，采用群组决策层次分析法确定种业各领域对外开放优先序和民族种业竞争力提升政策的优先序（第七章）。本部分同时包括相关的两项专题研究：国产棉种竞争力影响因素的实证估计与政策启示（第八章）和种子品种创新与生产质量对我国玉米产出的影响（第九章）。

本书内容框架如图0.1所示。

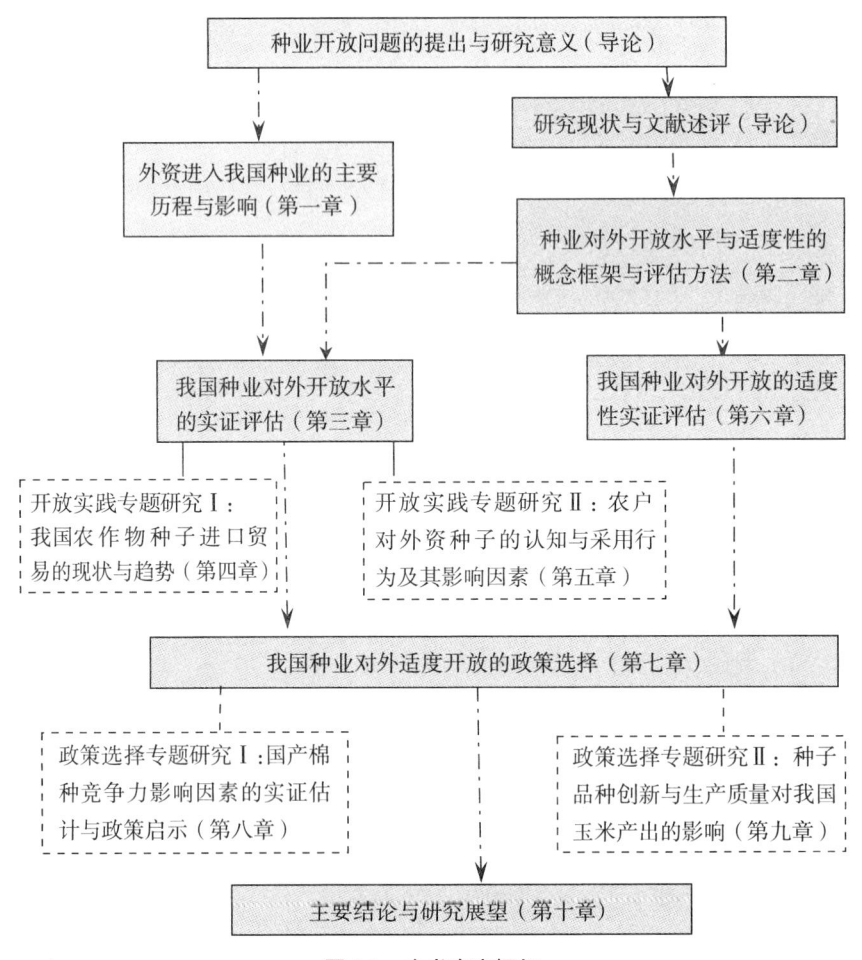

```
┌─────────────────────────────────┐
│  种业开放问题的提出与研究意义（导论）│
└─────────────────────────────────┘
          │            │
          ▼            ▼
┌──────────────┐  ┌──────────────────┐
│外资进入我国种业的│  │研究现状与文献述评（导论）│
│主要历程与影响    │  └──────────────────┘
│（第一章）      │            │
└──────────────┘            ▼
                  ┌──────────────────┐
                  │种业对外开放水平与适度性│
                  │的概念框架与评估方法   │
                  │（第二章）           │
                  └──────────────────┘
```

图 0.1 本书内容框架

第四节 研究特色与创新之处

与国内外已有研究相比，本书研究具有以下特色与创新之处：

一是研究选题较新。虽然对外开放度早有研究涉及，但从研究对象来看，主要涉及国家总体对外开放度的考察，基于产业对外开放度的研究较少，目前主要集中于金融业、运输业等服务业的研究，而对于种业开放这一关系中国粮食安全和农业未来的重大问题,主要散见于报刊媒体的报道,尚未查询到直接相关的系统研究文献。因此,本书可能是首次对这一问题的规范和系统研究。

二是研究视角不同。已有研究绝大多数考察对外开放的现状,而对于对外开放水平是否与国内经济和产业发展相适应,即是否适度这一难点问题的研究仍相当薄弱,尚未构建起广泛接受的适度性测度方法和指标体系。本书从适度性这一视角切入展开研究,一定程度上将弥补已有研究的不足。

三是研究方法较新。本书在界定种业对外开放适度性基础上,提出了新的适度性评估方法,以相对竞争力作为适度性评估指标,并提出了相应的区间判断标准,这一适度性的评估方法提供了新的解决视角和思路,具有一定创新性。同时,研究中采用了 AHP-FCE 相结合的较新综合评估方法。

四是构建了一个分析种业对外开放度及适度性的分析框架,此分析框架所界定的概念体系和构建的评估指标体系,以及实证中所采用的指标计算方法均具有可移植性,可为未来种业或其他产业对外开放研究提供思路。

第一章　外资进入我国种业的主要历程与影响①

第一节　外资进入我国种业的主要历程与基本概况

一、外资进入我国种业的主要历程

20世纪80年代，世界五大种业公司先锋、孟山都、先正达、利马格兰、圣尼斯陆续在中国东部地区设立办事处。如表1.1所示，20世纪90年代，外资开始进入我国种业，但由于对中国市场欠了解，同时受制于中国政策法规，外资的进入比较谨慎。进入的方式主要有两种：一是与中国大型种子企业或种子站设立合资公司，由中方控股，以换取进入中国市场。如1996年泰国正大集团和孟山都公司控股的新加坡岱字棉中国私人有限公司分别在中国设立合资公司。前者与中国种子集团合资成立东方正大种子有限公司，从事优良蔬菜种子的开发、生产、经营与进出口；后者与河北农业厅下属的河北省种子站合资成立了河北冀岱棉种技术有限公司，引入抗虫棉。二是在中国设立办事处、研发中心或实验基地，一方面

---

① 陈龙江、熊启泉：《中国种业开放十余年：回顾与反思》，《华南农业大学学报（社会科学版）》2012年第3期。

第一章　外资进入我国种业的主要历程与影响

研究中国市场，另一方面试验、选育和展示适合中国的新品种种子。如美国杜邦先锋公司在1997年设立北京办事处，次年便在辽宁设立铁岭先锋种子研究有限公司，试验、培育玉米新品种，逐步在辽宁、吉林、黑龙江、山东、河南等地建立了实验基地，选育了著名的玉米品种黑马"先玉335"。此外，蔬菜种业巨头以色列海泽拉种子公司、瑞士先正达种子公司亦于1998年在山东寿光建立了实验站，试验、展示蔬菜新品种。

2000年《种子法》颁布和2001年加入世界贸易组织后，我国种业对外开放进入了新的阶段，国内种子市场，特别是蔬菜、花卉市场对外资全面开放，外资种业公司特别是跨国种业巨头加快进入我国蔬菜、花卉和玉米等种子市场。如2001年荷兰瑞克斯旺种苗集团公司在中国设立瑞克斯旺（青岛）有限公司，从事专业化蔬菜育种、种子生产和销售；2002年美国先锋海布雷公司与山东登海种业公司成立登海先锋种业公司；2006年美国先锋良种国际有限公司与甘肃敦煌种业成立敦煌先锋种业公司；2011年隆平高科与法国利马格兰集团控股子公司签署框架协议，双方共同投资人民币2亿元设立合资公司，从事杂交玉米种子、小麦种子、油脂类作物种子的研究、生产和销售。

表1.1　外资进入我国种业市场重大事件一览表

时间	重大事件
20世纪80年代	世界五大种业公司美国先锋、孟山都、瑞士先正达、法国利马格兰、美国圣尼斯陆续在中国东部地区设立办事处
1993年	法国利马格兰开始进驻中国市场
1996年	泰国正大集团与中国种子集团合资成立东方正大种子有限公司，从事优良蔬菜种子的开发、生产、经营与进出口
1996年	美国孟山都为中国引入转基因抗虫棉和迪卡牌系列向日葵品种，孟山都公司控股的新加坡岱字棉中国私人有限公司与河北农业厅下属的河北省种子站合资成立了河北冀岱棉种技术有限公司，注册资金420万美元，外方投资280万美元
1997年	德国KWS在北京设立办事处

我国种业对外开放的实证评估与政策选择

续表

时间	重大事件
1997年	法国利马格兰在北京正式成立代表处
1998年	美国先锋公司在辽宁设立铁岭先锋研究有限公司
1998年	美国孟山都公司利用中国种子集团与广西农科院玉米研究所合作，在广西区域性试验种植迪卡007[①]
1998年	美国孟山都公司与安徽省种子公司合资成立安岱棉种技术有限公司，注册资金210万美元
1998年	以色列海泽拉种子公司、瑞士先正达种子公司在山东寿光建立实验站
1999年	法国利马格兰集团子公司海泽拉（Hazera）在中国成立代表处，以红果番茄"144"和水果黄瓜"萨瑞格"开始了中国业务
2000年	法国利马格兰集团子公司海泽拉（Hazera）在山东寿光建立示范农场
2001年	孟山都公司与中国种子集团公司合资成立中种迪卡杂交玉米种子有限公司，双方共同投资5.75亿元人民币（8400万美元），中种迪卡种子有限公司是第一家获得许可经营玉米等大田作物种子的合资企业
2001年	荷兰瑞克斯旺种苗集团公司在中国设立瑞克斯旺（青岛）有限公司，从事专业化蔬菜育种、种子生产和销售。2009年经国家工商总局批准，更名为瑞克斯旺（中国）种子有限公司
2002年	法国利马格兰集团控股子公司威马香港有限公司（VHK）Vilmorin Hong Kong Limited与山西腾达种业有限公司合资设立山西利马格兰特种谷物研发有限公司，威马香港有限公司持有77.5%股份股权，山西腾达种业有限公司持有22.5%股权。主要致力于玉米、小麦等大田作物的育种与研发。选育的玉米品种"利合16"于2007年通过国家审定
2002年	美国杜邦集团先锋海布雷公司与山东登海种业公司成立登海先锋种业公司，注册资本668万美元
2004年	孟山都公司获得中国农业部发放的抗农达基因改造大豆、两种转基因玉米及两种转基因棉花的永久性进口安全证书，为持续进口孟山都转基因大豆、玉米和棉花铺平道路
2004年	圣尼斯在中国成立了运营中心，设立了其第三家研究机构
2005年	法国利马格兰成立山东与甘肃蔬菜研究站
2006年	法国利马格兰成立山西与吉林玉米研究站

---

① 湛育红：《外商直接投资对中国种业影响研究》，复旦大学出版社2017年版，第161页。

第一章　外资进入我国种业的主要历程与影响

续表

时间	重大事件
2006年	美国杜邦集团先锋良种国际有限公司与甘肃敦煌种业成立敦煌先锋种业公司，注册资本800万美元，投资总额2000万美元
2007年	瑞士先正达公司收购我国玉米行业的龙头企业——河北三北公司49%的股份，折人民币2.44亿元
2007年	先锋公司与北京未名凯拓农业生物技术公司共同宣布建立合资公司，成立北京凯拓迪恩生物技术研发中心有限责任公司[1]
2007年	法国利马格兰在华首个大田种子业务合资公司——威马寿光农场成立
2007年	杜邦先锋在华北和东北部分地区开始大规模推广玉米单粒机播技术[2]
2008年	法国利马格兰集团子公司海泽拉（Hazera）注册成立独资公司——海泽拉农业技术服务（北京）有限公司
2008年	德国KWS与同济大学合作设立KWS-同济实验室，从事转基因工程、分子标记辅助育种和植物基因精准修饰等生物技术应用研究
2008年	孟山都公司与中国种子集团公司签订协议，扩大对双方中国合资企业的投资额，以便拓展在当地的玉米种子事业[3]
2009年	法国利马格兰成立欧利马（北京）农业技术服务有限公司
2009年	陶氏化学的全资子公司陶氏益农公司与中国水稻研究所签署协议，开展合作研究，把陶氏益农的生物技术平台同中国水稻研究所的先进水稻种植资源相结合
2009年	孟山都与湖南大学达成协议，投资300万美元开发用于改良作物的新型基因
2009年	孟山都生物技术研究（北京）有限公司在北京正式成立[4]
2009年	KWS公司通过其旗下的德国欧海博瑞作物育种公司先期投资200万美元，在合肥市高新区设立中国研发中心，这是KWS进入中国以来申请注册的第一家独立法人机构
2010年	隆平高科以独占许可的方式与山西利马格兰特种谷物研发有限公司进行合作，获得"利合16"玉米品种的生产经营权，并按销售净额的10%（最低不低于2.5元/公斤）每年向山西利马格兰支付品种权使用费

---

[1] 湛育红：《外商直接投资对中国种业影响研究》，复旦大学出版社2017年版，第166页。
[2] 湛育红：《外商直接投资对中国种业影响研究》，复旦大学出版社2017年版，第166页。
[3] 佟屏亚：《中国种业：开放比改革更重要》，《北京农业》2009年第20期。
[4] 湛育红：《外商直接投资对中国种业影响研究》，复旦大学出版社2017年版，第161页。

我国种业对外开放的实证评估与政策选择

续表

时间	重大事件
2011年	隆平高科与法国利马格兰集团控股子公司威马香港有限公司签署框架协议,双方共同投资人民币2亿元设立合资公司,从事杂交玉米种子、小麦种子、油脂类作物种子的研究、生产和销售
2011年	自7月3日起,孟山都公司启动"飞腾计划",在广西32个县580个村举行近600场玉米田间现场展示会,展示迪卡008[1]
2012年	隆平高科拟与美国伊利诺伊基础种子公司(IFSD)在种质资源利用、玉米育种手段和方法等方面开展战略合作,并签署《选择、合作和许可协议》[2]
2012年	中国农业科学院与杜邦先锋公司在京签署了农业基础与应用技术领域合作谅解备忘录[3]
2012年	杜邦先锋(Pioneer)分子育种技术中心落户顺义北京国际鲜花港"北京农业生物技术种业孵化器"[4]
2012年	法国利马格兰成立河南玉米与小麦研究站
2013年	中国农业科学院、杜邦先锋共同主办的"中国农科院—杜邦先锋农民培训项目暨杜邦先锋丰收管家项目"启动[5]
2013年	法国利马格兰大连米可多新总部于大连成立,合并威马—米可多、科劳斯团队两大蔬菜团队,在中国推出了番茄、茄子、甜椒等茄果类产品,胡萝卜及西蓝花、甘蓝等19个蔬菜种类,共计88个蔬菜品种,业务涉足中国20多个省市
2015年	法国利马格兰集团与甘肃恒基种业有限责任公司共同出资成立中外合资企业恒基利马格兰,专业从事玉米种子选育、生产、加工和销售

资料来源:笔者根据企业网站、新闻报道以及佟屏亚:《中国种业:开放比改革更重要》,《北京农业》2009年第20期;湛育红:《外商直接投资对中国种业影响研究》,复旦大学出版社2017年版等资料进行整理所得。

---

[1] 湛育红:《外商直接投资对中国种业影响研究》,复旦大学出版社2017年版,第161页。
[2] 湛育红:《外商直接投资对中国种业影响研究》,复旦大学出版社2017年版,第168页。
[3] 湛育红:《外商直接投资对中国种业影响研究》,复旦大学出版社2017年版,第166页。
[4] 湛育红:《外商直接投资对中国种业影响研究》,复旦大学出版社2017年版,第166页。
[5] 湛育红:《外商直接投资对中国种业影响研究》,复旦大学出版社2017年版,第166页。

2012—2013年，杜邦先锋公司在中国动作频频，包括与中国农业科学院签署了农业基础与应用技术领域合作谅解备忘录，将分子育种技术中心落户北京顺义，启动了与中国农业科学院共同主办的"中国农科院—杜邦先锋农民培训项目暨杜邦先锋丰收管家项目"。法国利马格兰也在2012年成立了河南玉米与小麦研究站，之后又在2013年于大连成立大连米可多新总部，合并威马—米可多、科劳斯团队两大蔬菜团队，而后2015年与甘肃恒基种业有限责任公司共同出资成立中外合资企业恒基利马格兰，专业从事玉米种子选育、生产、加工和销售。很明显，法国利马格兰已经在稳固蔬菜种子业务基础上，剑指玉米种业。

二、外资种子企业基本概况

2000年《种子法》颁布以来，我国种子市场呈现出一片繁荣景象，种子企业数量、企业规模均快速增长。农业部核发农作物种子经营许可证的企业数量由2001年的不足百家，发展到2011年的239家，2016年达到339家。其中，中资企业数量大幅增长，从2001年的28家迅速增长至2016年的315家，而同期，外资种子企业数量却在减少，从2001年的63家减少为2011年的33家，2016年进一步减少为24家，2018年更是下降为14家（见表1.2）。因此，2000年以来，在跨国种业巨头加快进入我国种业的同时，却有部分中小型的外资种子企业退出我国种业市场。

表1.2 农业部核发农作物种子经营许可证的企业数量及构成分布　（单位：家）

项目	2001年	2011年	2016年	2018年
企业数量	91	239	339	150
经营有效区域				
全国	26	89	99	85
区域性	65	150	240	65

我国种业对外开放的实证评估与政策选择

续表

项目	2001年	2011年	2016年	2018年
注册资本				
3000万元（含）以上	29	111	320（其中亿元以上184）	138（其中亿元以上70）
500万元（含）至3000万元	20	107	11	7
500万元以下	42	21	8	5
企业性质				
外资企业	63	33	24	14
中资企业	28	206	315	136

资料来源：2001年数据根据农业部农农发〔2001〕13号、16号文整理，2011年和2016年数据根据农业部种植业管理司和农业部信息中心主办的中国种业信息网经营许可证查询数据库整理所得，2018年资料来源于农业农村部种业管理司中国种业大数据平台。

另外，从注册资本来看，如表1.3所示，中资企业的注册资本总体远高于外资企业，2011年206家中资企业中，注册资本在3000万元以上的企业占50%以上，500万元以下仅占3.4%，而33家外资企业中，注册资本在3000万元以上的企业只占21%，500万元以下的则占42.4%。2016年315家中资企业注册资本全部在3000万元以上。2018年14家外资企业中，注册资本在3000万元以上的企业只有2家，占14.3%，而500万元以下的则占35.71%。

从最高注册资本额来看，中资企业北京顺鑫农业股份有限公司的注册资本达到39774万元人民币，而外资企业注册资本最高的青岛国际种苗有限公司注册资本为12000万元人民币，襄樊正大农业开发有限公司仅为9700万元人民币，约为前者的四分之一。[①] 因此，从注册资本实力来看，中资企业相对而言占有优势。

---

① 数据来源：根据农业部种植业管理司和农业部信息中心主办的中国种业信息网经营许可证查询数据库和农业部公告整理。

表 1.3 中外资种子企业注册资本比较

注册资本	2011 外资企业数（占比）	2011 中资企业数（占比）	2016 外资企业数（占比）	2016 中资企业数（占比）	2018 外资企业数（占比）	2018 中资企业数（占比）
3000万元（含）以上	7（21.2%）	104（50.5%）	5（20.84%）	315（100%）	2（14.29%）	136（100%）
500万元（含）至3000万元	12（36.4%）	95（46.1%）	11（45.83%）	0	7（50%）	0
500万元以下	14（42.4%）	7（3.4%）	8（33.33%）	0	5（35.71%）	0

资料来源：根据农业部种植业管理司和农业部信息中心主办的中国种业信息网、农业农村部种业管理司中国种业大数据平台的经营许可证查询数据库和农业部公告整理，2018年资料来源于农业农村部种业管理司中国种业大数据平台。

第二节　外资进入我国种业的影响

一、外资进入的积极影响

（一）丰富我国品种资源，提高农业产量

根据农业部植物新品种保护办公室的统计，1999—2014年，境外企业等主体提出的品种权申请为787项，获授权数为132项，2015—2016年，境外主体申请数共354项，获授权数为205项，显然对丰富我国品种资源作出了贡献。特别值得注意的是，虽然外资企业获授权的品种权数量较少，占比不及10%，但其中部分品种在国内种子市场影响巨大。以杜邦先锋公司为例，其品种"先玉335"每亩产量为1100—1200斤，高于其他品种。显然，"先玉335"的推广在丰富我国品种资源的同时，也提高了农业产量。

（二）引进先进育种技术和营销理念

跨国种业巨头通过其在全球市场的几十年积累，无论是在育种技术还是营销理念上均远领先于国内种子企业。跨国种业公司的进入带来了先进的育种技术和营销理念。如先锋公司引入的玉米单粒播种技术，带动了整个玉米种业向按粒包装的方向发展，缩小了民族种业与跨国公司的差距。同时，先锋公司的服务营销理念也给国内种子公司提供了借鉴。先锋公司不仅有健全的销售网络，负责搜集种植农户的信息，而且向农民推广单粒机械化播种技术，给予单粒播种机械补贴，同时针对先玉系列品种易倒伏的特点，向农户配送矮壮素，并提供病虫防治和田间管理方案。

（三）增加农民收入

跨国公司引进的一些品种一方面单产较高，另一方面能抗虫害，从而减少了农药等支出，因此，有利于增加种植这些品种的农民的收入。如孟山都公司引入的保铃棉，仅在1998—2002年间，为河北和山东省农民节省农药费用近7亿元人民币。根据对2500名种植者的调查，保铃棉的产量平均高于常规棉花25%，平均每亩增收400元以上，仅2000年一年就为棉农带来超16亿元人民币的收入。① 又如玉米种子"先玉335"，根据记者对地处世界知名的黄金玉米带吉林省榆树市的调查：在正常的年景里，"先玉335"玉米种子的产量与普通国产玉米种子产量不相上下，一垧地的产量约2.4万斤。但是由于"先玉335"的加工出粉率较高，所以收购价格要比普通玉米价格平均高出2—3分钱/斤，也就是说，种植一垧地的"先玉335"玉米，农民可以多收入480—720元。2012年榆树市种植玉米的面积约为24万公顷（垧），大约有七成当地粮农在种植"先玉335"玉米，按此计算，当地农民种植"先玉335"每年可多收入8064万元—

---

① 数据来源于孟山都公司网站，见 http://www.monsanto.com.cn/about_us/china_pledge.htm。

12096 万元。①

(四)推动竞争和创新

20 世纪 90 年代初,孟山都公司第一次把保铃棉种子引进中国。1998 年起在河北、安徽省大面积推广种植,2003 年达到 5000 多万亩,占据中国 60% 以上的市场份额。但是,正是在这样的市场竞争压力下,中国抗虫棉研究奋起紧追,建立了具有国际先进水平的抗虫棉技术平台,仅用四年时间就取得了长足进步,研制出了几十个具有较强竞争力的抗虫棉新品种,中国因此成为世界上第二个拥有抗虫棉自主知识产权的国家。② 国产抗虫棉种植面积也从 2001 年的 2500 万亩增加到 2004 年的 5550 万亩,③ 占全国棉花种植面积的 2/3,超过了孟山都公司。又如时俊光指出的,美国先锋公司玉米种子在中国的成功改变了中国育种者的育种观念。先锋公司许多品种利用主要杂优模式是 A×B;母本来源主要是 Reid 血缘的选系,父本是 Lancaster 血缘选系。而国内玉米品种利用主要模式是 Reid× 旅系、Reid× 唐四平头改良系,其杂交种存在着后期脱水慢、出籽率不高、熟期偏长、商品性一般等缺点,逐渐被先锋杂交种所取代。因此,先锋玉米对中国育种有着很重要的影响,育种者普遍认为:熟期适中,出籽率高,品质好,脱水快,抗多种病害,抗倒,适应区域广,是今后玉米育种主攻目标,改变了中国育种者的育种观念。④

---

① 栾喜良、吴丽娟:《国产玉米种子遭遇危机》,2010 年 6 月 9 日,见 http://finance.ifeng.com/money/roll/20100609/2292906.shtml#。
② 佟屏亚:《2005 年中国种业要事点评》,《中国种业》2005 年第 12 期。
③ 冯华:《我棉花种植 2/3 是转基因抗虫棉》,《人民日报》2005 年 6 月 23 日第 6 版。
④ 时俊光:《美国先锋玉米杂优模式利用对中国玉米育种的影响》,《杂粮作物》2010 年第 3 期。

二、冲击与挑战

（一）挤占国内种子市场

国外品种以其优异的品种性状、灵活的营销模式和优良的技术服务快速占领我国种子市场，挤压了国内种业发展的空间。据农业部统计，2010年，以"先玉335"为代表的国外玉米品种种植面积达4300多万亩，占国内玉米面积的9%；进口甜菜、向日葵和瓜菜种子分别占国内相应作物种植面积的95%、65%和10%。相比之下，大多数国内种子企业缺乏品种创新能力、营销网络不健全、售后服务没有跟上，难以与国外公司进行抗衡。[①]从总体来看，2010年，外资品种推广面积为粮食作物5267万亩，蔬菜瓜果388万亩，其他作物1864万亩，合计7519万亩。2016年推广面积粮食作物增长至8047万亩，蔬菜瓜果下降为249万亩，其他作物下降为1203万亩，合计9499万亩。[②]外资品种的推广，显然挤压了国内种业的市场空间。

（二）推动种子价格大幅上涨

外资在进入中国市场后，依仗其在种子品质、产量、抗病性等方面的优势，大幅提高种子价格，"天价种子"不断涌现。比如以色列海泽拉公司推出的番茄种子"189"、以色列艾曼公司推出的番茄种子"汉克"、瑞克斯旺公司推出的茄子种子"布利塔"、先正达公司推出的甜椒种子"方舟"等，每克都在100元上下。而甜椒品种"蔓迪"更是开出了每克180元的天价，1克种子相当于1克铂金。[③]再如先锋公司的"先玉335"价格以前

[①] 回良玉：《在全国现代农作物种业工作会议上的讲话》，2011年5月9日，北京种业信息网，见 http://www.znlz.com/news_detail/newsId=de9da43f-611d-4ce7-b424-d73f818df0bf&comp_stats=comp-FrontNews_list01-1291551043627.html。

[②] 原始数据来源于全国农业技术推广服务中心历年全国农作物主要品种推广情况统计，经笔者统计计算得到。

[③] 邵长勇、唐欣、梁凤臣等：《基于粮食安全视角下的中国种子产业可持续发展战略》，《中国种业》2010年第4期。

在每公斤 26—27 元（东北市场零售价格一度高达每公斤 60 元），价格为国内种子品种"郑单 958"的 3 倍以上，利润率高达 50% 以上。[①]2009 年 4400 粒/袋包装的"先玉 335"售价 38 元，而 2010 年提价为 39.5 元。国外种子的高价和持续上涨，推高了国内种子价格水平。

（三）阻碍国内品种创新

国外品种的快速扩张也严重挫伤了国内育种的积极性。以甜菜为例，目前大面积推广种植品种都是国外品种，国内品种都是非主栽品种，并且都是 90 年代选育；在设施蔬菜方面，国内选育基础非常薄弱，几乎被国外品种垄断。由于育繁推脱节，在品种选育方式、方法和理念上与国外存在较大差距，难以选育出突破性的品种，甚至迫使国内一些育种单位退出甜菜、设施蔬菜方面的品种选育工作。[②]

（四）削弱我国育种优势

目前，孟山都、先正达、先锋等跨国公司在转基因技术、分子育种技术等方面具有绝对优势。据报道，孟山都早已选育出二代抗虫棉品种，不仅抗棉铃虫，还抗盲椿橡，其稳定性远远优于一代抗虫棉品种。同时，孟山都已具备在一个品种上同时转入抗虫、抗病、抗除草剂、抗旱、抗倒伏、增加营养等多价基因的技术及取消转基因标记的技术，而目前国内仅能转入单价基因。一旦外资进入我国转基因领域，不仅会加速其在我国玉米、棉花、蔬菜等作物种子市场上的扩张速度，还可能威胁水稻等主粮作物，使我国在水稻种质资源和育种方法方面的优势逐步减弱。[③]

---

① 降蕴彰：《全国主推两大玉米品种：郑单 958 神话 VS 黑马先玉 335》，2011 年 5 月 26 日，中国种业商务网，见 http://www.chinaseed114.com/newsinfo.php?id=24452。
② 回良玉：《在全国现代农作物种业工作会议上的讲话》，2011 年 5 月 9 日，北京种业信息网，见 http://www.znlz.com/news_detail/newsId=de9da43f-611d-4ce7-b424-d73f818df0bf&comp_stats=comp-FrontNews_list01-1291551043627.html。
③ 回良玉：《在全国现代农作物种业工作会议上的讲话》，2011 年 5 月 9 日，北京种业信息网，见 http://www.znlz.com/news_detail/newsId=de9da43f-611d-4ce7-b424-d73f818df0bf&comp_stats=comp-FrontNews_list01-1291551043627.html。

（五）搜集、改良我国优质种质资源

目前，跨国公司如孟山都、先锋、先正达、利玛格兰和拜耳等外资企业与我国科研单位合作，通过交换品种资源以及挖掘人才等多种形式，大量搜集、改良我国优异资源，试图从源头上控制我国种业。更为严重的是，我国很多种质资源被跨国公司搜取后，分离克隆有用的基因并申请专利，反过来成为跨国公司制约我国技术发展的专利手段。比如，我国的野生大豆种质资源被美国孟山都公司非法获取后，其通过分子标记等手段申请了160多项专利。这样，中国农民种植中国大豆却侵犯了孟山都的专利。①

（六）威胁粮食安全

目前，先锋公司等外资种子企业在不断扩大种子生产规模。以其发展势头和潜力，预计在我国农作物种子市场，尤其是玉米种子市场的份额将增加。届时，将可能造成市场垄断、价格上涨，最关键的是我国粮食生产的源头可能被控制在国外企业手中，直接威胁我国粮食安全。②在转基因水稻方面，绿色和平组织和第三世界网络联合公布《国外专利陷阱中的"中国"转基因水稻》报告称，目前中国最有可能商业化的三种转基因水稻，其多项专利属于外国公司，这可能导致中国对它的主粮失去控制。③因此，外资种子公司在转基因技术上的优势将会给我国粮食安全带来很大隐患。

本章在梳理外资进入我国种业的重要节点事件基础上，回顾了外资进入我国种业的主要历程，并概括介绍了目前外资种子企业的基本

---

① 赵刚、林源园：《我国种子产业发展遭遇严重挑战》，《创新科技》2009年第6期。
② 回良玉：《在全国现代农作物种业工作会议上的讲话》，2011年5月9日，北京种业信息网，见 http://www.znlz.com/news_detail/newsId=de9da43f-611d-4ce7-b424-d73f818df0bf&comp_stats=comp-FrontNews_list01-1291551043627.html。
③ 赵刚、林源园：《我国种子产业发展遭遇严重挑战》，《创新科技》2009年第6期。

情况，总体而言，跨国种子企业数量在减少，由蔬菜、花卉等向玉米等领域进军。同时，本章从积极影响和冲击与挑战两方面列举了外资进入我国种业的影响。其积极影响在于丰富我国品种资源、提高农业产量、引进先进育种技术和营销理念、增加农民收入和推动竞争与创新；其带来的冲击与挑战包括：挤占国内种子市场，推动种子价格大幅上涨，阻碍国内品种创新，削弱我国育种优势，搜集、改良我国优质种质资源和威胁粮食安全。本章内容为后续研究提供了一个概况基础。

第二章 种业对外开放水平与适度性的概念框架与评估方法

借鉴管华雨等关于银行业等服务业开放的研究,[①] 笔者认为,种业对外开放也可以从两个层面来理解其内涵,一是规则层面的对外开放承诺水平,二是结果层面的对外开放实现水平。

种业对外开放承诺水平指一国或地区在政策法规层面上放松或取消外资种业参与者的市场准入、生产经营和种子进口等方面管制的程度。种业对外开放的实现水平则指以承诺水平为前提的外资参与者在东道国境内进入市场从事相应生产经营和服务项目以及种子进口的实践状态。两个层面考察的结果各自反映了对外开放度的两个维度,前者反映的是对外开放度的承诺水平(规则层面),后者反映的则是对外开放度的实现水平(结果层面)。

从以上对种业对外开放度两个维度的内涵界定中也可以发现,种业对外开放的途径大体有两条:一是外资种业参与者进入我国市场参与种子育种、生产、推广销售与服务等,即外资种业以FDI形式进入;二是直接从

[①] 管华雨:《中国银行业对外开放的测度及其适度性研究》,博士学位论文,复旦大学,2008年。

第二章　种业对外开放水平与适度性的概念框架与评估方法

国外进口种子，即外资以产品形式进入。因此，无论是对外开放的承诺水平还是实现水平，均涉及以上两个方面。

种业对外开放水平是否适度则可以从种业对外开放与种业发展水平相适应的程度来考察。其中，种业发展水平是一国种业对外开放的前提和基础，是种业发展所处的宏观经济状况、产业条件和企业经营状况的总和。

第一节　种业对外开放水平内涵界定

一、规则层面的种业对外开放承诺水平

前文已经指出，从政策法规意义上而言，所谓种业对外开放指一国或地区在放松或取消外资种业参与者的市场准入、生产经营等方面管制的程度。其具有静态和动态两方面的内涵：静态上，是指一国在某一时点通过颁布相关政策法规放松和取消上述管制，使得外资种业参与者或国外种子有机会进入该国市场；从动态角度看，这是一个不断放松管制的过程，由完全不开放逐步走向高度开放，最终完全开放的过程。由于相关政策法规构成一国种业对外开放的规则承诺，因此，基于政策法规的种业对外开放水平可称之为种业对外开放的承诺水平。

在具体的分析中，根据我国开放政策的实践，承诺水平可以从如下几方面进行评估：一是涉及种业的相关产业政策法规，包括外商投资的产业限制、禁止和企业并购的国家安全审查政策等；二是比较微观层次的企业设立与经营有关的政策法规，包括企业设立审批程序、控股限制、注册资本要求、企业类别限制、国内企业税收优惠等；三是境外企业与国内科研机构、企业进行技术研发合作的有关政策，如必要条件下进行国家安全审查、种质资源的交换等；四是种子进口有关政策，如进口许可、进口税收优惠差别待遇等。

二、结果层面的种业对外开放实现水平

种业相关政策法规开放度的变化会影响到一国种业市场的各个方面，如外资种子企业数量的变化，外资种子市场份额变动等，因此，种业对外开放亦可以从间接的开放结果角度进行界定，即以种业对外开放承诺水平为前提的外资种业参与者在东道国境内进入市场从事相应育种研发、生产繁殖、推广销售等经营和服务项目及外国种子进口的实践过程和结果。这种基于结果的种业对外开放对应的开放度，可称之为种业对外开放实现水平。

种业对外开放的实现水平可以通过数据统计分析进行评估，涉及实现的广度和深度水平两个维度。前者衡量指标包括外资种子企业数量占比、外资企业新品种申请数和授权数占比、外资进入的种子类别数占比、外资进入的区域数占比、外资品种进入推广名单数占比等等；后者衡量指标主要包括外资种子的市场份额占比、农户对外资种子的认知采用度等。

第二节　种业对外开放的适度性

一、适度性的界定与评估指标

产业对外开放的适度性判定长期以来是研究中的一个难点问题。在已有的关于产业对外开放的研究中，只有极少数研究提出了产业对外开放度的适度性问题及其测度方法。如程涛、邓一星在分析我国服务贸易的适度开放问题时，通过比较各行业的承诺开放度（基于规则的测度）、实际开放度（以贸易依存度来衡量）、国际竞争力三个指标值的吻合程度，来判定是否过度开放或开放不足，以此判定开放的适度性。其认为，若承诺开放度和实际开放度都较高，具备较强国际竞争力，则该行业的开放度理想；

第二章　种业对外开放水平与适度性的概念框架与评估方法

若承诺开放度较低,实际开放度更低,不具备国际竞争力,则开放不足;若承诺开放度较低而实际开放度较高,不具备国际竞争力,则过度开放。[①]管华雨则进一步构建了银行业对外开放的适度性综合测度指标,对适度性的评价,主要考察两个因素:一是银行业对外开放承诺水平,二是银行业对外开放条件水平。因此,此两指标之比可用来刻画一国或地区银行业对外开放适度性水平。具体计算综合指标值时,利用多层次分析和嫡值法确定各层次评价指标的权重。[②]

管华雨对适度性的测度能得出具体清晰的数字结论,但其研究依赖于大量的国际比较数据推断出适度性的判定区间,同时,其指标的赋值亦存在一定的准确性难度,因此,其研究方法对于本书不具可行性。相比较而言,程涛、邓一星的适度性判定方法具有较高的可行性,虽然表面上无法给出一个关于适度性的具体数字结论,但对于总体状况和趋势的判定在逻辑上还是比较可靠的。

笔者认为,适度性可以界定为一国种业对外开放与该国种业发展水平相适度的程度。对于种业对外开放的适度性的具体评估,需要从种业这个产业的竞争发展与产业安全两方面出发来考量。原因是:一方面,种业对外开放引入国外种业巨头,在带来新品种和新技术的同时,也会给市场带来激烈竞争,市场充分竞争显然有利于国内种业在竞争中发展壮大,因此从这个意义上讲,种业对外开放是必要的;另一方面,种业安全涉及粮食安全,从而关乎国家安全,故担忧若在开放进程中,市场竞争的结果是外资种业占据优势,形成对中国种业市场的垄断与控制,则会造成种业安全风险,进而在特定情况下造成国家安全风险。

[①] 程涛、邓一星:《我国服务贸易适度开放问题之研究——基于承诺开放度的分析》,《国际贸易问题》2008年第12期。
[②] 管华雨:《中国银行业对外开放的测度及其适度性研究》,博士学位论文,复旦大学,2008年。

因此，笔者认为，对种业对外开放适度性的评估，乃是在开放促进市场竞争发展与确保产业安全之间进行权衡评估。从这个意义上讲，种业对外开放是否适度，则应基于种业对外开放过程中，外资种业是否对于我国种子市场形成垄断控制来判定，而这种垄断控制的市场结果，从根本上讲，源于外资种业和民族种业之间的竞争力差异。

或者说，判断种业对外开放是否适度，要看开放政策（对外开放承诺水平）是否与国内种业发展条件（民族种业）相适应，若国内种业发展条件好（民族种业竞争力强），那么在一定的开放政策下，民族种业能够与外资种业充分竞争，国内种业不会被外资种业垄断控制；反之，若国内种业发展条件不好（民族种业竞争力弱），那么在同样的开放政策下，民族种业难以与外资种业抗衡，国内种业将很可能被外资种业垄断控制。由此，判定种业对外开放政策的适度性，即是不是与国内种业发展条件相适应，根本上是要看在对外开放的过程中，民族种业和外资种业之间的相对竞争力变化情况。

因此，笔者认为，种业对外开放的适度性可以相对竞争力来判定，为此，笔者构建了一个相对竞争力指数RCI（Relative Competitiveness Index），若以NCI表示民族种业的竞争力，以FCI表示外资种业的竞争力，则计算公式为：

$$相对竞争力指数（RCI）= \frac{民族种业的竞争力（NCI）}{外资种业的竞争力（FCI）}$$

以上公式表明如下含义：一是对适度性即相对竞争力的判断，是基于民族种业和外资种业（包括FDI和进口种子）之间的竞争力之比；二是适度性的评估结果是随着时间动态灵敏变化的，比如随着时间过去，双方竞争力一增一降，或同时下降或上升，但只要幅度不同，则双方的相对竞争力就会发生变化，这一点都会在RCI的不同值上得到反应；三是可通过计算出来的RCI值来判断区分所属的开放适度性区间。

第二章 种业对外开放水平与适度性的概念框架与评估方法

理论上，RCI 的取值区间为 [0, ∞)，笔者将开放的适度性区分为开放极为过度、开放过度、比较过度、比较适度、开放比较不足、开放不足、开放极不足等几种情形，对应的 RCI 取值区间如表 2.1 所示。需要说明的是，RCI 的取值区间综合考虑了不同开放度所带来的不同的竞争与垄断关系，如理想的状态是双方竞争力相等，从而充分竞争，有利于种业在竞争中发展；若双方竞争力差距不大，市场竞争激烈，则仍有利于种业发展。因此，开放是比较适度的；若双方竞争力差距较大或非常大，则市场竞争程度相对较低，不是很有利于种业的发展，那么市场开放可能不足或过度；若双方竞争力差距极大，则市场由竞争走向垄断，这种情况下开放是极为过度或不足的。

具体计算时，以理想情况 RCI=1，即民族种业和外资种业竞争力相等，双方势均力敌为起点；以双方竞争力差距在 0—20% 计算的 RCI 临界值，作为开放比较适度的区间；以双方竞争力差距在 20%—60% 计算的 RCI 临界值，作为开放比较过度或比较不足的区间；以双方竞争力差距在 60%—90%，作为开放过度或不足的区间；以双方竞争力差距在 90%—100% 计算的 RCI 临界值，作为开放极为过度或极为不足的区间。

表 2.1 表明了适度性评估的 8 个取值区间和 3 种特殊情况。虽然 3 种特殊情况是理论上的分析结果，现实中很难出现，但仍值得注意。由于外资种业和民族种业竞争力完全等同，即 RCI=1 的情况在现实中几乎不太可能出现，因此，笔者将这种情况下开放的适度性称为开放理想适度。而 RCI=0 这种特殊情形，表明市场完全开放，民族种业完全退出，外资种业完全垄断中国种业。与之相反，RCI→∞ 则表明市场完全封闭，无外资种业进入，民族种业垄断控制中国种业市场。

我国种业对外开放的实证评估与政策选择

表 2.1 种业对外开放的适度性判定区间

	RCI 取值区间	开放适度性
极端情况	0	完全开放，外资种业完全垄断中国种业
	(0, 0.1]	极为过度
	(0.1, 0.4]	开放过度
	(0.4, 0.8]	比较过度
	(0.8, 1)	比较适度
理想情况	1	理想适度，外资种业和民族种业竞争力相等
	(1, 1.25]	比较适度
	(1.25, 2.5]	比较不足
	(2.5, 10]	开放不足
	(10, ∞)	开放极不足
极端情况	∞	完全封闭，无外资种业进入，民族种业垄断控制

资料来源：笔者总结。

二、种业对外开放水平与适度性的关系

对于种业对外开放水平与适度性的关系，这里专门进行说明如下。种业对外开放承诺水平，即开放政策只是确定了是否允许外资种业进入，以及何种方式进入，但开放是否适度并不完全由开放政策来决定，同时取决于国内种业发展条件，或者说，种业开放是否适度取决于在一定开放政策环境中，民族种业和外资种业的竞争力的相对变动状况。因此，即便政策开放度较高，但若民族种业竞争力强，与外资种业竞争力不相上下，那么开放也是适度的，并不是政策开放度高就一定不适度。

进一步来看，笔者认为，种业开放政策在外资种业竞争力潜力和竞争力绩效之间构建了一个防火墙，因此种业对外开放是否适度，既受防火墙高度的影响，亦受外资种业竞争力绩效的影响，而后者则受到民族种业竞争力的影响。因此，种业政策开放度高（防火墙低）并不意味着一定开放适度，还要看民族种业竞争力的高低，两者并不等同。

同时，适度性的判断是动态的，即使种业对外开放的政策不变，但随着民族种业和外资种业竞争力的变动，是否适度的判断也会变化。因此，具体的开放政策要根据种业开放的实现水平和适度性判断结论进行动态调整。

三、竞争力的界定与评估指标

前文适度性的评估指标涉及竞争力的评估问题，由此，需要对竞争力进行界定，确定竞争力的评估方法。

拉里·马丁、兰德尔·威斯特格伦、厄纳·范·杜伦（Larry Martin, Randall Westgren, & Erna van Duren）将竞争力界定为：（竞争力指）一种在盈利状态下在国内和（或）国外市场获取并保持市场份额的可持续的能力。[1]考虑到本书目的是比较民族种业和外资种业在中国国内市场的竞争力来评估种业对外开放的适度性，因此，笔者将竞争力界定为"一种在盈利状态下在中国市场获取并保持市场份额的可持续的能力"。这里与前述定义的不同在于市场被限制在中国国内市场。

在拉里·马丁、兰德尔·威斯特格伦、厄纳·范·杜伦的界定中，如王永德指出的，"在盈利状态下"表明竞争力必须是可盈利，而这也与"可持续"相关联，因为只有可盈利的，才是"可持续"的。"获取并保持市场份额"说明竞争力的强弱最终会通过市场份额表现出来，竞争力强则可以获取市场份额并保持市场份额，竞争力弱则将无法获取市场份额或失去原有的市场份额甚至于完全被市场所淘汰，这也表明，市场份额可用于竞争力的事后评估比较，而一段时间内市场份额的变动亦可视为竞争力变动的结果。[2]

---

[1] Larry Martin, Randall Westgren, and Erna van Duren, "Agribusiness Competitiveness across National Boundaries", *American Journal of Agricultural Economics*, 1991, 73（5）.

[2] 王永德：《中国农产品国际竞争力研究——基于中美比较视角》，中国农业出版社2009年版，第55—56页。

我国种业对外开放的实证评估与政策选择

"能力"表明竞争力本质上是一种能力，这种能力使得企业能够在盈利状态下在国内外市场获取和保持市场份额。[①]虽然已有诸多研究包括国内学者苏航在定义竞争力时都认为竞争力本质上是一种能力，但是也都意识到在竞争力定义中，"能力"很重要却很难评估。[②]因此，这种能力是一种综合能力，确实难以通过量化指标得以直接表现，只能借用其他反映这种能力结果的指标来间接评估。比如，市场份额指标可以从事后的角度反映这种能力的结果，而盈利、公司治理和创新指标同样也反映了这种能力的结果。[③]

从实证评估来看，巴克利、帕斯和普雷斯科特（Buckley, P. Pass, C. and Prescott, K.）的研究为笔者提供了一个分析的思路，其将竞争力评估区分为竞争绩效（Competitive Performance）、竞争潜力（Competitive Potential）和竞争过程（Competitive Process）三个层次。[④]正如劳拉、凯利、林奇（A. Lara, P.W.Kelly, B.Lynch）指出的，竞争潜力、过程和绩效这三种类型的衡量均衡量一个概念：竞争力，但是却是从不同的角度，三者分别指一个竞争力系统的开始、中间和结果。[⑤]

基于以上分析，对于竞争力的评估同时考虑竞争的结果和能力，因此实证评估中同时评估竞争力绩效（结果）和竞争力潜力（能力），前者以市场份额衡量，后者从盈利能力、创新能力、公司治理（管理）水平等方面进行衡量，对应指标分别为利润率、研发经费投入比例、销售管理费用

[①] 王永德：《中国农产品国际竞争力研究——基于中美比较视角》，中国农业出版社2009年版，第56页。

[②] 苏航：《农产品竞争力与农业竞争力的内涵界定》，《经济论坛》2005年第24期。

[③] 王永德：《中国农产品国际竞争力研究——基于中美比较视角》，中国农业出版社2009年版，第56页。

[④] Buckley, P. Pass, C. and Prescott, K., "Measures of International Competitiveness: A Critical Survey", *Journal of Marketing Management*, 1988, 4 (2).

[⑤] A. Lara, P.W.Kelly, B.Lynch, "The International Cost Competitiveness of the Irish Pig Industry", *Rural Economy Research Series* No.8,Teagasc, Rural Economy Research Centre, Dublin, 2001.

占比。最终通过对竞争力绩效和竞争力潜力加权得到综合竞争力。

第三节　AHP–FCE 综合评估方法

前文概念框架表明，对我国种业对外开放水平和适度性的实证评估，需要构建相应的综合指标体系，因此最终的评估结果是基于指标体系的综合评估，而综合评估面临的非常重要的一个问题便是确定各层次指标的权重。

具体而言，无论采用基于规则还是基于结果的开放度度量方法，进行综合评估时，最终均面临各评估指标权重的分配问题。由于相对评价目标来说，各个评价指标之间的相对重要性不同，因此反映这种相对重要性的权重大小亦不相同。显然，综合评价的结果受权重的影响很大，因此权重系数确定合理与否，关系到综合评价可信程度。

如前文研究现状中总结的，目前研究中采用的权重确定方法分为主观赋权法和客观赋权法两类，但如杜栋、庞庆华、吴炎所指出的，两类方法各有优缺点：主观赋权法由专家根据实际问题，在客观基础上进行确定，但过程受主观经验影响可能存在较大偏差；而客观赋权法切断了主观性来源，系数具有绝对客观性，但仍有一个不可避免的缺陷是确定的权数有时与指标的实际重要程度相悖。[1]

基于以上考虑，在本书中，为提高科学性，笔者结合主观和客观赋权法，采用改进的群组决策层次分析法（Analytical Hierarchy Process，AHP）—模糊综合评判法（Fuzzy Comprehensive Evaluation，FCE）相结合的混合方法，来确定种业对外开放水平综合评估中的权重分配和综合评估

---

[1]　杜栋、庞庆华、吴炎：《现代综合评价方法与案例精选（第3版）》，清华大学出版社2015年版，第10页。

结果，采用群组决策层次分析法来确定适度性评估中的权重分配和确定种业对外开放政策选择的优先次序。

一、群组决策层次分析法（AHP）

层次分析法最早由美国运筹学家、匹兹堡大学萨迪（Saaty）教授于20世纪70年代初，为美国国防部研究"根据各个工业部门对国家福利的贡献大小而进行电力分配"课题时，应用网络系统理论和多目标综合评价方法，提出的一种层次决策分析方法。萨迪教授后续在1980年出版了《层次分析法：规划、优先级设置、资源分配》(*The Analytic Hierarchy Process*: *Planning*, *Priority Setting*, *Resource Allocation*)一书，[1]系统提出了AHP方法，而后，在1990年又修订出版了第二版《多准则决策：层次分析法：规划、优先级设置、资源配置》(*Multi-criteria Decision Making*: *The Analytic Hierarchy Process*: *Planning*, *Priority Setting*, *Resource Allocation*)，[2]进一步完善了层次分析法。

层次分析法是一种解决复杂决策问题层次化、数量化的定性与定量相结合决策方法。这种方法的基本思路就是评价者把较为复杂的相关决策问题分解成若干层次下的若干要素，将同一层次的各要素按支配关系进行有效的分组来形成有序的递阶层次结构，在此基础上，通过两两比较的方式判断所在层次上的各因素相对的重要性，并依据这些综合判断来确定各因素在决策中的相对权重，即表示为分解—判断—综合的一个决策思维过程。[3]在这一评价中，若评价者是由多个人组成，则构成群组决策的层次

---

[1] Saaty T. L, *The Analytic Hierarchy Process*: *Planning*, *Priority Setting*, *Resource Allocation*, Mc Graw-Hill, NY, USA, 1980.

[2] Saaty T. L, *Multi-criteria Decision Making*: *The Analytic Hierarchy Process*: *Planning*, *Priority Setting*, *Resource Allocation*, 2nd ed., RWS Publications, Pittsburgh, PA USA, 1990.

[3] 林春：《中国政策性金融机构绩效评价体系研究》，博士学位论文，辽宁大学，2017年。

第二章 种业对外开放水平与适度性的概念框架与评估方法

分析法。为尽可能提高对种业对外开放和适度性相关评估的准确性，本书采用群组决策的层次分析法，邀请从事农业开放和种业研究的相关专家进行评价。

层次分析法的特点主要表现在以下几方面：一是定性分析与定量分析相结合。在分析中，首先是基于评判者或决策者的主观经验来判断各因素（指标）相对于上层目标或因素的相对重要程度，这个过程是一个定性分析。而后基于定性分析构造的判断（成对比较）矩阵，通过层次排序及其一致性检验等过程，计算出各个层次各个因素（指标）的相对权数，最后利用相对权数加总求出各个评价方案或各层次因素的总权数。计算结果一方面可以给出各层次因素的相对权重，另一方面可以基于相对权重大小进行优先次序的排序。这个过程是一个定量分析过程。因此，层次分析法结合了定性与定量分析，比较有效地解决了难以直接进行定量评估的决策问题。二是如林春指出，该方法对参考的定量数据要求较低，可以大大降低数据采集的成本，提高了给出判断结果的效率。[①]

群组决策层次分析法的基本步骤如下：首先是将评判问题进行分层分解，构建绘出层次结构图，通常分为三个层次：目标层、准则层和方案层；其次是利用专家咨询构造判断（两两比较）矩阵；然后是层次单排序及其一致性检验；最后是层次总排序及其一致性检验。本书采用专门软件yaahp12.0软件实现这一过程。

二、模糊综合评价法（FCE）

美国加州大学控制论专家扎德1965年发表了《模糊集合》论文，运用精确的数学方法描述了模糊概念，宣告模糊数学的诞生。模糊数学的出

[①] 林春：《中国政策性金融机构绩效评价体系研究》，博士学位论文，辽宁大学，2017年。

现,为研究复杂的、难以用精确数学描述的问题提供了思路和方法,作为模糊数学的一种具体应用方法,我国学者汪培庄首次提出了模糊综合评判法(FCE)。[①]

模糊综合评价法是借助模糊数学的隶属度理论把定性评价转化为定量评价的方法,即对受到多种难以直接量化因素制约的事物或对象作出一个全面的总体评价。[②]这一方法能较好地解决边界模糊的、难以量化的问题,适合各种非确定性问题的解决。[③]

其基本原理是:首先确定被评判对象的因素(指标)集和评价(等级)集;再分别确定各个因素的权重及它们的隶属度向量,获得模糊评判矩阵;最后把模糊评判矩阵与因素的权向量进行模糊运算并进行归一化,得到模糊评价综合结果。[④]

如马千里、田英姿、英犁等指出的,由于评价因素的复杂性、评价对象的层次性、评价标准中存在的模糊性以及评价影响因素的模糊性或不确定性、定性指标难以定量化等一系列问题,人们难以用绝对的"非此即彼"来准确地描述客观现实,经常存在着"亦此亦彼"的模糊现象,其描述也多用自然语言来表达,而自然语言最大的特点是它的模糊性,而这种模糊性很难用经典数学模型加以统一量度。[⑤]因此,建立在模糊集合基础上的模糊综合评判方法,从多个指标对被评价事物隶属等级状况进行综合性评判,它把被评判事物的变化区间作出划分,一方面可以顾及对象的层

[①] 杜栋、庞庆华、吴炎:《现代综合评价方法与案例精选(第3版)》,清华大学出版社2015年版,第37—38页。

[②] 李博英、尹海涛:《领导干部自然资源资产离任审计方法研究——基于模糊综合评价理论的分析》,《审计与经济研究》2016年第6期。

[③] 张建华:《需要模糊层次分析法吗?》,2015年1月22日,见 http://www.jeffzhang.cn/Do-we-need-FAHP/。

[④] 杜栋、庞庆华、吴炎:《现代综合评价方法与案例精选(第3版)》,清华大学出版社2015年版,第38页。

[⑤] 马千里、田英姿、英犁等:《模糊综合评价法在新疆葡萄质量评价分析中的应用》,《现代食品科技》2015年第2期。

次性，使得评价标准、影响因素的模糊性得以体现；另一方面在评价中又可以充分发挥人的经验，使评价结果更客观，更符合实际情况，模糊综合评判可以做到定性和定量因素相结合，扩大信息量，提高评价速度，增加评价结论的可信度。[①]

三、群组决策 AHP-FCE 方法的实现过程

根据前文构建的概念框架，本书需要应用群组决策 AHP 方法估计种业对外开放实现水平评估和种业竞争力评估的各评估指标的相对权重，并采用该方法估计种业对外开放和民族种业竞争力提升的政策选择优先序。同时，对种业对外开放承诺水平评估涉及对各项开放政策的开放度的评估，具有模糊性，难以定量分析，非常适用于采用模糊综合评价法（FCE）。但是应用 FCE 面临的一个重要问题是确定各评价指标的权重，而 AHP 方法在这方面具有优势。因此，在评估对种业对外开放承诺水平时，本书将采用群组决策 AHP 与 FCE 相结合方法进行综合评估，在确定评估指标的基础上，先采用群组决策 AHP 方法确定各评估指标的权重，再利用模糊综合评价法进行专家问卷调查，最后再利用各指标权重计算最终的所属开放度区间及综合评估值。

具体评估过程采用 yaahp12.0 软件结合导出的各项 EXCEL 版本专家咨询表实现。根据 yaahp12.0 软件的操作指南，并借鉴杜栋、庞庆华、吴炎和王娟丽等总结的 AHP-FCE 法综合评价步骤，[②] 形成以下评估步骤：

首先，根据评估的问题采用 yaahp 软件建立相应的层次结构模型。根据前文构建的概念框架，分别建立种业对外开放承诺水平和实现水平评

[①] 张志千、赵继伦：《企业竞争情报成果模糊综合评价研究》，《图书情报工作》2014年第4期。

[②] 杜栋、庞庆华、吴炎：《现代综合评价方法与案例精选（第3版）》，清华大学出版社2015年版，第153—161页。王娟丽：《基于 AHP-FCE 法的重大项目社会稳定风险评估》，《社会科学家》2017年第2期。

估、民族和外资种业竞争力评估、种业未来几年对外开放和民族种业竞争力提升的政策选择等问题的层次结构,结合已有文献和专家咨询意见等,确定每个评估问题各层次的评估因素(指标)。层次模型通常分为三个层次:目标层、要素层与指标层。各评估问题的层次结构模型将在后文相应章节中展示。

第二,基于构建的各个层次结构模型,利用 yaahp 软件生成各项 AHP 专家咨询表,邀请专家参与调查。每一位参与的专家将对同一层次各个因素(指标)相对上一层次因素(指标)的重要性进行两两成对比较,根据比较判断结果选择赋值,通常采用 9 级标度来区分各因素之间的相对重要性程度(如表2.2所示),即 1 表示两者同样重要,9 表示一个因素比另一个因素极端重要,2,4,6,8 则表示介于以上相邻判断结果之间的中间值。每个专家的赋值最终将形成两两比较的成对判断矩阵,用于后续确定各个层次中各因素(指标)的相对重要性。

第三,在专家们返回 AHP 调查问卷后,在软件中导入专家数据,先对专家数据进行一致性检验和修正。原因在于,实际决策过程中由于专家的主观性、或问题不好把握以及问题本身的复杂性,专家返回的调查数据可能存在一定的残缺不全问题,或者无法满足一致性要求,导致不能构造合乎一致性要求的判断矩阵。在这种情况下,需在最大程度保留专家咨询数据的前提下,利用软件构造的自动修正方法,对判断不一致矩阵和残缺矩阵进行修正。为了确保专家在判断指标(因素)重要性时,各判断之间协调一致,不至于出现相互矛盾的结果,需对每一位专家的判断矩阵进行一致性检验。通常认为一致性比率(CR)<0.1 时,即认为判断矩阵具有满意的一致性,由此得到的权重系数是合理的,否则需要对判断矩阵进行重新修正,使之具有满意的一致性,若无法合理修正,则应放弃使用该专家给出的判断矩阵。

第二章　种业对外开放水平与适度性的概念框架与评估方法

表 2.2　两两比较的标度数据

标度	含义
1	表示两个因素相比，具有同样重要性
3	表示两个因素相比，一个因素比另一个因素稍微重要
5	表示两个因素相比，一个因素比另一个因素明显重要
7	表示两个因素相比，一个因素比另一个因素强烈重要
9	表示两个因素相比，一个因素比另一个因素极端重要
2，4，6，8	上述两相邻判断的中值
以上标度的倒数	若因素 i 与 j 比较的判断结果为 a_{ji}，则因素 j 与 i 比较的判断结果 $a_{ji}=1/a_{ij}$

资料来源：杜栋、庞庆华、吴炎：《现代综合评价方法与案例精选（第3版）》，清华大学出版社2015年版，第18页。

第四，利用 yaahp 软件计算各层次指标的权重。利用软件计算得到每个层次中各个因素（指标）对上一层次某一因素的相对权重，进行层次单排序。而后依次沿着递阶层次由下而上逐层计算，可计算出最低层因素（指标）相对于最高层（总决策目标）的相对重要性或相对优劣的排序值，即层次总排序。由于采用群组决策方式，因此需要采用算术平均方法对不同专家学者数据进行加权计算，得到最终的层次单排序和总排序。至此，采用群组决策 AHP 方法进行权重计算完成，而对于需要进行模糊综合评价的问题，则继续进行下一步。

第五，对于种业对外开放承诺水平评估，采用综合模糊评判（FCE）法对各项开放政策进行评价。以构建的相应层次结构模型中的最低层，作为评价指标（详细指标参见后续实证评估部分），并根据开放度的通常评价分级，构建以下等级评价集：完全开放、高度开放、中等开放、低度开放、完全不开放五个等级。以 AHP 方法计算得到的各评价指标权重作为 FCE 的权向量，利用 yaahp 软件生成 FCE 专家咨询问卷，邀请本领域专家学者填写。

第六，收集 FCE 专家咨询问卷数据并导入软件系统，基于专家数据和各评价指标权重，根据最大隶属原则计算得到种业对外开放承诺水平的综合评估结果。

以上即为AHP-FCE相结合的综合评估方法实现过程,这一评估过程同时利用了AHP法在相对权重确定和FCE法在等级边界模糊的问题评价中的各自优势,也突出了专家群组决策的特点。

值得说明的是,由于种业对外开放实现水平评估和种业竞争力评估的各评估指标均有客观可得的统计数据,因此不需要采用FCE法进行评估,只需要采用AHP法评估得到各指标的相对权重。另外,对于未来几年种业对外开放和民族种业竞争力提升的政策选择问题,本书采用AHP法获得的权重值进行排序,根据排序大小确定政策选择的优先次序,因此亦不涉及FCE法的评估。因此,对这几个问题,均仅涉及AHP方法,即只需要完成以上步骤中第一步至第四步即可。而对于种业对外开放承诺水平的评估,由于结合AHP法和FCE法,需要完成前述第一步至第六步。

另外,值得特别说明的是,本书采用的AHP-FCE方法是层次分析法和模糊综合评价法的结合,并非模糊层次分析法(Fuzzy Analytic Hierarchy Process,FAHP)。在层次分析法提出后,有学者进一步提出了FAHP,但是学者们指出,AHP理论的提出者萨迪教授本人并不认可FAHP,并分别在2006年、2007年和2010年发表了三篇论文讨论了FAHP存在的问题,认为FAHP法缺乏数理有效性,模糊化判断矩阵意义不大,改善了一致性但没有考虑结果的有效性。[1]基于此,本书没有采用FAHP,而是采用了AHP-

---

[1] 朱克毓:《模糊AHP的无效性与基于几何加权的AHP方法研究》,博士学位论文,合肥工业大学,2012年。朱克毓、杨善林:《关于Saaty对模糊逻辑不适用于AHP观点的评述》,《系统工程理论与实践》2014年第1期。Zhü K, "Fuzzy Analytic Hierarchy Process: Fallacy of the Popular Methods", *European Journal of Operational Research*, 2014, 236(1). 张建华:《需要模糊层次分析法吗?》,2015年1月22日,见http://www.jeffzhang.cn/Do-we-need-FAHP/。Saaty T.L, "There is No Mathematical Validity for Using Fuzzy Number Crunching in the Analytic Hierarchy Process", *Journal of Systems Science and Systems Engineering*, 2006, 15(4). Saaty T.L, Tran L.T, "On the Invalidity of Fuzzifying Numerical Judgments in the Analytic Hierarchy Process", *Mathematical and Computer Modelling*, 2007, 46(7). Saaty T.L, Tran L.T, "Fuzzy Judgments and Fuzzy Sets", *International Journal of Strategic Decision Sciences*, 2010, 1(1).

第二章 种业对外开放水平与适度性的概念框架与评估方法

FCE 方法。

本章构建了种业对外开放水平与适度性评估的概念框架，并给出了实证评估的 AHP-FCE 综合方法。概念框架可总结如图 2.1 所示，AHP-FCE 评估方法及主要过程总结如图 2.2 所示。

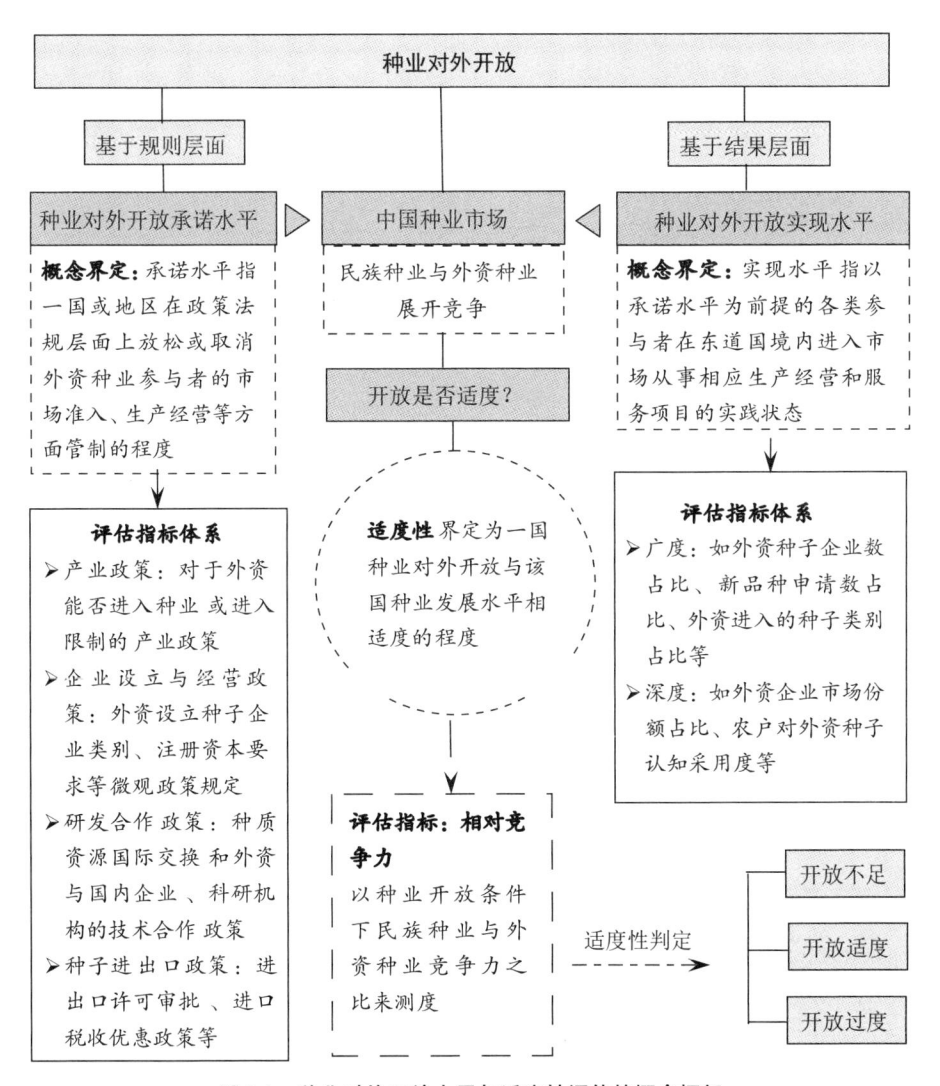

图 2.1 种业对外开放水平与适度性评估的概念框架

种业对外开放
- 基于规则层面 → 种业对外开放承诺水平
- 基于结果层面 → 种业对外开放实现水平
- 中国种业市场：民族种业与外资种业展开竞争；开放是否适度？

种业对外开放承诺水平
- **概念界定**：承诺水平指一国或地区在政策法规层面上放松或取消外资种业参与者的市场准入、生产经营等方面管制的程度
- **评估指标体系**：
  - 产业政策：对于外资能否进入种业或进入限制的产业政策
  - 企业设立与经营政策：外资设立种子企业类别、注册资本要求等微观政策规定
  - 研发合作政策：种质资源国际交换和外资与国内企业、科研机构的技术合作政策
  - 种子进出口政策：进出口许可审批、进口税收优惠政策等

种业对外开放实现水平
- **概念界定**：实现水平指以承诺水平为前提的各类参与者在东道国境内进入市场从事相应生产经营和服务项目的实践状态
- **评估指标体系**：
  - 广度：如外资种子企业数占比、新品种申请数占比、外资进入的种子类别占比等
  - 深度：如外资企业市场份额占比、农户对外资种子认知采用度等

适度性界定为一国种业对外开放与该国种业发展水平相适度的程度

评估指标：相对竞争力
以种业开放条件下民族种业与外资种业竞争力之比来测度

适度性判定 → 开放不足 / 开放适度 / 开放过度

我国种业对外开放的实证评估与政策选择

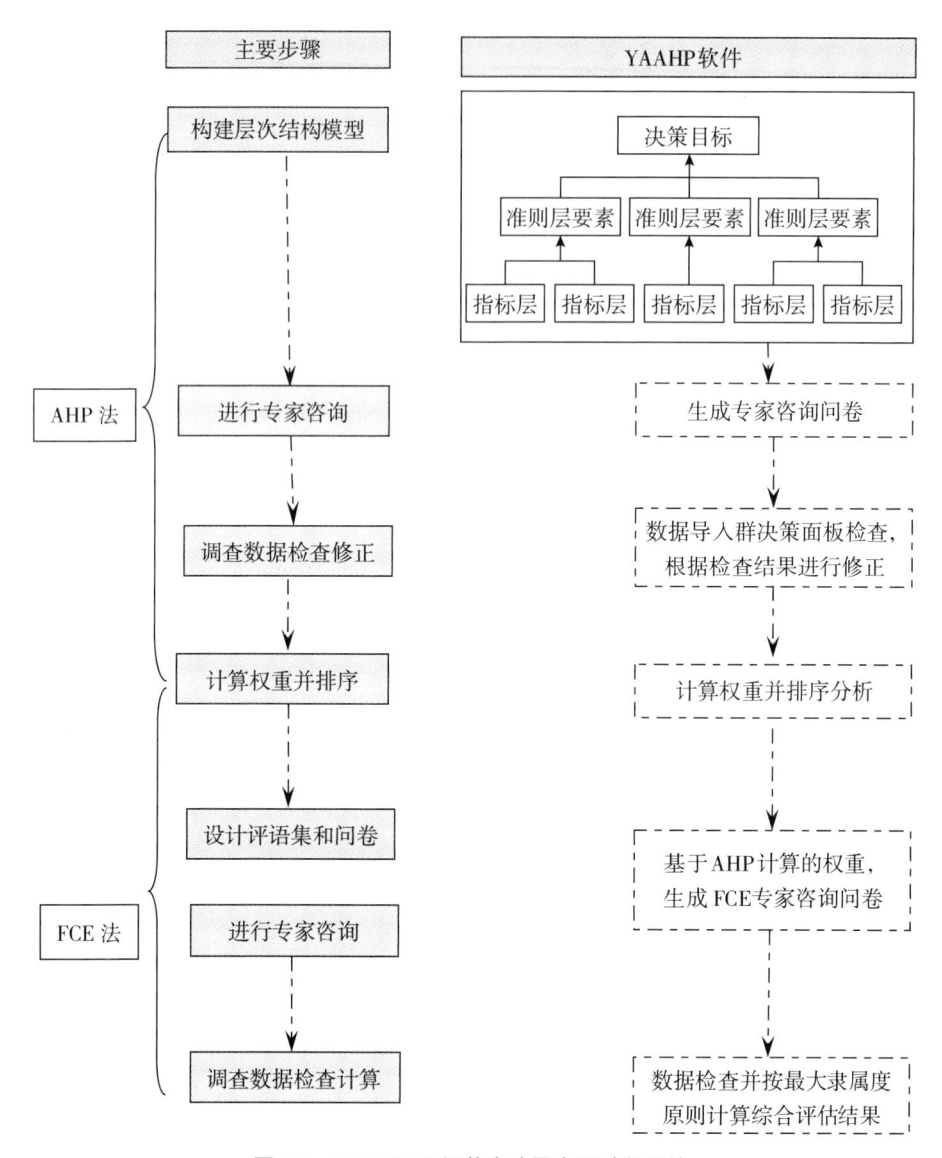

图 2.2 AHP-FCE 评估方法及主要过程总结

第三章　我国种业对外开放水平的实证评估[①]

第一节　基于规则的种业对外开放承诺

20世纪90年代，外资开始进入我国种业。1997年9月，农业部和原国家计委等四部（委、局）联合发布《关于设立外商投资农作物种子企业审批和登记管理的规定》，正式拉开了我国种业对外开放的序幕。这一规定对外资在我国设立农作物种子企业的相关问题进行了比较详细的规定，成为我国种业对外开放的政策准绳。之后，历次修订的《中华人民共和国种子法》《外商投资产业指导目录》《中西部地区外商投资优势产业目录》《农作物种子生产经营许可证管理办法》《国务院办公厅关于建立外国投资者并购境内企业安全审查制度的通知》《关于加快推进现代农作物种业发展的意见》《全国现代农作物种业发展规划》《关于深化种业体制改革提高创新能力的意见》等政策法规也部分涉及外资进入我国种业和外国种子进口的相关政策规定。

[①] 陈龙江、熊启泉：《中国种业开放十余年：回顾与反思》，《华南农业大学学报（社会科学版）》2012年第3期。陈龙江、高阳：《基于规则视角的我国种业对外开放度评估》，《南方农村》2020年第1期。

这些政策法规从规则层面构成了我国种业对外开放的承诺，如前所述，笔者从产业政策、企业设立与经营、研发合作和种子进口政策四个方面梳理当前的相关政策法规，这些政策法规具体涉及企业设立、产业限制、经营许可、外资并购安全审查、进出口限制等方面。

一、产业政策

对外商投资种业的产业限制体现在2002年、2004年、2007年直至2017年的《外商投资产业指导目录》和《中西部地区外商投资优势产业目录》（2008年修订）等政策法规中。2002年和2004年《外商投资产业指导目录》禁止外商投资我国稀有的珍贵优良品种的养殖、种植（包括种植业、畜牧业、水产业的优良基因）和转基因植物种子生产、开发，而2007年《外商投资产业指导目录》则在此前版本基础上，修订增加了禁止外商投资我国特有的珍贵优良品种的养殖、种植（包括种植业、畜牧业、水产业的优良基因），以及转基因种畜禽、水产苗种的开发、生产。2011年版本进一步修订为禁止外商投资我国稀有和特有的珍贵优良品种的研发、养殖、种植以及相关繁殖材料的生产（包括种植业、畜牧业、水产业的优良基因），转基因生物研发和转基因农作物种子、种畜禽、水产苗种生产。2015年修订生效的《外商投资产业指导目录》明确禁止外商投资"农作物、种畜禽、水产苗种转基因品种选育及其转基因种子（苗）生产"。2017年修订版本则规定：禁止外商投资"我国稀有和特有的珍贵优良品种的研发、养殖、种植以及相关繁殖材料的生产（包括种植业、畜牧业、水产业的优良基因）；农作物、种畜禽、水产苗种转基因品种选育及其转基因种子（苗）生产"。

2018年8月，在国家进一步扩大对外开放的背景下，《外商投资准入特别管理措施（负面清单）（2018年版）》（以下简称"2018年版负面清单"）发布，这是对《外商投资产业指导目录（2017年修订）》中的外商投资准入负面清单进行的修订。2018年版负面清单大幅度放宽市场准入,清单长度由63条减至48条,共在22个领域推出开放措施,但是仍然坚持2017年《外商投资产业指导目录》中涉及种业的两项禁止外商投资的领域:禁止投资中国稀有和特有的珍贵优良品种的研发、养殖、种植以及相关繁殖材料的生产(包括种植业、畜牧业、水产业的优良基因);禁止投资农作物、种畜禽、水产苗种转基因品种选育及其转基因种子(苗)生产。

在限制外商投资产业方面,2002年和2004年《外商投资产业指导目录》均要求粮食(包括马铃薯)、棉花、油料种子开发生产由中方控股,而2007年的《外商投资产业指导目录》则修订为农作物新品种选育和种子开发生产由中方控股。而后2008年修订的《中西部地区外商投资优势产业目录》中,辽宁省、黑龙江省、四川省将蔬菜、水果等种子(种苗)(转基因植物种子除外)开发、生产列入外商投资优势产业,陕西省将马铃薯、棉花种子种苗开发生产列入外商投资优势产业,甘肃省将瓜果、蔬菜、花卉种子的开发生产列入外商投资优势产业,但无一例外要求中方控股。2015年、2017年修订生效的《外商投资产业指导目录》将"农作物新品种选育和种子生产(中方控股)"列入限制外商投资产业目录。在最新的《外商投资准入特别管理措施(负面清单)(2018年版)》中,对于外商投资种业的控股要求进行了部分放松,取消小麦、玉米之外农作物新品种选育和种子生产须由中方控股的限制。

在历次修订的外商投资产业指导目录中,鼓励类中唯一涉及种业的是2007年、2011年、2017年《外商投资产业指导目录》以及2018年《外商投资准入特别管理措施(负面清单)》,均将水产苗种繁育(不含我国特有的珍贵优良品种)列入鼓励外商投资产业目录。

在国家种业安全审查机制方面,2011年国务院办公厅《关于建立外国投资者并购境内企业安全审查制度的通知》要求建立外国投资者并购境内企业安全审查制度,其中并购安全审查范围规定为:外国投资者并购境内关系国家安全的重要农产品、重要能源和资源、重要基础设施、重要运输服务、关键技术、重大装备制造等企业,且实际控制权可能被外国投资者取得。在通知发出后,种业各界认为,基于国家已将种子产业列入战略性基础性产业,因此外国投资者并购国内种业企业很可能要进行安全审查。2011年4月发布的《国务院关于加快推进现代农作物种业发展的意见》(国发〔2011〕8号)提出,鼓励外资企业引进国际先进育种技术和优势种质资源,规范外资在我国从事种质资源搜集、品种研发、种子生产、经营和贸易等行为,做好外资并购境内种子企业安全审查工作。

2012年12月出台的《全国现代农作物种业发展规划(2012—2020年)》强调,要制定和完善外资进入农作物种业开展资源研究及种子研发、生产、经营等领域相关管理办法,规范国内种子企业、科研机构与国外种子企业技术合作。2016年1月生效的新《种子法》增加了"国家建立国家种业安全审查机制"的要求,并列举说明:境外机构、个人投资、并购境内种子企业,或者与境内科研院所、种子企业开展技术合作,从事品种研发、种子生产经营的审批管理依照有关法律、行政法规的规定执行。

二、企业设立与经营政策

1997年由原农业部、国家计划委员会、对外贸易经济合作部、国家工商行政管理局联合发布的《关于设立外商投资农作物种子企业审批和登记管理的规定》对外资种子企业的设立做了较详细规定。相关规定涉及企业设立审批、企业类别、注册资本要求、股权限制几个方面。从企业设立审批来看,设立粮、棉、油作物种子企业,由省级农业行政主管部门初审后,报农业部出具审查意见。对于设立的外资农作物种子企业的类别,其规定允许设立的外商投资农作物种子企业,是指中外合资、合作开发生产经营农作物种子的企业,暂不允许设立外商投资经营销售型农作物种子企业和外商独资农作物种子企业。在企业注册资本上,规定粮、棉、油作物种子企业的注册资本不低于200万美元；其他农作物种子企业的注册资本不低于50万美元。同时，特别要求在设立的粮、棉、油作物种子企业中，中方投资占比应大于50%。

为支持国内种业发展，国家出台了一系列的推进我国现代种业发展的扶持政策，这些政策只针对民族种业企业，外资企业不能享受同样的国民待遇。这些政策中特别重要的是税收的差别待遇，即部分种子企业享受税收优惠政策。具体政策如2011年4月发布的《国务院关于加快推进现代农作物种业发展的意见（国发〔2011〕8号）》规定：实施种子企业税收优惠政策。对符合条件的"育繁推一体化"种子企业的种子生产经营所得，免征企业所得税。而后2012年12月由国务院办公厅发布的《全国现代农作物种业发展规划（2012—2020年）》进一步提出，建立现代种业发展基金，重点支持"育繁推一体化"种子企业开展商业化育种。强化政策支持。对符合条件的"育繁推一体化"种子企业的种子生产经营所得，免征企业所得税。经认定的高新技术种子企业享受有关税收优惠政策。对种子企业兼并重组涉及的资产评估增值、债务重组收益、土地房屋权属转移等，按照国家有关规定给予税收优惠。

三、研发合作政策

研发合作方面，早期外资企业与国内企业和科研机构的科研合作管理相对比较宽松，政策执行不规范也造成了一些乱象，导致外资与国内科研合作带来的种质资源非法获取等问题。此后，国家对于科研合作开始加以规范。相关的政策涉及两方面：一是种质资源交流，二是与国内企业和科研机构的技术合作。

在种质资源交流方面，2003年发布、2004年修订的《农作物种质资源管理办法》规定：国家对农作物种质资源享有主权，任何单位和个人向境外提供种质资源，应当经所在地省、自治区、直辖市农业行政主管部门审核，报农业部审批；对外提供农作物种质资源实行分类管理制度，农业部定期修订分类管理目录。2011年4月发布的《国务院关于加快推进现代农作物种业发展的意见》（国发〔2011〕8号）提出，鼓励外资企业引进国际先进育种技术和优势种质资源，规范外资在我国从事种质资源搜集等行为。

2012年12月出台的《全国现代农作物种业发展规划（2012—2020年）》强调，要制定和完善外资进入农作物种业开展资源研究及种子研发、生产、经营等领域相关管理办法，规范国内种子企业、科研机构与国外种子企业技术合作。2017年10月7日修订版《农业转基因生物安全管理条例》亦规定：中外合作、合资或者外方独资在中华人民共和国境内从事农业转基因生物研究与试验的，应当经国务院农业行政主管部门批准。

2016年1月生效的新《种子法》增加了"国家建立国家种业安全审查机制"的要求，并列举说明：境外机构、个人投资、并购境内种子企业，或者与境内科研院所、种子企业开展技术合作，从事品种研发、种子生产经营的审批管理依照有关法律、行政法规的规定执行。这意味着外资与境内科研院所、种子企业开展技术合作，在关系国家安全的情况下，亦适用国家种业安全审查机制。

四、进口相关政策

2016年1月1日起施行的修订版《中华人民共和国种子法》规定：从事种子进出口业务的种子生产经营许可证，由省、自治区、直辖市人民政府农业、林业主管部门审核，国务院农业、林业主管部门核发。同时规定，从事种子进出口业务的，除具备种子生产经营许可证外，还应当依照国家有关规定取得种子进出口许可。同时，《进出口农作物种子（苗）管理暂行办法》（1997年3月28日农业部令第14号发布）亦明确规定：即便取得了从事种子进出口贸易的许可证，进出口生产用种子，仍需要由所在地省级农业行政主管部门审核，并报农业部审批。

除此之外，2001年《农业转基因生物安全管理条例》规定，境外公司向中华人民共和国出口转基因植物种子、种畜禽、水产苗种和利用农业转基因生物生产的或者含有农业转基因生物成分的植物种子、种畜禽、水产苗种、农药、兽药、肥料和添加剂的，应当向国务院农业行政主管部门提出申请；在按规定进行生产性试验结束后，经安全评价合格，并取得农业转基因生物安全证书后，方可依照有关规定办理审定、登记或者评价、审批手续。2002年《农业转基因生物进口安全管理办法》进一步明确，转基因生物进口应当向农业转基因生物安全管理办公室提出申请。《农业转基因生物进口安全管理办法》（2017年11月30日修订版）做了配套修订。

2009年财政部、海关总署、国家税务总局发布的《种子（苗）种畜（禽）鱼种（苗）和种用野生动植物种源进口税收优惠政策暂行管理办法》和《关于种子（苗）种畜（禽）鱼种（苗）进口税收优惠政策实施细则》规定，经国务院批准，在"十一五"期间对进口种子（苗）种畜（禽）鱼种（苗）和种用野生动植物种源，免征进口环节增值税。但外资企业进口商品种子（苗、球）和中方企业代理外资企业进口的种子（苗、球）不予免税。2011年发布的《关于种子（苗）种畜（禽）鱼种（苗）和种用野生动植物种源免征进口环节增值税政策及2011年进口计划的通知》将免征进口环节增值税延续至"十二五"期间，同时删除了外资企业进口不予免税的规定。

2016年4月财政部、国家税务总局下发的《关于"十三五"期间进口种子种源税收政策的通知》（财关税〔2016〕26号）表明，"十三五"期间继续对进口种子（苗）、种畜（禽）、鱼种（苗）和种用野生动植物种源（以下统称"种子种源"）免征进口环节增值税，具体品种为列入《进口种子种源免税货品清单》的品种，同时没有将外资企业进口排除在免税优惠之外。但是，2017年《农业部办公厅关于印发〈"十三五"期间进口种子种源免税政策实施办法〉的通知》(农办外〔2017〕2号)中附件《农作物种子(苗)进口免税管理实施办法》规定中又明确规定:"具有下列情形之一的,不予进行免税标注确认:1.外资企业进口商品种子(苗);2.中方企业代理外资企业进口的种子(苗)"。这意味着,目前外资种业在进口免税优惠方面不能享受同等待遇。

五、种业开放相关政策法规简要总结

基于以上种业开放相关政策法规的变迁,可简要总结当前种业开放具体政策如表3.1所示。简要总结表明,总体而言,在国家引进外资和贸易进口总体政策更加开放的背景下,种业对外开放政策并未大幅放松变动,大部分的政策规定保持不变,除2018年农作物新品种育种和生产政策方面较大放松控股要求限制外,在科研合作等方面的开放政策呈现收紧趋向更加严格的态势。

表 3.1 种业对外开放政策简要总结

政策类别	政策工具	目前具体政策	变动态势
产业政策	转基因品种选育和生产政策	禁止外商投资	未变
	农作物新品种育种和生产政策	小麦、玉米新品种的育种和生产必须由中方控股,其他类别无控股要求	放松
	国家种业安全审查机制	并购及开展技术合作将可能列入审查	收紧
	我国稀有和特有的珍贵优良品种研发生产等政策	禁止外商投资	未变
企业设立与经营政策	注册资本要求政策	粮、棉、油作物种子企业的注册资本不低于200万美元;其他不低于50万美元	未变
	设立企业的审批政策	设立粮、棉、油作物种子企业,报农业部出具审查意见	未变

续表

政策类别	政策工具	目前具体政策	变动态势
企业设立与经营政策	股权占比限制政策	设立粮、棉、油作物种子企业，中方投资比例应大于50%	未变
	注册企业类别限制政策	暂不允许设立外商投资经营销售型农作物种子企业和外商独资农作物种子企业	未变
	国内企业税收优惠政策	对符合条件的，免征企业所得税、享受高新企业、兼并重组涉及有关税收优惠政策	收紧
研发合作政策	与国内企业和研究机构的技术合作政策	规范国内种子企业、科研机构与国外种子企业技术合作，有必要可进行国家安全审查	收紧
	种质资源国际交流政策	应当经所在地省、自治区、直辖市农业行政主管部门审核，报农业部审批，实行分类管理制度	未变
种子进口政策	进口生产用种子审批政策	由所在地省级农业行政主管部门审核，农业部审批	未变
	种子进出口许可证审批政策	由省级农业主管部门审核，农业部核发	未变
	国内企业进口种子海关免税政策	国内企业进口种子免税，外资及代理外资进口种子不免税	未变

资料来源：笔者总结。

第二节　基于结果的种业对外开放实践

前文已经指出，种业对外开放实现水平是基于结果来衡量，具体的衡量指标涉及实现的广度水平和深度水平两个维度。前者衡量指标包括外资种子企业数占比、外资企业新品种申请数占比、外资进入的种子类别占比、外资品种进入推广名单占比等；后者衡量指标包括外资企业市场份额占比、农户对外资种子认知度等。本部分将主要基于以上指标，利用统计数据从开放广度和深度两方面描述我国种业对外开放的实践结果，为本章后续对种业对外开放实现水平评估奠定指标数据基础。

我国种业对外开放的实证评估与政策选择

一、种业对外开放的广度

（一）外资种子企业数占比

以农业部核发农作物种子经营许可证的企业数量为例，可以发现，从2001年到2016年期间，中资企业数量大幅增长，从28家迅速增长至315家，占近93%，而同期，外资种子企业数量却在减少，从2001年的63家减少为2011年的33家，2016年进一步减少为24家，仅占7.08%（见表3.2）。2018年最新数据表明，在农业部核发经营许可证总数大幅减少至149家的背景下，外资企业的数量亦进一步下降至13家，占8.27%。因此，从企业数量上来看，外资种子企业所占比重非常低。

表3.2　农业部核发农作物种子经营许可证的构成分布

项目	2001	2011	2016	2018
企业数量	91	239	339	149
企业性质				
外资企业	63（69.23%）	33（13.81%）	24（7.08%）	13（8.72%）
中资企业	28（30.77%）	206（86.19%）	315（92.92%）	136（91.28%）

资料来源：2001年数据根据农业部农农发〔2001〕13号、16号文整理，2011年和2016年数据根据农业部种植管理司和农业部信息中心主办的中国种业信息网经营许可证查询数据库整理所得。2018年资料来源于农业农村部中国种业大数据平台。

另外，从全国持有效经营许可证的种子企业数量来看，近年持证企业数量在大幅下降，从2010年约8700家下降至2016年4316家（见图3.1），减少50%以上。如果以全国全部持证企业数（约4300家）为基数，外资种子企业数占比则仅为约0.3%。

（单位：家）

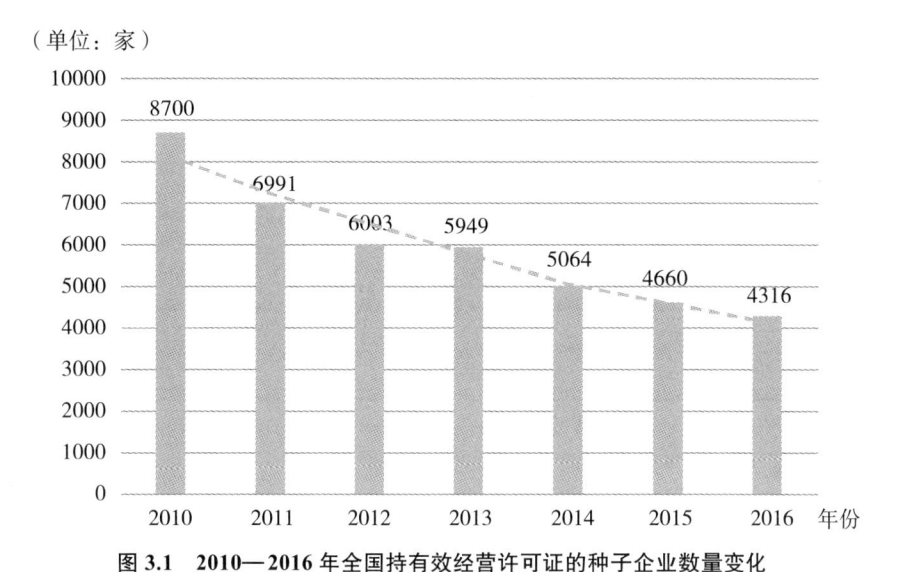

图 3.1 2010—2016 年全国持有效经营许可证的种子企业数量变化

资料来源：农业部种子管理局、全国农业技术推广服务中心、农业部科技发展中心：《2017 年中国种业发展报告》，中国农业出版社 2017 年版，第 66 页。

（二）外资企业进入的种子类别

外资种子企业进入中国种业最早从蔬菜种子开始，而后进入了棉花、玉米等种子市场。从农业部颁布的经营许可证许可经营范围数据来看（见表 3.3），2011 年时，外资进入的种子类别涉及蔬菜、花卉、草类、玉米、棉花、油料等较多类别，其中，经营蔬菜种子的外资企业数量最多，其次是花卉和草类种子，再次是玉米种子。后来，外资基本退出棉花、草类和油料种子，经营蔬菜种子的企业数也较大幅度减少，但玉米种子经营企业数在增长。至 2018 年，外资进入的类别仅三类：蔬菜、玉米和花卉种子。总体而言，外资企业进入的种子类别集中度较高，近年在部分外资企业退出的背景下，外资进入的种子类别也在减少。

我国种业对外开放的实证评估与政策选择

表 3.3 外资进入的种子类别

经营品种	企业数量（2011）	企业数量（2016）	企业数量（2018）
蔬菜种子	26	20	7
花卉种子	21	13	4
草类种子	9	1	0
玉米种子	4	3	6
转基因棉花种子	2	0	0
油料种子	1	0	0

资料来源：根据农业部种植业管理司和农业部信息中心主办的中国种业信息网经营许可证查询数据库和农业部公告以及农业农村部种业大数据平台整理。

（三）外资企业进入的区域

从外资种子企业进入的区域来看，2011年外资种子企业已由早期的少数几个省市扩展至我国14个省市，主要集中在北京、山东和江苏（见表3.4），而后随着外资企业的退出，进入区域也在收缩减少。2018年，外资企业的有效经营区域减少至5个省市，仍主要集中在北京、甘肃和山东。

表 3.4 外资种子企业的有效经营区域

有效区域	外资企业数 2011	外资企业数 2016	外资企业数 2018	有效区域	外资企业数 2011	外资企业数 2016	有效区域	外资企业数 2011	外资企业数 2016	外资企业数 2018
全国	1	0	0	黑龙江	1	0	山东	6	7	2
区域性	29	24	13	湖北	1	0	陕西	1	0	0
安徽省	1	0	0	江苏	4	2	天津	1	1	0
北京市	11	7	6	辽宁	1	1	新疆	1	1	0
福建省	1	1	1	内蒙古	1	1	甘肃	1	2	3
河北省	1	1	1							

资料来源：根据农业部种植业管理司和农业部信息中心主办的中国种业信息网经营许可证查询数据库、农业部公告以及农业农村部种业大数据平台整理。

（四）外资企业新品种申请和授权量

从农业植物新品种权申请和授权数量来看，农业部植物新品种保护办公室公布的数据（见表3.5）表明，国外企业无论是申请还是授权数均远落后于国内企业。以1999—2014年汇总数来看，国外企业新品种申请数和授权数分别只占5.69%和2.83%；2014年，申请数所占比重下降至3.68%。2015—2016年数据也揭示出，包括境外企业、境外个人、境外教学和科研在内的境外主体品种权申请和授权量均远低于国内主体，且2016年比2015年均有所下降，2016年境外主体品种权申请和授权量占比分别仅为6.6%和5.4%（见表3.6）。

另外，2011年企业品种权排名也显示，前20名主要为国内企业，山东登海种业股份有限公司以96件植物新品种权荣居榜首，其次分别为湖南隆平种业有限公司、北京金色农华种业科技有限公司等。[①]因此，从品种权数据来看，外资种子企业并没有对国内种子企业形成较大威胁。而从申请品种权的外国国家来看，2014年数据表明，荷兰、美国、韩国占据品种申请数的前三位，申请数分别为311件、220件和83件（见表3.7）。

表3.5 1999—2014年品种权申请情况汇总

单位性质	1999—2014年汇总数 申请数	占比	授权数	占比	2014年 申请数	占比
国内科研	5397	43.37%	2337	52.03%	245	33.42%
国内企业	4633	37.23%	1450	32.28%	379	51.71%
国内教学	925	7.43%	376	8.37%	42	5.73%
国内个人	702	5.64%	197	4.39%	39	5.32%

[①] 农业部科教司：《中国农业知识产权创造指数报告（2010年）》，农业部植物新品种保护办公室，2011年4月26日，见http://www.cnpvp.cn/Detail.aspx?k=819&itemID=1。

我国种业对外开放的实证评估与政策选择

续表

单位性质	1999—2014年汇总数				2014年	
	申请数	占比	授权数	占比	申请数	占比
国外企业	708	5.69%	127	2.83%	27	3.68%
国外个人	40	0.32%	2	0.04%	0	0.00%
国外教学	22	0.18%	3	0.07%	1	0.14%
国外科研	17	0.14%	0	0.00%	0	0.00%
合计	12444	100%	4492	100.00%	733	100.00%

资料来源：农业部植物新品种保护办公室和笔者计算，数据截至2014年6月30日。

表3.6　2015—2016年品种权申请情况汇总

单位性质	2015				2016			
	申请数	占比	授权数	占比	申请数	占比	授权数	占比
境内主体	1882	91.0%	1312	92.9%	2356	93.4%	1833	94.6%
境外主体	187	9.0%	101	7.1%	167	6.6%	104	5.4%
合计	2069	100.00%	1413	100.0%	2523	100.0%	1937	100.0%

资料来源：农业部种子管理局、全国农业技术推广服务中心、农业部科技发展中心：《2016年中国种业发展报告》，中国农业出版社2016年版，第19页；农业部种子管理局、全国农业技术推广服务中心、农业部科技发展中心：《2017年中国种业发展报告》，中国农业出版社2017年版，第24页。

表3.7　1999—2014年外国品种权申请情况汇总

国家	申请数	授权数	2013年申请数	2014年申请数
荷兰	311	63	26	21
美国	220	13	7	4
韩国	83	18	1	0
日本	55	25	1	1
德国	29	9	0	1
比利时	14	1	0	0
新西兰	14	1	1	1

续表

国家	申请数	授权数	2013年申请数	2014年申请数
西班牙	13	3	0	0
澳大利亚	10	2	1	0
意大利	10	1	0	0
瑞士	8	0	1	0
法国	7	0	0	0
以色列	6	0	0	0
英国	2	0	1	0
南非	1	0	0	0
希腊	1	0	0	0
智利	1	0	0	0
爱尔兰	1	0	0	0
合计	786	136	39	28

资料来源：农业部植物新品种保护办公室，数据截至2014年6月30日。

（五）外资种子进入主导品种名单比重

农业部和各地农业部门为进一步强化农业科技推广应用，引导农民科学选用优良品种和先进适用技术，推进农业科技快速进村、入户、到场、到田，近年均组织遴选了农业主导品种，对列入的主导品种进行推广应用，优先列入国家和省的推广计划。因此，列入主导品种名单的种子品种在市场竞争中显然将获得相对优势。[①] 如表3.8所示，2010—2014年，外资品种中，只有正大619被列入主导品种，占所有主导品种的比重不到1%，占所属类别的比重亦不及4%。2016年，外资玉米品种"德美亚1号"

---

① 如统计数据表明，主要农作物推广面积排名前10位授权品种的推广面积分别占玉米的32.97%、冬小麦的30.53%、常规稻的16.27%、杂交稻的12.30%、大豆的25.22%、常规棉的19.46%和杂交棉的24.25%，参见刘建忠：《浅议我国种子产业知识产权保护现状、问题及对策》，《种子世界》2011年第7期。

和"KWS256"被列入主导品种，但占所有主导品种的比重仍不到2%，占所属类别的比重仍不及7%。从地方情况来看，目前可查询到的信息表明，先锋公司的黑马品种"先玉335"曾列入山东（2011年）和吉林（2011年、2013年）主导品种。因此，就这个指标而言，外资种子所占比重相当低。

表3.8　2006—2016年农业部主导品种数量与外资品种占比统计

年份	农业部主导品种数（不含畜牧和渔业）	外资品种数（品种名称）	外资品种数/所有主导品种数	外资品种数/所属类别主导品种数
2006	44	0	0	0
2010	124	1（正大619，玉米）	1/124	1/26
2011	124	1（正大619，玉米）	1/124	1/26
2012	131	1（正大619，玉米）	1/131	1/28
2016	134	2（德美亚1号，KWS256，玉米）	2/134	2/31

资料来源：根据历年《农业部农业主导品种和主推技术推介名单》统计所得。根据农业部科技教育司《关于做好2017年农业主推技术遴选推荐工作的通知》农科（推广）函〔2017〕第36号，2017年起农业部不再推介发布农业主导品种，加大农业主推技术推介力度。

（六）外资种子品种占全国种子品种数的比重

农业部每年对全国主要农作物推广情况进行统计，其中主要粮食作物统计最小单位为10万亩，蔬菜等其他作物的最小统计单位为1万亩，因此，意味着若能进入该统计表中的品种，皆是全国种植面积至少在1万亩以上的主要品种。从农业部的统计结果来看（如表3.9所示），全国甜菜种植的品种中，2009年超过73%的品种为洋品种，所占比重相当高，2014年则完全占领了中国市场份额，2016年下降至61.54%；向日葵、菠菜类作物种植品种中，外资品种所占比重曾接近50%，目前下降至20%—30%左右；而荞麦、芹菜、大葱、花椰菜、胡萝卜、甘蔗等蔬菜瓜果类作物中，外资品种所占比重均有所下降，目前为10%—25%左右；番茄外资品种所占比重下降较大，从2009年高点24.42%下降至2016年的4.5%；其余作物中，外资品种所占比重均在10%以下，玉米、棉花、大豆、西瓜等种植面积较大的作物中，外资品种所占比重均相当低。

表3.9 外资种子品种占全国品种数的比重

作物类别	年份	全国品种数（个）	外资品种数（个）	比重（%）
玉米	2009	596	21	3.52
	2010	652	25	3.83
	2013	879	28	3.19
	2014	922	29	3.10
	2016	965	25	2.59
棉花	2009	212	1	0.47
	2010	217	2	0.92
	2014	156	0	0.00
	2016	88	0	0.00
大豆	2009	320	4	1.25
	2010	294	1	0.34
	2014	261	3	1.15
	2016	310	4	1.29
西瓜	2009	195	2	1.03
	2010	205	5	2.44
	2014	183	4	2.19
	2016	138	3	2.17
向日葵	2009	65	24	36.92
	2010	63	29	46.03
	2014	78	27	34.62
	2016	102	20	19.61

续表

作物类别	年份	全国品种数（个）	外资品种数（个）	比重（%）
甘蔗	2009	38	9	23.68
	2010	49	10	20.41
	2014	39	9	23.08
	2016	66	9	13.64
甜菜	2009	15	11	73.33
	2010	/	/	/
	2014	15	15	100.00
	2016	13	8	61.54
荞麦	2009	9	3	33.33
	2010	9	1	11.11
	2014	16	2	12.50
	2016	15	1	6.67
番茄	2009	86	21	24.42
	2010	87	20	22.99
	2014	107	21	19.63
	2016	111	5	4.50
黄瓜	2009	65	3	4.62
	2010	88	4	4.55
	2014	109	6	5.50
	2016	92	4	4.35
辣椒	2009	109	9	8.26
	2010	139	10	7.19
	2014	144	13	9.03
	2016	154	11	7.14
茄子	2009	55	7	12.73
	2010	60	4	6.67
	2014	63	4	6.35
	2016	61	3	4.92

续表

作物类别	年份	全国品种数（个）	外资品种数（个）	比重（%）
大蒜	2009	21	1	4.76
	2010	21	1	4.76
	2014	/	/	/
芹菜	2009	27	4	14.81
	2010	23	5	21.74
	2014	21	5	23.81
	2016	23	4	17.39
菠菜	2009	15	7	46.67
	2010	20	9	45.00
	2015	24	5	20.83
	2016	14	4	28.57
大葱	2009	22	4	18.18
	2010	30	4	13.33
	2014	23	4	17.39
	2016	23	4	17.39
花椰菜	2009	31	5	16.13
	2010	24	5	20.83
	2014	/	/	/
胡萝卜	2009	13	5	38.46
	2010	16	5	31.25
	2014	21	5	23.81
	2015	26	5	19.23
马铃薯	2009	109	7	6.42
	2010	108	7	6.48
	2014	105	6	5.71
	2016	117	6	5.13

我国种业对外开放的实证评估与政策选择

续表

作物类别	年份	全国品种数（个）	外资品种数（个）	比重（%）
所有统计品种	2009	4335	148	3.41
	2010	4558	112	2.46
	2014	4866	155	3.19
	2016	5051	122	2.42

资料来源：原始资料来源于全国农业技术推广服务中心《历年全国农作物主要品种推广情况统计》和农业农村部中国种业大数据平台，笔者统计计算得到。

总体而言，如表3.9和图3.2所示，一方面，外资品种的比重由2009年的3.41%下降为2010年的2.46%，2014年回升至3.19%，2016年又下降至2.42%，所占比重总体仍很低并呈下降态势；另一方面，在粮食作物、蔬菜瓜果和其他作物三大类作物中，外资品种所占比重呈全面下降态势，相比较而言，外资品种在蔬菜瓜果和其他作物中所占比重相对较高。

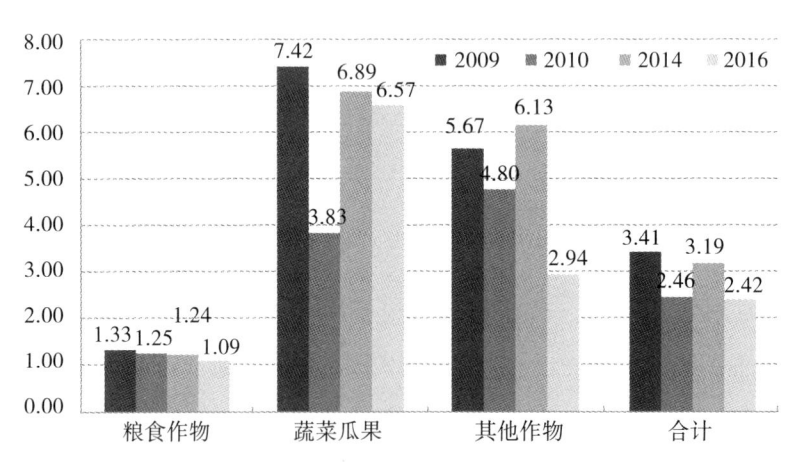

图3.2 外资品种占三大类农作物推广品种总数的比重（%）

二、种业对外开放的深度

（一）从推广面积衡量的外资种子市场份额

受制于数据的可获得性和完整性，笔者以全国农作物主要品种推广情况统计的数据为基础，以外资品种推广面积占全国推广面积的比重来衡量外资品种的市场份额。由于这一统计是从播种面积方面进行统计，因此，既包括进口的外国品种种子，也包括国内外资企业生产的外国品种种子。相应的统计数据如表3.10和图3.3所示。

从推广面积来看，2010年各类作物推广面积中，外资品种推广面积均较2009年有所增长，特别是粮食作物增长迅猛，推广面积由3812万亩增长为5267万亩。2014年，粮食作物中外资品种推广面积继续大幅增长至9148万亩，2016年则有所下降，为8047万亩。蔬菜和其他作物外资品种推广面积2010年以来均呈下降趋势，2016年分别为249万亩和1203万亩。虽然外资品种推广面积总量规模较大，但相对于全国农作物推广面积的巨大规模而言，所占比重仍然很小。如图3.3所示，一方面，总体而言，外资品种的比重由2009年的3.45%缓慢增长至2010年的4.33%，而后在2014年达到最高值6.96%，2016年则下降为6.19%，所占市场份额仍很低；另一方面，在粮食作物、蔬菜瓜果和其他作物三大类作物中，外资品种在其他作物中所占比重最高，2014年最高达到8.93%，原因是外资品种在其中的向日葵、甘蔗和甜菜作物中占有很高的市场份额。粮食作物中，虽然外资品种所占份额很低，但份额提升较快，从2010年的2.66%大幅增长至2014年的6.67%，2016年略有下降，为6.04%，市场份额的提升主要得益于先锋玉米品种"先玉335"的强势增长，和科沃施（KWS）的玉米品种"德美亚1号"和"德美亚2号"等品种推广面积的大幅增长。

我国种业对外开放的实证评估与政策选择

表 3.10 三大类农作物全国与外资品种推广面积

年份	作物类别[①]	全国推广面积（万亩）	外资品种推广面积（万亩）
2009	粮食作物	143077	3812
	蔬菜瓜果	5992	363
	其他作物	25195	1830
	合计	174264	6005
2010	粮食作物	143215	5267
	蔬菜瓜果	5897	388
	其他作物	24575	1864
	合计	173687	7519
2014	粮食作物	137184	9148
	蔬菜瓜果	4370	330
	其他作物	18755	1674
	合计	160309	11152
2016	粮食作物	133321	8047
	蔬菜类	3759	249
	其他作物	16346	1203
	合计	153426	9499

资料来源：原始资料来源于全国农业技术推广服务中心《历年全国农作物主要品种推广情况统计》和农业农村部中国种业大数据平台，笔者统计计算得到。

从具体的推广面积来看，外资品种在不同作物所占的市场份额差距很大。如表 3.11 所示，按 2016 年市场份额排名，外资品种占有市场份额较高的作物依次是甜菜（86.54%）、甘蔗（56.78%）、向日葵（55.05%）、胡萝卜（31.17%）、菠菜（30.36%）、芹菜（29.66%）。外资甜菜品种曾经基本垄断甜菜种子市场，

[①] 此处按照全国农作物主要品种推广情况统计中所统计的作物种类进行分类，其中粮食作物包括常规稻、杂交稻、春小麦、冬小麦、玉米、大豆、马铃薯、甘薯、谷子、高粱、蚕豆豌豆、大麦、杂粮豆，蔬菜瓜果包括西瓜籽瓜、甜瓜、大白菜、番茄、黄瓜、辣椒、萝卜、茄子、菜豆类、其他蔬菜，其他农作物包括常规棉、杂交棉、春油菜、冬油菜、向日葵、胡麻、芝麻、甘蔗、甜菜、花生。

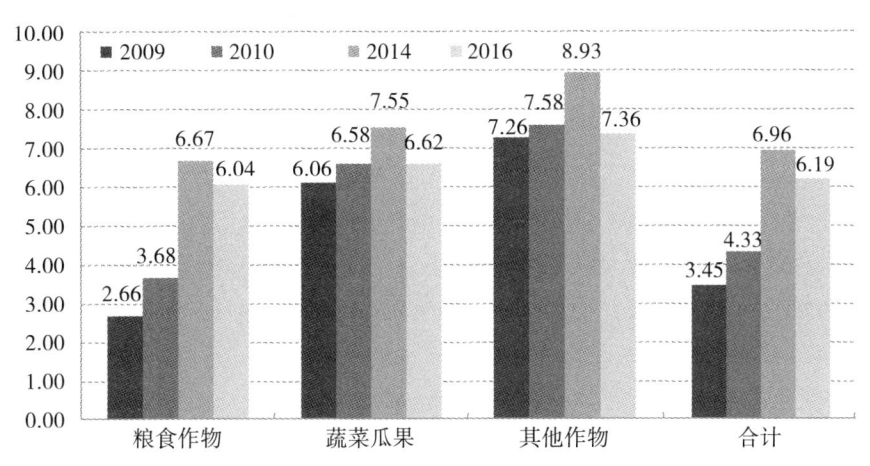

图 3.3 外资品种占全国农作物推广面积的比重（%）

资料来源：原始资料来源于全国农业技术推广服务中心《历年全国农作物主要品种推广情况统计》和农业农村部中国种业大数据平台，笔者统计计算得到。

现在国内品种开始占领了一部分市场，打破了外资垄断。外资品种在玉米、马铃薯等大宗粮食作物上占有的市场份额近年增长很快，在玉米种子市场的份额 2014 年超过 15%，2016 年有所下降，而马铃薯则仍占有四分之一左右的市场份额。番茄、大葱、荞麦、茄子等类别中，外资品种的比重目前介于 10% 和 20% 之间。辣椒、黄瓜和西瓜作物中，外资品种的比重低于 10%。另外值得一提的是，外资品种在大豆作物所占的份额非常低，不足 1%，而在棉花种子方面，外资品种已经退出了中国市场。

表 3.11　各类作物中外资种子的市场份额

作物类别	年份	全国推广面积（万亩）	外资品种推广面积（万亩）	比重（%）
玉米	2009	44363	2908	6.56
	2010	44919	4364	9.72
	2014	49995	7696	15.39
	2016	48175	6370	13.22

续表

作物类别	年份	全国推广面积（万亩）	外资品种推广面积（万亩）	比重（%）
棉花	2009	6895	42	0.61
	2010	6264	47	0.75
	2014	2597	0	0.00
	2016	1245	0	0.00
大豆	2009	12435	98	0.79
	2010	11075	13	0.12
	2014	7142	37	0.52
	2016	8280	39	0.47
西瓜	2009	1430	22	1.54
	2010	1457	70	4.80
	2014	991	27	2.72
	2016	702	33	4.70
向日葵	2009	845	428	50.65
	2010	750	486	64.80
	2014	722	466	64.54
	2016	772	425	55.05
甘蔗	2009	1754	1293	73.72
	2010	1701	1331	78.25
	2014	1410	1073	76.10
	2016	1291	733	56.78
甜菜	2009	89	67	75.28
	2010	/	/	95.00
	2014	79	79	100.00
	2016	52	45	86.54
荞麦	2009	76	8	10.53
	2010	151	13	8.61
	2014	153	47	30.72
	2016	140	16	11.43

续表

作物类别	年份	全国推广面积（万亩）	外资品种推广面积（万亩）	比重（%）
番茄	2009	402	54	13.43
	2010	415	52	12.53
	2014	396	78	19.70
	2016	390	21	5.38
黄瓜	2009	307	14	4.56
	2010	418	5	1.20
	2014	400	11	2.75
	2016	300	14	4.67
辣椒	2009	419	35	8.35
	2010	605	32	5.29
	2014	635	63	9.92
	2016	605	46	7.60
茄子	2009	208	14	6.73
	2010	280	14	5.00
	2014	281	26	9.25
	2016	240	24	10.00
大蒜	2009	844	1	0.12
	2010	437	1	0.23
芹菜	2009	104	36	34.62
	2010	130	29	22.31
	2014	129	32	24.81
	2016	118	35	29.66
菠菜	2009	131	70	53.44
	2010	161	87	54.04
	2015	120	37	30.83
	2016	112	34	30.36
大葱	2009	144	21	14.58
	2010	163	20	12.27
	2014	198	19	9.60

我国种业对外开放的实证评估与政策选择

续表

作物类别	年份	全国推广面积（万亩）	外资品种推广面积（万亩）	比重（%）
	2016	126	18	14.29
花椰菜	2009	499	30	6.01
	2010	52	15	28.85
胡萝卜	2009	91	66	72.53
	2010	102	63	61.76
	2014	83	37	44.58
	2015	77	24	31.17
马铃薯	2009	7474	1010	13.51
	2010	7434	878	11.81
	2014	7278	1844	25.34
	2016	7398	1802	24.36

资料来源：原始资料来源于全国农业技术推广服务中心《历年全国农作物主要品种推广情况统计》和农业农村部中国种业大数据平台，笔者统计计算得到。

再从近年比较关注的作物类别如棉花和玉米来看，外资种子公司早期在抗虫棉上占有相当大的优势，近年则在玉米种子市场上迅速扩张。在抗虫棉上，孟山都公司于1996年将其引入中国，1998年时，一度垄断了中国60%以上的市场份额。后来中国棉花科研人员研制出了20个抗虫棉新品种，夺回了70%的市场份额。[1] 孟山都公司的份额逐步下降为10%左右，近年份额进一步下降至不足1%。可能由于市场份额太低，孟山都公司在中国的两家合资棉种公司之一河北冀岱棉种技术有限公司在2012年5月发布了整体资产转让公告，欲以2970万元的挂牌价格进行转让。[2] 而后孟山都公司完全退出了中国棉种市场，这也从一个方面反映出外资棉种公司在中国竞争中惨败。

---

[1] 佟屏亚：《2009年中国种业要事点评》，《农业科技通讯》2010年第2期。
[2] 河北产权交易中心：《河北冀岱棉种技术有限公司整体资产转让公告》，2012年5月15日，见 http://www.hbcqw.org.cn/article/gpxm/201205/20120500013777.shtml。

第三章　我国种业对外开放水平的实证评估

在玉米种子领域，目前在国内影响力最大的外资种业巨头当属美国先锋公司。该公司选育的"先玉335"在2004年通过了审定后，销售额年年攀升，推广面积从2006年的26万亩骤升至2008年的816万亩，2012年则猛增至4217万亩，而后连年下降，2016年推广面积为3263万亩。虽然先玉335的市场份额节节高升，但仍不及同期种植面积最大的玉米品种"郑单958"市场份额的三分之一，"郑单958"依然在市场占有率上拥有相当大的优势。从占有率来看，仅仅是北京德农公司经营的"郑单958"就是"先玉335"的几倍。先锋公司如果要达到北京德农的生产能力，必须建设同样规模的10个加工厂，而这不可能在三五年的时间内就建成。即使建成，营销网络、市场队伍三五年时期内也难配套。在价格高昂的情况下，"先玉335"不可能达到"郑单958"的目前的市场占有量。① 而且，先玉335从2004年推向市场至2012年已经第8年，按照经验，品种生命周期往往是8—10年，因此该品种市场需求逐渐走下坡路是大概率事件。"先玉335"供求关系的变化导致品种销售从强势转为弱势，销售费用大幅增加。而玉米种子市场在没有推出下一代品种的情况下进入群雄割据、多品种共同瓜分市场的格局，对一直垄断市场的"郑单958""浚单20"和"先玉335"形成竞争。②

在蔬菜和花卉种子市场，外资种子因在产量、抗病等方面的优势，受到种植户的青睐，如表3.11所示，外资种子目前已占据了较高的市场份额，特别是占据了高端蔬菜种子至少50%以上的市场份额。据农业部统计，从全国来看，2010年，进口甜菜、向日葵和瓜菜种子分别占国内相应作物

---

① 降蕴彰：《全国主推两大玉米品种：郑单958神话VS黑马先玉335》，2011年5月26日，中国种业商务网，见http://www.chinaseed114.com/newsinfo.php?id=24452。
② 王涛：《成也"先锋"败也"先锋"登海、敦煌两种业股业绩变脸》，《南方都市报》2012年4月6日第GC09版。

种植面积的95%、65%和10%。①而在被誉为"中国第一菜园"的山东寿光，外资种子占到当地近90%的市场份额。一项调查表明，在寿光设施蔬菜生产中，国外品种覆盖面积所占比例为：甜椒（含彩色椒）95%，大果西红柿61%，樱桃西红柿80%，无刺水果黄瓜80%，西葫芦50%，厚皮甜瓜40%，茄子30%。在露地生产的胡萝卜，种子80%依靠进口。②

（二）从市场价值衡量的进口种子市场份额

随着中国种业市场化进程的加快，国内种子市场繁荣发展，农作物种子进口贸易发展迅速。如图3.4所示，2008—2017年，中国农作物种子③进口数量从2008年的2735.15万公斤迅速增长至2010年的5201.24万公斤，而后在2014—2015出现显著增长，达到7064万公斤，2016年有所下降，但2017年再次大幅增长至8560.52万公斤，约为2008年进口量的3.13倍。进口金额亦同步增长，由2008年的14378.02万美元增长到2010年的22892万美元。2015年进口金额增至36986.57万美元，2016有所下降，2017年再次大幅增长，至42950万美元。

分类来看，如表3.12所示，2008—2017年，除种用葵花子④等进

---

① 回良玉：《在全国现代农作物种业工作会议上的讲话》，2011年5月9日，北京种业信息网，见http://www.znlz.com/news_detail/newsId=de9da43f-611d-4ce7-b424-d73f818df0bf&comp_stats=comp-FrontNews_list01-1291551043627.html。
② 佟屏亚：《2009年中国种业要事点评》，《农业科技通讯》2010年第2期。
③ 具体包括草本花卉植物种子（12093000）、蔬菜种子（12099100）、种用马铃薯（07011000）、种用豌豆（07131010）、种用芸豆（07133310）、种用扁豆（07134010）、种用蚕豆（07135010）、种用小麦（10019010）、种用玉米（10051000）、种用籼米稻谷（10061011）、其他种用稻谷（10061019）、其他种用谷物（10089010）、种用大麦（10030010）、种用燕麦（10040010）、种用甘薯（07142011）、种用黑麦（10020010）、种用大豆（12010010）、种用葵花子（12060010）、种用棉子（12072010）、种用芝麻（12074010）、种用芥子（12075010）、种用西瓜子（12099910）、种用甜瓜子（12099920）、种用低芥子酸油菜子（12051010）、其他种用油菜子（12059010）、黑麦草种子（12092500）、糖甜菜子（12091000）、紫苜蓿子（12092100）、三叶草子（12092200）、羊茅子（12092300）、草地早熟禾子（12092400）、其他饲料植物种子（12092900）、未列名种植用种子和果实及孢子（12099990）等。
④ 为与海关统计中商品名称保持一致，文中各具体类别种子的名称均来自于海关统计中8位HS编码所对应的商品名称，因此对种子的称呼并不统一，请读者知晓。

图 3.4 中国农作物种子进口状况（2008—2017 年）

注：由于统计口径不同，此处计算的中国农作物种子进口数量和进口金额与 ISF 的相应统计数据存在差异。资料来源于国研网国际贸易研究及决策支持系统中国货物贸易统计数据库数据计算所得。

口金额出现大幅下降（-64.55%）外，其余类别种子的进口金额快速增长，多数增长率超过 100%，按增长率排序前 5 位分别为紫苜蓿子、草本花卉植物种子、未列名种子、种用甜瓜子和黑麦草种子，增长率分别为 2982.43%、652.11%、556.29%、518.66% 和 490.69%。按进口金额标准，2017 年，排在前三位的种子类别为蔬菜种子、黑麦草种子、草本花卉植物种子，进口金额分别为 20146.47 万美元、4489.59 万美元和 3762.30 万美元，分别比 2008 年大幅增长 194.50%、490.69%、652.11%。另外，比较受关注的粮食作物种用玉米的进口额相当稳定，十年间仅增长 6.08%，且进口额仅 200 余万美元。

表 3.12 主要农作物种子进口金额与增长率（2008—2017 年）

种子类别	进口金额（万美元）2008 年	进口金额（万美元）2017 年	增长率（%）
草本花卉种子	500.23	3762.30	652.11
蔬菜种子	6840.90	20146.47	194.50
种用西瓜子	154.43	/	/
种用甜瓜子	120.68	746.60	518.66
未列名种子等	449.70	2951.32	556.29
种用玉米	206.42	218.97	6.08
种用豌豆	179.17	217.02	21.13
种用葵花子	1250.05	443.19	−64.55
糖甜菜子	953.30	2080.45	118.24
黑麦草种子	760.06	4489.59	490.69
紫苜蓿子	20.60	634.98	2982.43
三叶草子	646.20	1194.71	84.88
种用燕麦	/	579.21	/
羊茅子	927.90	2941.31	216.99
草地早熟禾子	935.90	2404.06	156.87

资料来源：根据国研网国际贸易研究及决策支持系统中国货物贸易统计数据库数据计算所得。

中国农作物种子进口大于出口，农作物种子贸易总体上呈逆差状态。按中国海关统计数据计算，2017 年，中国种子进口数量逆差 5784 吨，进口金额逆差 19097.8 万美元。其中，逆差主要由大田作物种子贡献，其数量逆差为 5334.8 吨，金额逆差 8658.3 万美元，蔬菜种子金额逆差略低于大田作物，为 8098 万美元（如图 3.5 所示）。

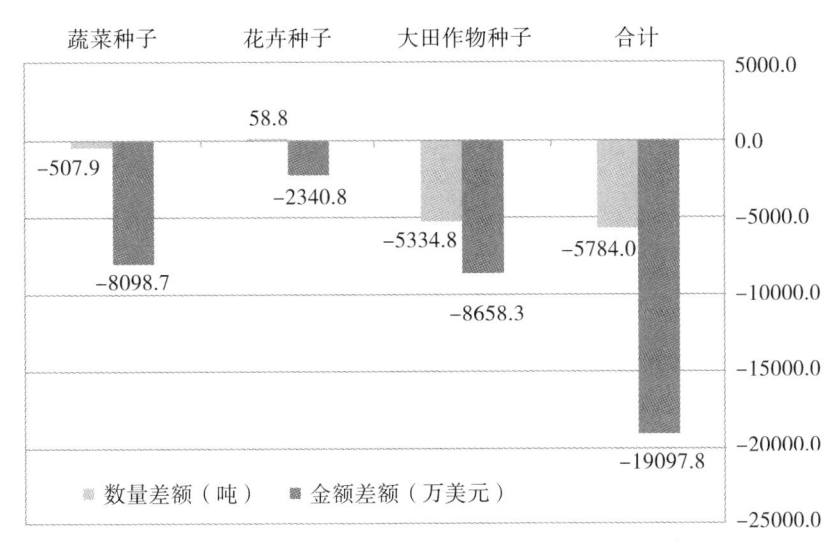

图 3.5 2017年中国种子进出口贸易差额

类别	数量差额（吨）	金额差额（万美元）
蔬菜种子	-507.9	-8098.7
花卉种子	58.8	-2340.8
大田作物种子	-5334.8	-8658.3
合计	-5784.0	-19097.8

资料来源：根据国研网国际贸易研究及决策支持系统中国货物贸易统计数据库相关统计数据计算。

虽然近年来中国农作物种子进口额快速增长，但进口种子占国内种子市场的份额仍然相当低，并且长期维持在2%以内，市场占有率由2011年的1.63%波动增长至2015年的最高点1.97%，而后2016年又下降至1.61%，为2011—2016年间次低位（见表3.13）。[①] 这表明，中国种子市场的市场准入仍有较高门槛，对于种子进口仍抱相对谨慎的态度。

表3.13 进口种子市场占有率（2011—2016年）

年份	进口种子金额（万美元）	进口种子金额（亿元）	种子市场规模（亿元）	市场占有率（%）
2011	2.50	16.16	990	1.63
2012	2.81	17.74	1038	1.71
2013	2.87	17.78	1113	1.60
2014	3.31	20.35	1149	1.77

---

① 进口种子市场占有率为进口种子金额与国内种子市场规模之比。

续表

年份	进口种子金额（万美元）	进口种子金额（亿元）	种子市场规模（亿元）	市场占有率（%）
2015	3.70	23.04	1170	1.97
2016	2.98	19.77	1230	1.61

资料来源：进口金额由笔者根据海关数据统计计算，其中转换汇率来源于国家统计局人民币汇率（年平均价），种子市场规模资料来源于农业部种子管理局、全国农业技术推广服务中心、农业部科技发展中心：《2017年中国种业发展报告》，中国农业出版社2017年版，第52页。

（三）农户对外资种子的认知采用

笔者以玉米和蔬菜种子为例来分析农户对于外资品种的认知和采用情况。其中玉米种子资料来源于笔者对六个省区农户的调查，蔬菜种子资料来源于两位学者潘勇辉、张宁宁和中国证券报记者黄淑慧对于中国菜篮子山东寿光的调查。[①]

先来看玉米种植农户对于外资玉米种子的认知和采用情况。笔者根据近年全国玉米播种面积排名，选择了黑龙江、山东、河南、河北、内蒙古、吉林等六个玉米主产区进行农户调查。本次调查共收回643份问卷，在问卷系统自动判断基础上，由课题组成员人工复核所有问卷，确认有效问卷439份，有效问卷占比68.27%。调查问卷代表性较强，具有较高的可信度。439份有效样本分布在黑龙江、山东、河南、河北、内蒙古、吉林等六个玉米主产区的72个县（区）107个乡镇的165个村。相关调查的具体报告参见本书第五章。

根据调查问卷结果分析，笔者发现，农户对于外资种子的认知度较高

[①] 潘勇辉、张宁宁：《种业跨国公司进入与菜农种子购买及使用模式调查——来自山东寿光的经验证据》，《农业经济问题》2011年第8期。黄淑慧：《洋种子"攻城略地" "菜园子"祸福难测——外资掘金中国农业之山东寿光样本调查》，中国证券报·中证网，2010年7月14日，见 http://www.cs.com.cn/xwzx/cj/201007/t20100714_2509183.html。

但接受采用率较低,购买的主要原因为高产高收益,不购买的原因则是担心新品种风险大。虽然有近七成农户听说过外资种子,但购买的仅占约15%,持续购买的则仅有约8%。总体而言,绝大多数农户购买外资种子主要是考虑高产高收益因素,而新品种风险大是制约绝大多数农户购买外资种子的主要原因。没有购买的农户中,约三成农户愿意免费试种外资种子,有超过四成的农户明确愿意跟随种植外资种子。因此,降低成本和信息不对称问题,农户对于外资种子的接受度会显著上升。

农户在使用外资种子中碰到最多的问题是缺少技术指导等配套服务,大部分农户没有获得过技术指导。农户在种植过程中面临的问题导致四成多的农户后续放弃了继续购买外资种子。虽然外资种子具有产量收益优势,且配套服务已经走在国内种业的前列,但在不少农户看来,技术指导等配套服务都仍然有待加强,否则面临难以将品种优势转化为产量收益优势的风险。

从农户的微观视角来看,相比较国产种子,外资种子确实在品种抗性、生产质量、产量和收益上具有明显的优势,特别是在产量收益这一农户最为看重的因素上获得了大多数农户的好评,这也是近年外资玉米种子能快速扩张的微观基础。产量收益优势也使得相当多的农户在认为外资种子价格相对更贵的情况下依然选择外资种子。除此之外,外资种子在品牌和包装方面更得到农户认可,但在服务和政策、农资用量等方面和国产种子没有明显差别。

农户某些特征会显著的影响其对外资种子采用行为。农户对外资种子采用行为因性别、人力资本(受教育程度)、社会网络(村干部或代表)、生产特征(租种土地、非农化程度)不同而存在显著的差异性。不同的人力资本(参加农业技术培训)差异亦会显著影响其对于未来尝试免费试种或跟进种植的意愿。社会网络(有亲朋好友从事种子有关工作)也会影响农户免费试种或跟进种植的意愿,但影响并不显著。

我国种业对外开放的实证评估与政策选择

再来看蔬菜种植农户对于外资蔬菜种子的认知和采用情况。中国证券报记者黄淑慧对山东寿光菜农的采访发现，当地菜农显然更欢迎外资种子。在寿光纪台镇吕家村，全村1000多户，90%以上都种茄子，但几乎没有人使用国产种子，基本上都是选择荷兰瑞克斯旺公司的"布利塔"或"765"品种。不少菜农也都明白，任由外资种子占据市场并不妥当，但外资种子品质更好，菜农们也别无选择，让他们担忧的是价格上涨。[①]两位学者潘勇辉、张宁宁对山东寿光县纪台镇后王村、候镇曹碾村、久安村、洛城镇邵家村、屯溪村和孙家集街道三元朱村等七个村镇506个蔬菜种植户农民进行过实地调查。其调查发现，506户种植户中，全部采用外资种子的农户占64.43%，部分国产种子、部分外资种子的农户占7.51%，合计有约72%的农户采用外资种子。[②]潘勇辉和张宁宁的调查同时发现，许多受访者并不知道自己所用种子是否为国产种子，甚至并不清楚自己所用种子的品牌名称，调查中课题组只能根据所用种子的包装袋或咨询代理种子业务人员才能确认是否为外资种子。[③]这也表明，农户采用外资种子主要因为外资种子的产量高，外形好有利于销售，正好满足了其购买种子的主要考虑因素，农户购买种子时其实并不会区分是国产种子还是外资种子。

以上对玉米种植户的调查数据和引用的菜农调查结果表明，黑龙江等六省区农户对于外资玉米品种的认知和采用度并不高，但在山东寿光蔬菜种植领域，菜农对于外资种子的采用度较高，但对于外资种子的认知度并不高。农户购买外资种子并不是因为其是外资种子，在购买使用

---

① 黄淑慧：《洋种子"攻城略地""菜园子"祸福难测——外资掘金中国农业之山东寿光样本调查》，中国证券报·中证网，2010年7月14日，见http://www.cs.com.cn/xwzx/cj/201007/t20100714_2509183.html。
② 潘勇辉、张宁宁：《种业跨国公司进入与菜农种子购买及使用模式调查——来自山东寿光的经验证据》，《农业经济问题》2011年第8期。
③ 潘勇辉、张宁宁：《种业跨国公司进入与菜农种子购买及使用模式调查——来自山东寿光的经验证据》，《农业经济问题》2011年第8期。

过程中甚至有不少农户并不知晓其使用的是外资种子，而是因为外资种子恰好满足了农户产量高和外形好易销售的购买决策期望。

三、种业开放实践简要总结

对种业对外开放实践的简要总结如表3.14所示。简要评估结果表明，无论从广度还是深度而言，种业对外开放的结果即实现水平总体仍然很低。从变化趋势来看，虽然外资种子的市场份额等有所上升，但诸多指标的结果仍呈现出下降的趋势。

表3.14 种业对外开放实践简要总结

	指标	最新指标值	变化态势
广度	外资种子企业数占比	8.72%	下降
	外资进入种子类别占比	50%	下降
	外资企业进入的区域占比	16.13%	下降
	外资新品种申请量占比	6.6%	下降
	外资新品种授权量占比	5.4%	下降
	外资种子进入主导品种名单比重	1.49%	上升
	外资品种占全国种子品种数的比重	2.42%	下降
深度	从推广面积衡量的外资种子市场份额	6.19%	下降
	从市场价值衡量的进口种子市场份额	1.61%	下降
	农户的认知度	68.56%	—
	农户的采用度	7.97%	—

资料来源：笔者总结。其中农户的认知度和采用度数据是玉米农户调查数据。

第三节 种业对外开放水平的综合评估结果

在前文对种业对外开放政策变迁和种业对外开放实践结果描述的基础上，本部分采用第二章给出的AHP-FCE综合评估方法分别对种业开放的承诺水平和实现水平进行综合评估。评估中涉及专家咨询，笔者邀请了中国社会科学院农村发展研究所、中国社会科学院财经战略研究所、农业部农村经济研究中心、中国农业科学院农业经济与发展研究所、浙江大学、华南农业大学、浙江工业大学、渤海大学、广东省农业厅、广东外语外贸大学等单位从事相关研究和工作的专家学者进行专家咨询和问卷调查，确定各层次因素或指标，对各因素或指标的相对重要性进行评价或进行FCE模糊综合评价，形成了各指标两两重要性比较值的判断矩阵结果和FCE综合评估值。

一、种业对外开放承诺水平综合评估结果

根据第二章构建的概念框架和评估指标及AHP-FCE方法，经课题组讨论和专家咨询，笔者构建种业对外开放政策的AHP层次结构模型如图3.6所示。

模型共分三层：目标层、准则层和指标层。

目标层：基于规则的对外开放承诺水平评估指标体系A。

准则层：产业政策（A1）、企业设立和经营政策（A2）、研发合作政策（A3）、种子进口政策（A4）。

指标层：农作物新品种育种和生产政策（A11）、转基因品种选育和生产政策（A12）、我国稀有和特有的珍贵优良品种的研发生产等政策（A13）、国家种业安全审查机制（A14）、设立企业审批政策（A21）、注册资本要求政策（A22）、注册企业类别限制政策（A23）、股权占比限制政策（A24）、国内企业税收优惠政策（A25）、种质资源国际交流政策（A31）、与国内企业和研究机构技术合作政策（A32）、种子进出口许可证审批政策（A41）、进口生产用种子审批政策（A42）、国内企业进口种子海关免税政策（A43）。

在构建以上层次结构模型基础上，以各层次指标之间的隶属关系为基

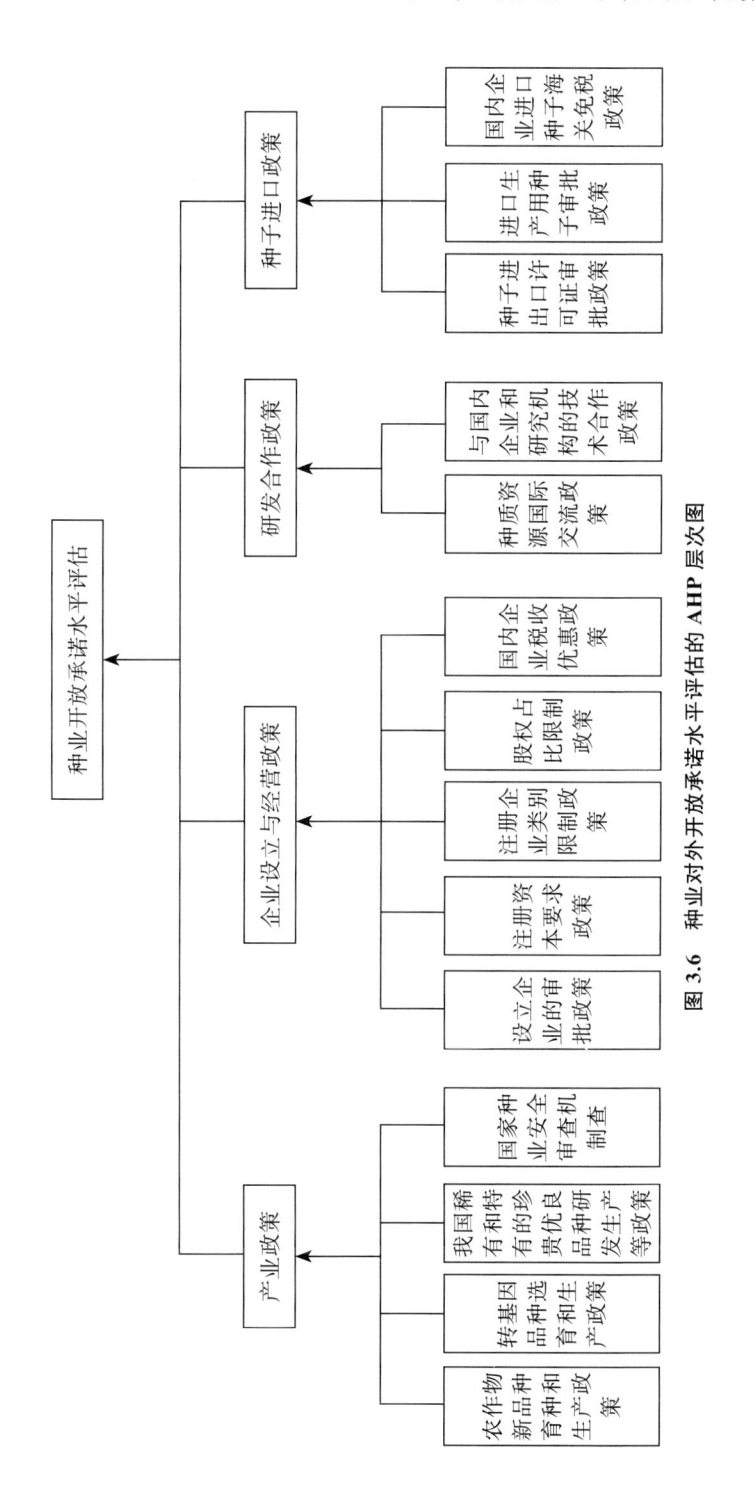

第三章　我国种业对外开放水平的实证评估

图 3.6　种业对外开放承诺水平评估的 AHP 层次图

础构建判断矩阵，本次评估一共构建了5个判断矩阵，采用yaahp软件生成相应专家咨询问卷，邀请如前所述的中国社会科学院农村发展研究所等单位从事相关研究和工作的专家学者进行专家问卷调查，对各层次指标的相对重要性进行评价，形成了各指标两两重要性比较值的判断矩阵结果。在对各专家问卷数据进行检查基础上，对个别未通过一致性检查的判断矩阵，采用yaahp 12.0软件提供的修正算法进行自动修正，[①]剔除了自动修正项数占某因素总项数50%的两位专家数据。在此基础上，对各专家数据采用算术平均方法进行加权计算结果集结，最终得到对外开放承诺水平评估指标体系中各层次指标的相对权重，并进一步得出各个指标对决策目标的权重。

表3.15汇总了对专家咨询数据加权计算的种业开放承诺水平评估判断矩阵与相对权重结果。结果表明，在种业开放承诺水平评估的第一层指标中，专家们的综合意见是研发合作政策的重要性最高，权重最大，占0.3287，其次是企业设立与经营政策，而后是种子进口政策，最后是产业政策。这一权重结果，与近年要求加紧科研合作管理，防范外资企业掌握企业核心研发成果从而实质上控制合资企业，或者通过科研合作非法获取中国特有种质资源等现实相一致，而产业政策的相对重要性最低，可能的原因在于，产业政策的限制和壁垒作用非常明显，但由于其严禁或限制产业准入，政策意图过于明显，容易给外资和国外政府造成攻击的口实。

---

① 根据yaahp软件说明，对于输入数据时的小误差累积导致判断矩阵不一致，利用算法进行自动修正可以达到一致性要求，一般不需要对此判断矩阵数据做进一步处理，可以用于下一步的计算分析。

表 3.15 加权计算的种业开放承诺水平评估判断矩阵与相对权重结果

种业开放承诺水平评估	产业政策	企业设立与经营政策	研发合作政策	种子进口政策	权重 Wi
产业政策	1	0.5432	0.4956	0.7809	0.1629
企业设立与经营政策	1.8410	1	0.9124	1.4376	0.2999
研发合作政策	2.0177	1.0960	1	1.5756	0.3287
种子进口政策	1.2806	0.6956	0.6347	1	0.2086

资料来源：笔者采用yaahp12.0软件计算得到。

表3.16、表3.17、表3.18和表3.19分别汇总了种业对外开放承诺水平评估二级指标相对于对应的一级指标的判断矩阵与相对权重结果，这些结果均采用专家咨询数据进行加权计算得到。相对产业政策一级指标，四项二级指标中，相对权重最大的为国家种业安全审查机制，权重值达0.3466（见表3.16）。相对企业设立与经营政策一级指标，五项二级指标中，相对权重最大的为设立企业的审批政策，权重值达0.3738（见表3.17）。相对研发合作政策一级指标，两项二级指标中，相对权重最大的为与国内企业和研究机构的技术合作政策，权重值达0.6222（见表3.18）。相对种子进口政策一级指标，三项二级指标中，相对权重最大的为进口生产用种子审批政策，权重值达0.4859（见表3.19）。

表 3.16 加权计算的产业政策判断矩阵与相对权重结果

产业政策	转基因品种选育和生产政策	农作物新品种育种和生产政策	国家种业安全审查机制	我国稀有和特有的珍贵优良品种研发生产等政策	权重 Wi
转基因品种选育和生产政策	1	1.0894	0.6674	1.1023	0.2313
农作物新品种育种和生产政策	0.9180	1	0.6126	1.0119	0.2123

续表

产业政策	转基因品种选育和生产政策	农作物新品种育种和生产政策	国家种业安全审查机制	我国稀有和特有的珍贵优良品种研发生产等政策	权重 Wi
国家种业安全审查机制	1.4984	1.6323	1	1.6517	0.3466
我国稀有和特有的珍贵优良品种研发生产等政策	0.9072	0.6054	0.6054	1	0.2098

资料来源：笔者采用yaahp12.0软件计算得到。

表 3.17 加权计算的企业设立与经营政策判断矩阵与相对权重结果

企业设立与经营政策	注册资本要求政策	注册企业类别限制政策	国内企业税收优惠政策	设立企业的审批政策	股权占比限制政策	权重 Wi
注册资本要求政策	1	0.4630	0.8001	0.2449	0.4111	0.0915
注册企业类别限制政策	2.1600	1	1.7283	0.5289	0.8879	0.1977
国内企业税收优惠政策	1.2498	0.5786	1	0.3060	0.5137	0.1144
设立企业的审批政策	4.0838	1.8907	3.2676	1	1.6787	0.3738
股权占比限制政策	2.4327	1.1263	1.9465	0.5957	1	0.2227

资料来源：笔者采用yaahp12.0软件计算得到。

表 3.18　加权计算的研发合作政策判断矩阵与相对权重结果

研发合作政策	与国内企业和研究机构的技术合作政策	种质资源国际交流政策	权重 Wi
与国内企业和研究机构的技术合作政策	1	1.6471	0.6222
种质资源国际交流政策	0.6071	1	0.3778

资料来源：笔者采用 yaahp12.0 软件计算得到。

表 3.19　加权计算的种子进口政策判断矩阵与相对权重结果

种子进口政策	进口生产用种子审批政策	种子进出口许可证审批政策	国内企业进口种子海关免税政策	权重 Wi
进口生产用种子审批政策	1	1.7176	2.1010	0.4859
种子进出口许可证审批政策	0.5822	1	1.2232	0.2829
国内企业进口种子海关免税政策	0.4760	0.8175	1	0.2313

资料来源：笔者采用 yaahp12.0 软件计算得到。

采用群组决策 AHP 方法，运用 yaahp 12.0 软件测算验证，最终通过各项检验确定了基于规则的对外开放承诺水平评估指标体系各层次指标的最终权重，如表 3.20 所示。

表 3.20　种业对外开放承诺水平评估指标体系最终权重结果

一级指标	权重	二级指标	权重
产业政策	0.1629	农作物新品种育种和生产政策	0.0346
		转基因品种选育和生产政策	0.0377
		我国稀有和特有的珍贵优良品种研发生产等政策	0.0342
		国家种业安全审查机制	0.0565

091

续表

一级指标	权重	二级指标	权重
企业设立与经营政策	0.2999	设立企业的审批政策	0.1121
		注册资本要求政策	0.0274
		注册企业类别限制政策	0.0593
		股权占比限制政策	0.0668
		国内企业税收优惠政策	0.0343
研发合作政策	0.3287	种质资源国际交流政策	0.1242
		与国内企业和研究机构的技术合作政策	0.2045
种子进口政策	0.2086	种子进出口许可证审批政策	0.0590
		进口生产用种子审批政策	0.1013
		国内企业进口种子海关免税政策	0.0482

资料来源：笔者采用yaahp12.0软件计算得到。

由于对种业开放政策的开放度评价具有很强的模糊性，因此本书采用模糊评判法FCE来评价我国种业对外开放政策的开放度。FCE评价指标体系与前AHP法的层次结构模型完全一致，具体以最底层的指标层各指标进行评价。根据开放度的通常评价分级，构建了以下等级评价集：｛完全开放、高度开放、中等开放、低度开放、完全不开放｝五个等级。

前文已经采用层次分析法确定了评估指标体系各指标的权重（见表3.20），笔者基于此结果，利用yaahp软件生成了FCE专家咨询问卷，请专家学者根据个人对我国种业开放政策的了解和对调查表所提供当前各项开放政策资料的分析对各项指标进行评价，每个指标的评价尺度均为评语集中的五个模糊等级评语，收回专家咨询表后，在对专家学者评价结果进行整理和统计基础上，采用软件加权计算我国种业对外开放承诺水平综合评价结果。

为计算得到最终模糊评价结果，给评价集｛完全开放、高度开放、中等开放、低度开放、完全不开放｝中的每个等级分别赋值（9，7，5，3，1），经 yaahp 软件加权计算得到 FCE 各层次评价指标的得分均值如表 3.21 所示。加权结果表明，从大的政策类别来看，研发合作政策开放度最高，其次是种子进口政策，然后是企业设立与经营政策，产业政策开放度最低。具体政策来看，开放度较高的有注册资本要求政策、国内企业税收优惠政策、进口生产用种子审批政策等，而我国稀有和特有的珍贵优良品种研发生产等政策、转基因品种选育和生产政策的开放度很低。

表 3.21　加权计算的种业对外开放承诺水平 FCE 各层次评价指标得分

项目	均值
产业政策	3.08
转基因品种选育和生产政策	1.33
农作物新品种育种和生产政策	5.00
国家种业安全审查机制	4.33
我国稀有和特有的珍贵优良品种研发生产等政策	1.00
企业设立与经营政策	4.21
注册资本要求政策	6.00
注册企业类别限制政策	3.00
国内企业税收优惠政策	5.33
设立企业的审批政策	4.00
股权占比限制政策	4.33
研发合作政策	4.96
与国内企业和研究机构的技术合作政策	5.33
种质资源国际交流政策	4.33
种子进口政策	4.57
进口生产用种子审批政策	4.67
种子进出口许可证审批政策	4.33
国内企业进口种子海关免税政策	4.67
综合得分	4.3469

资料来源：笔者采用 yaahp12.0 软件计算得到。

表 3.21 同时表明,最终的模糊综合评价综合得分为 4.3469。经加权计算得到综合评价等级隶属度结果如表 3.22 所示。综合以上两表结果可知,最终的最大隶属度为中等开放。因此,采用层次分析法—模糊综合评判法通过专家咨询评价,笔者认为,截至 2018 年 8 月,基于规则的我国种业对外开放承诺水平为中等开放,模糊综合评判值介于低度开放和中等开放之间。

表 3.22 加权计算的综合评价等级隶属度结果

评价等级	隶属度
完全开放	0.0206
高度开放	0.1104
中等开放	0.4664
低度开放	0.3270
完全不开放	0.0756

资料来源:笔者采用 yaahp12.0 软件计算得到。

二、种业对外开放实现水平综合评估结果

笔者同样构建基于结果的对外开放实现水平综合评估 AHP 层次结构模型如图 3.7 所示。模型同样分为三层:目标层、准则层和指标层。

目标层:基于结果的对外开放实现水平综合评估指标体系 A。

准则层:开放广度(A1)、开放深度(A2)。

指标层:外资企业数量占比(A11)、外资种子进入的经营区域占比(A12)、外资种子新品种申请量占比(A13)、外资种子新品种授权量占比(A14)、外资进入的种子类别占比(A15)、外资种子占全国种子品种数的比重(A16)、外资种子推广面积市场份额(A21)、进口种子市场份额(A22)、外资种子进入主导品种名单数占比(A23)、农户对外资种子的认知接受度(A24)。

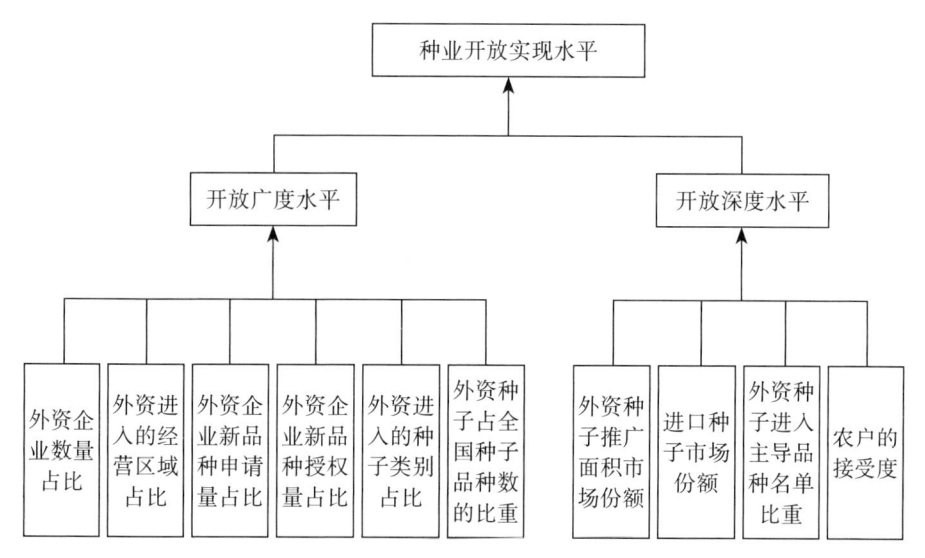

图 3.7　种业对外开放实现水平评估的 AHP 层次图

在构建以上层次结构模型的基础上，以各层次指标之间的隶属关系为基础构建了三个判断矩阵，采用 yaahp 软件生成相应专家咨询问卷，邀请如前所述的中国社会科学院农村发展研究所等单位从事相关研究和工作的专家学者进行专家问卷调查，对各层次指标的相对重要性进行评价，形成了各指标两两重要性比较值的判断矩阵结果。在对各专家问卷数据进行检查基础上，对个别未通过一致性检查的判断矩阵，同样采用 yaahp 12.0 软件提供的修正算法进行自动修正。在此基础上，对各专家数据采用算术平均方法进行加权计算结果集结，最终得到对外开放实现水平评估指标体系中各层次指标的相对权重，并进一步得出各个指标对决策目标的权重。

种业对外开放实现水平评估一级指标的判断矩阵和相对权重与二级指标相对于对应的一级指标的判断矩阵和相对权重结果分别如表 3.23、表 3.24 和表 3.25 所示。这些结果均采用专家咨询数据进行加权计算得到。一级指标中，开放深度的权重高于开放广度的权重，但差别不是很大（见

表 3.23）。相对开放广度水平一级指标，六项二级指标中，相对权重最大的为外资企业新品种授权量占比，权重值达 0.3459（见表 3.24）。相对开放深度水平一级指标，四项二级指标中，相对权重最大的为外资种子推广面积市场份额，权重值达 0.3229（见表 3.25）。

表 3.23　加权计算的种业开放实现水平判断矩阵与相对权重结果

种业开放实现水平	开放广度水平	开放深度水平	权重 Wi
开放广度水平	1	0.9149	0.4778
开放深度水平	1.0930	1	0.5222

资料来源：笔者采用 yaahp12.0 软件计算得到。

表 3.24　加权计算的种业开放广度水平判断矩阵与相对权重结果

开放广度水平	外资企业数量占比	外资进入的种子类别占比	外资进入的经营区域占比	外资企业新品种申请量占比	外资企业新品种授权量占比	外资种子占全国种子品种数的比重	权重 Wi
外资企业数量占比	1	0.6394	1.3467	0.5610	0.2360	0.3423	0.0816
外资进入的种子类别占比	1.5641	1	2.1064	0.8774	0.3692	0.5354	0.1277
外资进入的经营区域占比	0.7425	0.4747	1	0.4165	0.1753	0.2542	0.0606
外资企业新品种申请量占比	1.7826	1.1397	2.4007	1	0.4207	0.6102	0.1455
外资企业新品种授权量占比	4.2368	2.7088	5.7058	2.3767	1	1.4502	0.3459
外资种子占全国种子品种数的比重	2.9215	1.8679	3.9345	1.6389	0.6896	1	0.2385

资料来源：笔者采用 yaahp12.0 软件计算得到。

表 3.25 加权计算的种业开放深度水平判断矩阵与相对权重结果

开放深度水平	外资种子推广面积市场份额	进口种子市场份额	农户的接受采用度	外资种子进入主导品种名单比重	权重 Wi
外资种子推广面积市场份额	1	1.7786	1.6450	1.0787	0.3229
进口种子市场份额	0.5622	1	0.9249	0.6065	0.1815
农户的接受采用度	0.6079	1.0813	1	0.6558	0.1963
外资种子进入主导品种名单比重	0.9270	1.6488	1.5249	1	0.2993

采用群组决策 AHP 方法，运用 yaahp 12.0 软件计算验证，最终通过各项检验确定了基于结果的对外开放实现水平评估指标体系各层次指标的最终权重，如表 3.26 所示。

表 3.26 种业对外开放实现水平评估指标体系最终权重结果

一级指标	权重	二级指标	权重
开放广度水平	0.4778	外资企业数量占比	0.0390
		外资进入的经营区域占比	0.0290
		外资企业新品种申请量占比	0.0695
		外资企业新品种授权量占比	0.1653
		外资进入的种子类别占比	0.0610
		外资种子占全国种子品种数的比重	0.1140
开放深度水平	0.5222	外资种子推广面积市场份额	0.1686
		进口种子市场份额	0.0948
		外资种子进入主导品种名单比重	0.1563
		农户的接受采用度	0.1025

资料来源：笔者采用 yaahp12.0 软件计算得到。

表 3.27 种业对外开放实现水平加权评估结果

一级指标	加权评估值	二级指标	加权评估值
开放广度水平	5.4851	外资企业数量占比	0.3401
		外资进入的经营区域占比	0.4678
		外资企业新品种申请量占比	0.4587
		外资企业新品种授权量占比	0.8926
		外资进入的种子类别占比	3.0500
		外资种子占全国种子品种数的比重	0.2759
开放深度水平	2.2461	外资种子推广面积市场份额	1.0436
		进口种子市场份额	0.1526
		外资种子进入主导品种名单比重	0.2329
		农户的接受采用度	0.8169
对外开放实现水平综合评估值			7.7311

注：评估值以 100 为基准计算，评估值区间为 0—100。
资料来源：笔者采用 yaahp12.0 软件计算得到。

在获得以上种业对外开放实现水平评估指标体系各指标最终权重后，结合前文开放实践总结表 3.14 中的统计和调查数据，可计算得出基于结果的我国种业对外开放实现水平各评估指标的加权评估结果（如表 3.27 所示），表 3.27 表明，我国种业对外开放实现水平最终加权评估值为 7.7311。参照前文种业开放政策评估中的评价集，可得出目前我国种业对外开放实现水平为低度开放。

本章首先总结了种业对外开放相关政策法规的变迁，总体而言，在国家引进外资和贸易进口总体政策更加开放的背景下，种业对外开放政策并未大幅放松变动，大部分的政策规定保持不变，除 2018 年农作物新品种育种和生产政策方面较大放松控股要求限制外，在科研合作等方面的开放政策呈现收紧趋向更加严格的态势。

采用多种指标对种业对外开放实践的统计描述结果表明，总体而言，受制于相对比较严格的种业对外开放政策，无论从广度还是深度而言，种业对外开放的结果即实现水平总体上仍然很低。从变化趋势来看，虽然外资种子的市场份额等有所上升，但诸多指标的结果呈现出下降的趋势。

基于以上分析，本章采用层次分析法—模糊综合评判法，利用专家咨询数据和相关统计数据，对规则视角的我国种业对外开放承诺水平和结果视角的种业对外开放实现水平进行了综合评估。评估结果表明，截至2018年8月，我国种业对外开放承诺水平为中等开放，模糊综合评判值介于低度开放和中等开放之间；种业对外开放实现水平最终加权评估值为7.7311，属于低度开放水平。

第四章 开放实践专题研究Ⅰ：我国农作物种子进口贸易的现状与趋势①

21世纪以来，随着中国加入世界贸易组织和《中华人民共和国种子法》颁布实施，中国种业市场化进程开始加快，外国种子企业加速进入中国种业市场。外资进入的方式一般有两种：一是在中国设立合资、独资的种子公司或设立研发机构，进行种子培育、生产和销售；二是通过出口贸易直接向中国销售农作物种子。前一种方式涉及的政策敏感性较高，因此受到较多关注和争议，相关讨论也较多。② 而后一种方式还没有引起广泛关注，目前只有极少数研究对此有所涉及，例如张孟玉、张红生和张永强、秦智伟对中国蔬菜种子进出口贸易结构状况的分析，③ 闫书鹏对中国种子产业对外贸易形势的分析。④

---

① 陈龙江、方华：《中国农作物种子进口：现状与趋势》，《中国农村经济》2013年第3期。
② 赵刚、林源园：《我国种子产业发展遭遇严重挑战》，《创新科技》2009年第6期。佟屏亚：《中国种业：开放比改革更重要》，《北京农业》2009年第20期。邵长勇、唐欣、梁凤臣等：《基于粮食安全视角下的中国种子产业可持续发展战略》，《中国种业》2010年第4期。温思美：《种子市场开放要适度》，《科技创新与品牌》2010年第4期。靖飞、李成贵：《威胁尚未构成：外资进入中国种业分析》，《农业经济问题》2011年第11期。
③ 张孟玉、张红生：《我国蔬菜种子进出口贸易分析》，《园艺学报》2006年第6期。张永强、秦智伟：《中国蔬菜种子进出口贸易格局及国际竞争力分析》，《中国蔬菜》2009年第7期。
④ 闫书鹏：《中国种子产业对外贸易形势分析》，《中国种业》2007年第4期。

第四章　开放实践专题研究Ⅰ：我国农作物种子进口贸易的现状与趋势

然而，近年来，中国种子进口贸易十分活跃，贸易量和贸易额逐年大幅度提升，特别是蔬菜种子、种用葵花子、草种等进口变动很大。国外优良农作物种子的进口，一方面优化了中国农作物产品结构，提升了农作物产量和品质，满足了市场对农产品日益增长的数量和品质需求，增加了农民收入，同时有利于引进国外先进的制种技术；另一方面也带来了挤占国内种子市场、推动种子价格上涨、阻碍国内品种创新等问题。在此背景下，专题分析中国种子进口问题具有重要的现实意义。

基于此，本章以中国海关和国际种子联盟（International Seed Federation，ISF）的相关统计数据为基础，[①]分析近年来中国农作物种子进口贸易的规模和结构，展望未来一段时间中国种子进口贸易的变化趋势，并揭示相应的政策启示。

第一节　我国农作物种子进口总体概况

一、进口总量增长迅速，贸易平衡呈逆差

随着中国种业市场化进程的加快，国内种子市场繁荣发展，农作物种子进口贸易发展迅速。如图4.1所示，2008—2017年，中国农作物种子[②]进

[①] 本章所用种子进口数据除特别说明外，均来源于国研网国际贸易研究及决策支持系统中国货物贸易统计数据库和国际种子联盟（ISF）网站（www.worldseed.org）。
[②] 具体包括草本花卉植物种子（12093000）、蔬菜种子（12099100）、种用马铃薯（07011000）、种用豌豆（07131010）、种用芸豆（07133310）、种用扁豆（07134010）、种用蚕豆（07135010）、种用小麦（10019010）、种用玉米（10051000）、种用籼米稻谷（10061011）、其他种用稻谷（10061019）、其他种用谷物（10089010）、种用大麦（10030010）、种用燕麦（10040010）、种用甘薯（07142010）、种用黑麦（10020010）、种用大豆（12010010）、种用葵花子（12060010）、种用棉子（12072010）、种用芝麻（12074010）、种用芥子（12075010）、种用西瓜子（12099910）、种用甜瓜子（12099920）、种用低芥子酸油菜子（12051010）、其他种用油菜子（12059010）、黑麦草种子（12092500）、糖甜菜子（12091000）、紫苜蓿子（12092100）、三叶草子（12092200）、羊茅子（12092300）、草地早熟禾子（12092400）、其他饲料植物种子（12092900）、未列名种植用种子和果实及孢子（12099990）等。

我国种业对外开放的实证评估与政策选择

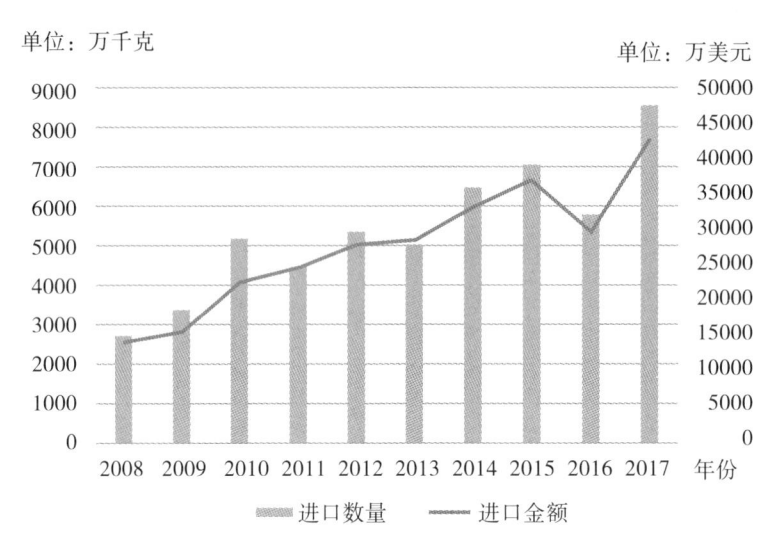

图 4.1 中国农作物种子进口状况（2008—2017 年）

注：由于统计口径不同，此处计算的中国农作物种子进口数量和进口金额与 ISF 的相应统计数据存在差异。

资料来源：据国研网国际贸易研究及决策支持系统中国货物贸易统计数据库数据计算所得。

口数量从 2008 年的 2735.15 万公斤迅速增长至 2010 年的 5201.24 万公斤，而后在 2014—2015 出现显著增长，达到 7064 万公斤，2016 年有所下降，但 2017 年再大幅增长至 8560.52 万公斤，约为 2008 年进口量的 3.13 倍。进口金额亦同步增长，由 2008 年的 14378.02 万美元增长到 2010 年的 22892 万美元。2015 年进口金额增至 36986.57 万美元，2016 有所下降，2017 年再次大幅增长，至 42950 万美元。

分类来看，如表 4.1 所示，2008-2017 年，除种用葵花子[①]等进口金额出现大幅下降（-64.55%）外，其余类别种子的进口金额快速增长，多数增长率超过 100%，按增长率排序前 5 位分别为紫苜蓿子、草本花卉植物种子、未列名种子、种用甜瓜子和黑麦草种子，增长率分别为 2982.43%、

---

① 为与海关统计中商品名称保持一致，文中各具体类别种子的名称均来自于海关统计中 8 位 HS 编码所对应的商品名称，因此对种子的称呼并不统一，请读者知晓。

第四章　开放实践专题研究Ⅰ：我国农作物种子进口贸易的现状与趋势

652.11%、556.29%、518.66%和490.69%。按进口金额标准，2017年，排在前三位的种子类别为蔬菜种子、黑麦草种子、草本花卉植物种子，进口金额分别为20146.47万美元、4489.59万美元和3762.30万美元，分别比2008年大幅增长194.50%、490.69%、652.11%。另外，比较受关注的粮食作物种用玉米的进口额相当稳定，十年间仅增长6.08%，且进口额仅200余万美元。

表4.1　主要农作物种子进口金额与增长率（2008—2017年）

种子类别	进口金额（万美元） 2008年	进口金额（万美元） 2017年	增长率（%）
草本花卉种子	500.23	3762.3032	652.11
蔬菜种子	6840.90	20146.4693	194.50
种用西瓜子	154.43	/	/
种用甜瓜子	120.68	746.60	518.66
未列名种子等	449.70	2951.3209	556.29
种用玉米	206.42	218.97	6.08
种用豌豆	179.17	217.02	21.13
种用葵花子	1250.05	443.19	−64.55
糖甜菜子	953.30	2080.45	118.24
黑麦草种子	760.06	4489.5901	490.69
紫苜蓿子	20.60	634.98	2982.43
三叶草子	646.20	1194.71	84.88
种用燕麦	/	579.21	/
羊茅子	927.90	2941.31	216.99
草地早熟禾子	935.90	2404.06	156.87

资料来源：根据国研网国际贸易研究及决策支持系统中国货物贸易统计数据库数据计算所得。

中国农作物种子进口大于出口，农作物种子贸易总体上呈逆差状态。按国际种子联盟（ISF）的统计，2010年，中国种子进口20200万美元，出口16800万美元，逆差3400万美元。其中，逆差主要由大田作物种子贡献，其

我国种业对外开放的实证评估与政策选择

逆差为2500万美元，蔬菜种子逆差为1700万美元，而花卉种子贸易则反而出现了800万美元的小幅顺差（如图4.2所示）。2017年，按中国海关统计数据计算，中国种子进口数量逆差5784吨，进口金额逆差19097.8万美元。其中，逆差主要由大田作物种子贡献，其数量逆差为5334.8吨，金额逆差8658.3万美元，蔬菜种子金额逆差略低于大田作物，为8098万美元（如图4.3所示）。

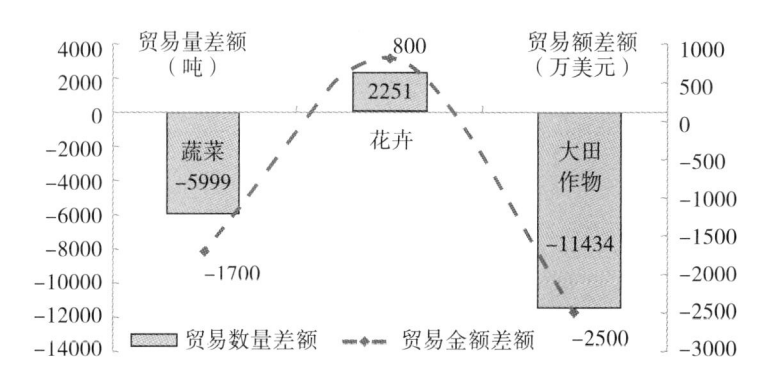

图 4.2　2010 年中国种子进出口贸易差额

资料来源：根据国际种子联盟相关统计数据计算。

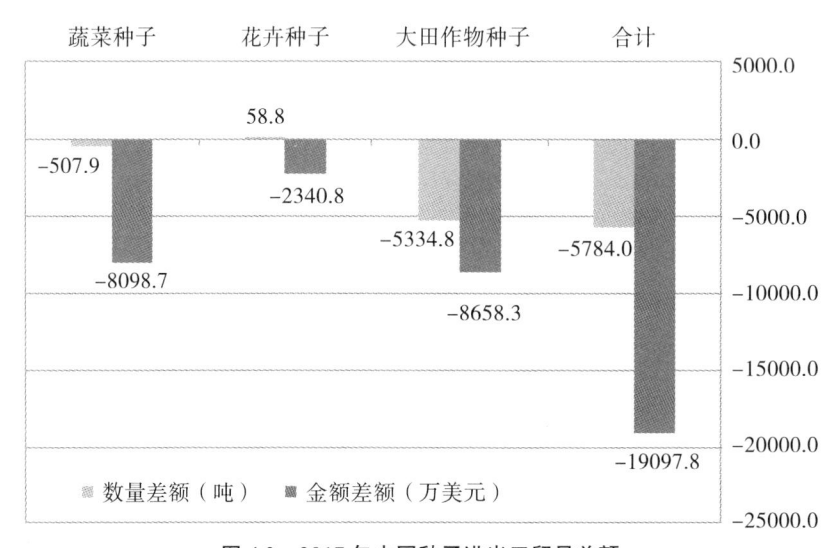

图 4.3　2017 年中国种子进出口贸易差额

资料来源：根据国研网国际贸易研究及决策支持系统中国货物贸易统计数据库相关统计数据计算。

二、在全球种子贸易中地位较高，但与种子贸易大国差距大

中国在全球种子贸易中地位较高。根据国际种子联盟的统计数据（见表4.2和表4.3），2010年，中国进口种子20200万美元，进口数量和金额占全球种子进口总量和总额的比重分别为2.41%和2.58%。在蔬菜、花卉和大田作物三类种子中，比较中国进口金额占全球进口总额的比重，蔬菜种子所占比重相对较高，排名居世界第8位；而大田作物种子所占比重相对较低，居世界第14位（见表4.2）。这一格局与中国种子市场的开放程度相关。目前，中国蔬菜种子市场已完全开放，而大田作物种子市场的准入则相对比较严格。

表4.2 中国在全球种子贸易中的地位（2010年）

类别	进口				出口			
	全球金额（百万美元）	中国金额（百万美元）	中国占比（%）	中国在全球排名	全球金额（百万美元）	中国金额（百万美元）	中国占比（%）	中国在全球排名
蔬菜	2832	105	3.71	8	2851	88	3.09	8
花卉	249	6	2.41	9	276	14	5.07	7
大田作物	4761	91	1.91	14	5129	66	1.29	18
合计	7842	202	2.58	—	8256	168	2.03	—

资料来源：根据国际种子联盟统计数据计算。

表4.3 中国在全球种子贸易中的地位（2016年）

类别	进口				出口			
	全球金额（百万美元）	中国金额（百万美元）	中国占比（%）	中国在全球排名	全球金额（百万美元）	中国金额（百万美元）	中国占比（%）	中国在全球排名
蔬菜	3828	177	4.62	6	3976	113	2.84	7
花卉	274	14	5.11	6	291	15	5.15	6
大田作物	6852	127	1.85	17	7111	69	0.97	24
合计	10954	318	2.90	9	11378	197	1.73	15

资料来源：根据国际种子联盟统计数据计算。

2016年，如表4.3所示，中国种子进口金额增长至31800万美元，进口金额占全球种子进口总额的比重上升至2.9%。在蔬菜、花卉和大田作物三类种子中，比较中国进口金额占全球进口总额的比重，花卉种子所占比重提升，占比超过蔬菜，排名居世界第6位；而大田作物种子所占比重相对较低，排名下降至世界第17位。

中国种子出口的情形与进口基本类似。2010年，中国种子出口16800万美元，数量和金额占全球的份额分别为1.67%和2.03%，低于进口所占的相应份额。比较中国三大类种子出口额占全球出口总额的比重，花卉种子出口金额所占比重相对较高，为5.07%，居世界第7位；而大田作物种子出口金额所占比重相对最低，居世界第18位（见表4.2）。2016年情况有所改变，表4.3数据表明，中国种子出口额占全球出口总额的比重下降，其中花卉占比略有上升，而蔬菜和大田作物出口占全球的比重均有所下降。但从排名来看，蔬菜和花卉均提升一位，分别至第7位和第6位，而大田作物排名提升较大，至第15位。总体而言，中国种子出口在世界种子贸易地位有所上升。

因此，从世界排名来看，中国种子进出口贸易在世界种子贸易中地位较高，但比较进口和出口，中国种子进口在世界种子贸易格局中的地位略强于出口，蔬菜种子、花卉种子的地位高于大田作物种子。虽然中国种子进出口在世界种子贸易格局中的地位较高，但是根据国际种子联盟2010年统计数据测算，中国种子进出口总额仅相当于美国种子进出口总额的18.15%，荷兰的19.65%，法国的19.94%，不及这些国家的五分之一。因此，中国与全球种子贸易大国的差距仍相当大。

三、进口种子市场占有率相当低

虽然近年来中国农作物种子进口额快速增长，但进口种子占国内种子市场的份额仍然相当低，并且长期维持在2%以内，市场占有率由2011年的1.63%波动增长至2015年的最高点1.97%，而后2016年又下降至1.61%，为2011—2016年间第二低位（见表4.4）。[①] 这表明，中国种子市场的市场准入仍有较高门槛，对于种子进口仍抱相对谨慎的态度。

表4.4 进口种子市场占有率（2008—2016年）

年份	进口种子金额（亿美元）	进口种子金额（亿元）	种子市场规模（亿元）	市场占有率（%）
2011	2.50	16.16	990	1.63
2012	2.81	17.74	1038	1.71
2013	2.87	17.78	1113	1.60
2014	3.31	20.35	1149	1.77
2015	3.70	23.04	1170	1.97
2016	2.98	19.77	1230	1.61

资料来源：进口金额由笔者根据中国海关数据统计计算，其中转换汇率来源于国家统计局人民币汇率（年平均价），种子市场规模资料来源于农业部种子管理局、全国农业技术推广服务中心、农业部科技发展中心：《2017年中国种业发展报告》，中国农业出版社2017年版，第52页。

① 进口种子市场占有率为进口种子金额与国内种子市场规模之比。

第二节　我国农作物种子进口贸易结构及其变化

一、进口种子商品结构稳中有变，与全球种子贸易结构相异

近年来，中国农作物种子进口商品结构稳中有变。如表4.5和表4.6所示，2008—2017年，蔬菜类种子所占比重从2008年的47.58%下降到2017年的46.91%，大田作物类种子比重则由43.90%轻微增长至44.33%，而花卉类种子比重则增长了152%，所占比重由3.48%增长至8.76%。蔬菜类种子所占比重小幅下降，主要是缘于花卉类种子进口的快速增长，蔬菜类种子进口总量本身并没有下降。从大类来看，目前蔬菜类种子进口仍然在中国种子进口中占据主要地位。蔬菜类种子在种子进口中占比高有三个原因：一是蔬菜种子市场对外开放程度较高，市场准入程度高；二是国外一些蔬菜新品种产量高，品相好，符合国内消费者的需求，种植经济效益好；三是中国是蔬菜出口大国，从日本等国家或地区进口大量蔬菜种子，在国内种植后再返销到这些国家或地区。

从大田作物具体类别来看，2011年种用葵花子在种子进口中所占比重最高，达到20.91%。这一结构与近年来国内葵花子炒货行业和葵花子油脂行业的快速发展相吻合。这两个行业特别是炒货行业对葵花子的需求使得对其产量和品相的要求愈来愈高，而以美国葵花子为主的外国杂交葵花子品种，以其产量高、外形美观而受到国内葵农的青睐，在不到10年的时间里就迅速替代了国产葵花子常规品种，到2010年其推广面积已经达到486万亩，占葵花子总推广面积750万亩的64.80%。[①] 但2017年，这一格局

[①] 数据来源：根据全国农业技术推广服务中心《2010年全国农作物主要品种推广情况统计》数据计算所得。

发生了相当大的变化,黑麦草种子位居占比最高的大田作物类种子,比重由2008年的5.29%增加至10.45%,而种用葵花子进口所占的比重暴降至1.03%,在中国种子进口中的地位严重弱化,背后缘由仍有待发掘。

表4.5 2008—2010年中国种子进口类别结构 (单位:%)

种子类别	2008年	2009年	2010年
一、花卉类种子	3.48	2.81	2.96
其中:草本花卉植物种子	3.48	2.81	2.96
二、蔬菜类种子	47.58	45.36	46.43
其中:蔬菜种子	47.58	45.36	46.43
三、大田作物类种子	43.90	42.83	42.68
其中:黑麦草种子	5.29	4.86	5.51
未列名种子等	3.13	7.47	6.88
羊茅子	6.45	5.83	5.24
草地早熟禾子	6.51	5.07	5.14
糖甜菜子	6.63	6.40	3.86
三叶草子	4.49	3.69	2.55
种用甜瓜子	0.84	0.53	0.49
种用葵花子	8.69	14.12	17.15
种用玉米	1.44	1.34	2.17
种用豌豆	1.25	0.54	0.42
种用西瓜子	1.07	0.99	0.56

注:部分类别种子进口量小,占中国种子进口量的比重很低,重要性较低,同时考虑到篇幅所限,因此这些类别种子并没有在相关表格中列出来。
资料来源:根据国研网国际贸易研究及决策支持系统中国货物贸易统计数据库数据计算所得。

我国种业对外开放的实证评估与政策选择

表 4.6 2011—2017 年中国种子进口类别结构　　　　（单位：%）

种子类别	2011 年	2017 年
一、花卉类种子	4.17	8.76
其中：草本花卉植物种子	4.17	8.76
二、蔬菜类种子	45.54	46.91
其中：蔬菜种子	45.54	46.91
三、大田作物类种子	43.85	44.33
其中：黑麦草种子	4.54	10.45
未列名种子等	5.46	6.87
羊茅子	3.90	6.85
草地早熟禾子	3.64	5.60
糖甜菜子	5.95	4.84
三叶草子	1.88	2.78
种用甜瓜子	0.51	1.74
种用葵花子	20.91	1.03
种用玉米	1.38	0.51
种用豌豆	0.50	0.51
种用西瓜子	0.47	

资料来源：据国研网国际贸易研究及决策支持系统中国货物贸易统计数据库数据计算。

中国种子进口商品结构与全球种子贸易商品结构差异较大。无论是从数量还是从金额构成来看，大田作物种子在全球种子贸易中都占绝对主导地位，蔬菜种子次之，再次是花卉种子。而中国种子进口商品结构中，蔬菜种子占主导，大田作物种子次之。[1] 可能有两个方面的原因导致了这种情

---

[1] 按国际种子联盟的分类和统计数据，2010 年中国种子进口总金额中，花卉、蔬菜和大田作物种子所占比重分别为 2.97%、51.98% 和 45.05%；若按中国海关统计数据和笔者的分类，对应的比重数据分别为 2.96%、54.36% 和 42.68%。两者数据差异很小，因此，无论按哪种口径，结论总体是一致的，即中国种子进口结构中，蔬菜种子占主导，大田作物种子次之。

况：一是中国蔬菜和大田作物种子市场的开放程度不同。自《种子法》施行以来，中国蔬菜种子市场全面开放，外国种子企业在中国设立蔬菜种子企业，或向中国出口蔬菜种子，都很少受到限制；而大田作物中粮食作物由于涉及国家粮食安全，无论是外商投资种子企业还是进口种子，都受到比较严格的限制，市场开放程度相对较低。因此，大田作物中，三大主粮种子的进口量都相当少，只有油料作物（种用葵花子）、糖料作物（糖甜菜子）、牧草作物（黑麦草种子、三叶草子等）进口较多。二是由于中国在蔬菜等劳动密集型产品的生产上具有比较优势，国内生产的蔬菜广泛出口到日本、韩国等国，引致了大量的蔬菜种子需求，导致蔬菜种子进口较多。

二、种子进口价格快速上涨，但仍低于国际市场均价

总体上看，2008—2017年，全体种子的平均价格呈先下降而后反弹至高位然后再下跌的态势，如表4.7所示，2011年平均价格比2010年大幅上涨，至每吨5576.43美元，但2017年平均价格又小幅下跌至每吨5017.21美元，这一均价甚至略低于2008年的水平。

表4.7 中国农作物种子进口均价变动情况　　（单位：美元/吨）

种子类别	2008年	2009年	2010年	2011年	2017年
全体种子平均	5256.76	4662.56	4401.26	5576.43	5017.21
草本花卉种子	141779.55	156777.06	169622.92	325173.88	584453.61
蔬菜种子	9491.28	10528.39	13654.17	14670.19	21048.86
种用西瓜子	85088.10	138586.39	100226.82	95854.01	/
种用甜瓜子	397879.66	355622.61	316913.09	361436.02	351938.39
种用豌豆	2485.88	1473.51	1168.97	1342.29	1343.04
种用玉米	19556.96	18585.80	19255.93	14604.74	13676.17

续表

种子类别	2008年	2009年	2010年	2011年	2017年
种用葵花子	8229.75	10950.09	11587.93	12438.52	10664.68
黑麦草种子	1371.32	872.39	857.06	1041.20	1435.36
糖甜菜子	9294.41	9357.61	10491.92	12642.96	26434.98
三叶草子	4158.92	3583.21	2995.43	3372.74	4074.05
羊茅子	1962.67	1356.27	945.94	1006.44	1934.77
草地早熟禾子	3358.94	3486.11	2841.10	2655.90	4099.80

资料来源：根据国研网国际贸易研究及决策支持系统货物贸易统计数据库数据计算所得。

但具体来看，2008—2017年，草本花卉植物种子、蔬菜种子、种用葵花子、糖甜菜、草地早熟禾子等的价格上涨幅度较大，个别价格翻倍；而种用豌豆、玉米、种用甜瓜子等的价格下降幅度很大，但由于其进口量相对不大，因此未能有效拉低中国种子进口均价。虽然近几年中国种子进口价格上涨较快，但从国际比较来看，根据国际种子联盟数据推算，中国种子进口均价仍低于全球平均水平，其中，蔬菜种子低42%，花卉种子低20%，大田作物种子略低5%。因此，中国种子进口价格仍属于相对较低水平。

三、种子进口来源地集中于欧美日等发达国家和地区

近年来，中国种子进口来源地结构稳中有变，前5位来源地总体保持稳定。目前，中国进口种子主要来源于美国、日本、德国、荷兰、法国、加拿大、澳大利亚、以色列等发达国家，部分来源于泰国、智利、印度、阿根廷等发展中国家（如表4.8—表4.15所示）。除蔬菜种子以外，其他类别种子进口来源地的集中度均较高。

以2011年为例，中国草本花卉植物种子进口主要来源于日本、美国、德国，来自于这三个国家的种子占草本花卉植物种子进口总额的比重合计超

过83%，集中度较高；蔬菜种子进口则主要来源于日本、泰国、美国、智利和以色列，共占67.13%的份额，其他16个国家和地区则占了32.87%，进口来源地相对分散；种用葵花子进口虽然来源于11个国家，但美国几乎垄断了其中主要份额，智利的份额则相对于2008年大幅下降至9.85%；种用玉米进口来源于18个国家，其中，德国占绝对主导，印度的份额下降至16.69%；糖甜菜子从5个国家进口，其中近70%来自于德国；黑麦草种子仅从4个国家进口，其中，美国和加拿大几乎完全垄断了市场份额；而草地早熟禾子、羊茅子两种牧草种子的进口几乎全部来自于美国。

2017年，进口来源结构略有变化，如草本花卉植物种子进口中，美国比重大幅上升，占比近50%，日本占比下降至第二位，而且集中度进一步大幅提高，来自前3个国家的种子占草本花卉植物种子进口总额的合计比重超过94%；蔬菜种子进口的前5位来源中，丹麦份额猛增，占比突破10%，排名第三，前五位共占70.15%的份额，其他18个国家和地区则占了29.85%，进口来源地仍相对分散；种用葵花子进口来源于12个国家和地区，美国份额虽然下降至约75%，但仍完全主导中国种用葵花子进口，智利的份额进一步下降，跌出前五位，日本取代智利，排名第二，份额突破20%；种用玉米进口来源减少至11个国家和地区，其中，德国占绝对主导，印度的份额再次大幅下降至0.31%；糖甜菜子依然从5个国家进口，但丹麦和瑞典由意大利和新西兰分别取代，德国份额大幅降至41%，而法国、意大利份额大幅提升，挤占了德国份额；黑麦草种子来源国增加至6个国家，其中，美国主导进口来源，但份额大幅下降，丹麦市场份额大幅提升至19.19%，排名第二；而草地早熟禾子、羊茅子两种牧草种子的进口仍几乎全部来自于美国。

我国种业对外开放的实证评估与政策选择

表4.8 中国草本花卉植物种子进口来源结构

2008年		2011年		2017年	
来源地	比重(%)	来源地	比重(%)	来源地	比重(%)
美国	49.48	日本	34.44	美国	49.81
日本	19.38	美国	29.21	日本	26.56
荷兰	9.37	德国	19.50	德国	17.94
法国	7.66	法国	6.74	荷兰	2.77
德国	6.92	危地马拉	2.43	法国	2.04
其他19国和地区	7.19	其他16国和地区	7.68	其他7国和地区	0.87

资料来源：根据国研网国际贸易研究及决策支持系统中国货物贸易统计数据计算所得。

表4.9 中国蔬菜种子进口来源结构

2008年		2011年		2017年	
来源地	比重(%)	来源地	比重(%)	来源地	比重(%)
日本	29.69	日本	34.28	日本	28.72
美国	12.13	泰国	11.24	泰国	14.76
泰国	10.38	美国	9.64	丹麦	10.03
丹麦	9.44	智利	6.46	智利	8.45
荷兰	9.11	以色列	5.51	美国	8.18
其他14国和地区	29.25	其他16国和地区	32.87	其他18国和地区	29.85

资料来源：根据国研网国际贸易研究及决策支持系统中国货物贸易统计数据计算所得。

表4.10 中国种用葵花子进口来源结构

2008年		2011年		2017年	
来源地	比重(%)	来源地	比重(%)	来源地	比重(%)
美国	63.15	美国	85.49	美国	74.98
智利	26.16	智利	9.85	日本	21.83
印度	7.74	阿根廷	2.04	西班牙	2.85
澳大利亚	1.10	澳大利亚	1.60	荷兰	0.22
法国	1.09	法国	0.82	法国	0.06
其他8国和地区	0.77	其他6国和地区	0.19	其他7国和地区	0.07

资料来源：根据国研网国际贸易研究及决策支持系统中国货物贸易统计数据计算所得。

第四章 开放实践专题研究Ⅰ：我国农作物种子进口贸易的现状与趋势

表 4.11 中国种用玉米进口来源结构

2008 年		2011 年		2017 年	
来源地	比重（%）	来源地	比重（%）	来源地	比重（%）
德国	43.63	德国	69.41	德国	63.11
印度	32.79	印度	16.69	法国	18.56
智利	9.86	中国台湾	5.30	阿根廷	10.37
澳大利亚	6.68	阿根廷	4.78	智利	7.52
阿根廷	3.12	法国	1.78	印度	0.31
其他 7 国和地区	3.91	其他 13 国地区	2.04	其他 6 国和地区	0.13

资料来源：根据国研网国际贸易研究及决策支持系统中国货物贸易统计数据计算所得。

表 4.12 中国糖甜菜子进口来源结构

2008 年		2011 年		2017 年	
来源地	比重（%）	来源地	比重（%）	来源地	比重（%）
德国	51.19	德国	67.82	德国	40.99
比利时	42.16	比利时	25.92	比利时	28.44
法国	5.17	法国	3.89	法国	17.76
丹麦	1.49	丹麦	1.56	意大利	12.49
		瑞典	0.81	新西兰	0.32

资料来源：根据国研网国际贸易研究及决策支持系统中国货物贸易统计数据计算所得。

表 4.13 中国黑麦草种子进口来源结构

2008 年		2011 年		2017 年	
来源地	比重（%）	来源地	比重（%）	来源地	比重（%）
美国	64.81	美国	77.32	美国	55.94
加拿大	32.55	加拿大	20.01	丹麦	19.19
丹麦	2.25	新西兰	2.06	加拿大	15.47
德国	0.38	丹麦	0.61	新西兰	5.82
				阿根廷	3.53
				澳大利亚	0.05

资料来源：根据国研网国际贸易研究及决策支持系统中国货物贸易统计数据计算所得。

我国种业对外开放的实证评估与政策选择

表 4.14 中国羊茅子进口来源结构

2008 年		2011 年		2017 年	
来源地	比重（%）	来源地	比重（%）	来源地	比重（%）
美国	86.63	美国	92.71	美国	92.14
加拿大	11	加拿大	4.57	加拿大	4.90
丹麦	2.36	丹麦	2.74	丹麦	2.96

资料来源：根据国研网国际贸易研究及决策支持系统中国货物贸易统计数据计算所得。

表 4.15 中国草地早熟禾子进口来源结构

2008 年		2011 年		2017 年	
来源地	比重（%）	来源地	比重（%）	来源地	比重（%）
美国	94.85	美国	99.53	美国	88.88
丹麦	5.15	丹麦	0.34	丹麦	11.02
		加拿大	0.14	加拿大	0.09

资料来源：根据国研网国际贸易研究及决策支持系统中国货物贸易统计数据计算所得。

四、东部沿海省份主导种子进口，区域集中度较高

2011—2017 年，种子进口的国内区域分布结构变动总体较小，总体而言，东部沿海省份北京、上海、广东、福建、浙江和内陆甘肃、新疆等主导了中国种子进口（如表 4.16 至表 4.19 所示），种子进口的区域集中度较高。

以 2017 年为例，具体来看，中国进口草本花卉植物种子的省份较少，主要是北京、云南、浙江、吉林、天津。进口蔬菜种子的省份很多，其中前 5 位分别是广东、山东、北京、福建和上海。虽然山东是中国第一大农产品出口省份，是全国闻名的"菜园子"，但其蔬菜种子进口近年来却屈居第二位，广东则一直居第一位。就大田作物种子而言，很多省份均进口种用玉米和种用葵花子，前者主要由黑龙江、新疆、北京和甘肃进口，后者主要由北京、广东、浙江、新疆和甘肃进口。由于玉米主要在东北、华北和西北种植，因此，黑龙江、新疆、北京主导其种子进口在意料之中。其他种子进口亦主要由北京、上海等主导。综合来看，北京在绝大多数种子进口中居第一

第四章 开放实践专题研究Ⅰ：我国农作物种子进口贸易的现状与趋势

位或第二位，与其中国种业之都的定位，大力发展种业，种子企业聚集密切相关。

表4.16 2011年农作物种子进口的区域分布（一）（进口额前3位）

草本花卉植物种子	黑麦草种子	蔬菜种子	种用豌豆
北京	北京	广东	广东
浙江	浙江	福建	福建
云南	四川	山东	广西

资料来源：根据国研网国际贸易研究及决策支持系统中国货物贸易统计数据计算所得。

表4.17 2011年农作物种子进口的区域分布（二）（进口额前3位）

种用玉米	种用葵花子	种用西瓜子	种用甜瓜子
天津	北京	福建	福建
北京	内蒙	广东	上海
广西	甘肃	山东	浙江

资料来源：根据国研网国际贸易研究及决策支持系统中国货物贸易统计数据计算所得。

表4.18 2017年农作物种子进口的区域分布（一）（进口额前5位）

草本花卉植物种子	黑麦草种子	蔬菜种子	草地早熟禾子
北京	上海	广东	北京
云南	北京	山东	上海
浙江	浙江	北京	浙江
吉林	甘肃	福建	
天津		上海	

资料来源：根据国研网国际贸易研究及决策支持系统中国货物贸易统计数据计算所得。

我国种业对外开放的实证评估与政策选择

表 4.19　2017 年农作物种子进口的区域分布（二）（进口额前 5 位）

种用玉米	种用葵花子	羊茅子	糖甜菜子	其他种植用种子
黑龙江	北京	北京	北京	北京
新疆	广东	上海	内蒙古	上海
北京	浙江	浙江	新疆	浙江
甘肃	新疆		黑龙江	四川
山东	甘肃		甘肃	广东

资料来源：根据国研网国际贸易研究及决策支持系统中国货物贸易统计数据计算所得。

第三节　我国农作物种子进口的趋势判断

一、农作物种子进口将继续保持增长态势

在近年中国对外贸战略作出重大调整，提出"在保持出口合理增长的同时，积极扩大进口"的背景下，中国进口大幅增加的趋势短期内不会改变，种子进口总体上也将继续保持增长的态势。未来一段时间内中国种子进口增长具有三个支撑条件：

一是中国种业开放的政策取向短期内不会改变。虽然目前对于中国种业开放出现了是否开放过度的争议，[1]但中国种业发展政策并不会因此发生全面转向，预计未来一段时间内中国总体上将延续目前的种子市场对外开放政策。

二是中国种子市场需求巨大。中国商品化种子市场规模稳居世界第二位，种子市场需求巨大，但目前进口种子的市场占有率相当低，意味着种子进口仍有相当大的发展空间。同时，随着中国经济持续快速发展，消费者对于农产品的需求亦呈现高端化的趋势，这使得生产者对高端种子的需求增

---

[1] 赵刚、林源园：《我国种子产业发展遭遇严重挑战》，《创新科技》2009 年第 6 期。佟屏亚：《中国种业：开放比改革更重要》，《北京农业》2009 年第 20 期。

长，而高端种子相当一部分被国外种子公司所垄断，进口种子成为必然选择。而作为进口种子的供给方，跨国种子企业面对中国种子市场需求的快速增长，会更加重视开拓中国市场，除了以FDI形式进入中国外，向中国出口种子亦是重点，这种供需对接将推动中国种子进口增长。

三是中国与日本等国家或地区之间进口种子生产农产品再返销的贸易模式仍将持续，这亦为中国种子进口增长提供了动力来源。

二、农作物种子进口贸易结构短期内将延续现有格局

在商品结构方面，由于预计未来一段时间内中国仍将延续蔬菜种子市场开放程度最高、而大田作物种子市场开放相对有限的种子市场开放政策，因此，在政策限制下，大田作物种子进口难以仅依赖种用葵花子进口的快速增长而持续增长。原因在于：近年大田作物种子占中国种子进口的比重保持稳定，主要依靠种用葵花子的连年快速增长，而2010年进口种用葵花子的种植面积已占国内葵花子种植总面积的64.80%，由此推算，2011年进口种用葵花子可播种面积将占到中国葵花子种植总面积的80%左右，[①] 所以，种用葵花子进口未来的增长空间有限。故中国种子进口商品结构中蔬菜种子的主导地位短期内较难改变，其总体结构将基本保持稳定。

进口来源方面，发达国家主导进口来源的格局短期内较难改变。由于当前高品质种子培育涉及尖端生物科技，而这些技术更多地被发达国家的跨国种子公司所垄断，发展中国家育种技术力量薄弱，难以在短期内掌握和应用这些技术，因此，除了一些特色的传统农产品种子外，发展中国家难以与发达国家在中国市场竞争。这意味着，虽然目前中国种子进口来源于全球三十余个国家和地区，但是，已经形成的由欧美日主导中国种子进口来源的格局短期内较难改变。

---

① 根据中国海关统计，2010年中国进口种用葵花子3388.17吨，2011年进口4207.19吨。

此外，由于东部沿海省份人口聚集总量大，本身又是农产品生产和消费大省，同时也是种子企业特别是外资种子企业聚焦的区域，加之贸易活动存在一定的路径依赖，因此，预计未来一段时间内，中国种子进口的国内区域分布结构将基本稳定，东部沿海省份北京、广东、山东、上海等仍将主导中国种子进口。

三、多数种子进口价格将大概率继续上涨

一方面，中国商业化种子市场需求的扩张将可能带来种子价格上涨；另一方面，进口种子已在某些领域奠定了主导地位，种植者已经形成依赖。在此背景下，种子进口企业已开始改变之前低价甚至免费提供种子的营销策略，价格上涨将成为常态。另外，目前中国种子进口均价低于国际平均水平，特别是蔬菜和花卉种子进口价格均与国际平均水平差距较大，种子进口价格仍有较大的上涨空间。因此，预计未来多数种子进口均价仍将大概率继续上涨。

第四节　政策启示

本章通过对中国和全球种子进口贸易统计数据的分析发现：

第一，从贸易规模来看，近年来中国农作物种子进口总量迅速增长，但进口种子的市场占有率并不高；中国虽在全球种子贸易中具有较高地位，但与全球种子贸易大国的差距仍然巨大。

第二，从贸易结构来看，近年来中国进口种子商品结构稳中有变，但与全球种子贸易构成有很大差异，突出表现为中国进口农作物种子以蔬菜种子为主，大田作物种子次之，而全球种子贸易以大田作物种子为主导、蔬菜种子次之、花卉种子比重最低。

第三，从种子进口来源地看，中国种子进口主要来源于欧美日等发达

第四章 开放实践专题研究Ⅰ：我国农作物种子进口贸易的现状与趋势

国家和地区。

第四，从种子进口价格看，近年来中国进口种子的平均价格快速上涨，但总体上仍低于全球平均水平。

农作物种子需求是一种引致性需求。鉴于中国农作物需求总量将持续增长、需求结构将基本保持稳定，在当前中国积极扩大进口的外贸政策大趋势下，预计中国农作物种子进口将继续保持增长的态势，种子进口商品结构总体上将延续近几年的格局，欧美日等发达国家和地区主导中国种子进口来源的格局短期内较难改变，中国种子进口价格也可能会继续上涨。

根据前文的分析，为积极应对中国农作物种子进口的发展趋势，国内农作物种业发展及相关政策调控应当重视以下几点：

一是高度重视进口种子价格持续上涨的趋势，积极防范进口种子价格持续快速上涨的不良后果。分析表明，中国进口农作物种子价格具有较大的上涨空间和动力，而进口种子价格上涨可能会推高农作物生产成本，进而带来农产品价格上涨，最终可能会加剧通胀压力。对于这种风险，应该给予足够的重视，采取相应措施提早防范和化解。

二是高度重视某些农作物种子进口来源过度集中的问题，积极防范对进口种子来源地的过度依赖。目前在蔬菜、葵花子等农作物种植领域，一些地方出现了主要依赖进口种子的苗头，[①] 而且这些农作物种子的进口又集中来源于几个国家或地区。这种状况潜伏着一定的供给风险。因此，国内种子市场调控要着力防范对来源国比较单一的进口种子的过度依赖，推动进口来源多元化。

三是做大做强民族种业。未来一段时间，中国农作物种子进口还会保持

---

① 例如，针对山东寿光菜农的调查发现，目前菜农所使用的种子中"洋种子"的比例已超过71%，而且即使菜农觉得"洋种子"价格不合理，但还是继续购买使用。详细调查结论请参见潘勇辉、张宁宁：《种业跨国公司进入与菜农种子购买及使用模式调查——来自山东寿光的经验证据》，《农业经济问题》2011年第8期。

增长的态势。种业是现代农业发展的基础和支撑，加快推进中国种业发展不仅是发展现代农业的需要，也是积极应对外资种业以多种方式大举进入中国种业的需要。为促进国内种业发展，国务院出台了《关于加快推进现代农作物种业发展的意见》，2012年中央"一号文件"也就如何抓好种业科技创新提出了一系列政策措施。应当以此为契机，尽快落实相关政策措施，加快国内种业体制改革，推动国内种业整合发展，打造一批具有核心竞争力的大型企业，做大做强民族种业。

第五章 开放实践专题研究Ⅱ：农户对外资种子的认知与采用行为及其影响因素①

2000年《种子法》颁布和加入WTO以来，我国种业对外开放进入了新的阶段，外资种业公司特别是跨国种业巨头加快进入我国种业。孟山都、杜邦先锋等世界种业巨头已在华设立了35家种子生产经营企业，年种子进口量1700多万公斤。②外资携强大的技术、资本、品牌和服务优势进入我国种业，对丰富我国农作物品种，引进先进的技术和服务理念，提高种业服务水准，增强我国种子企业的竞争意识，推动我国农业整体水平提高发挥了积极作用。但随着近几年外资加快进入我国种业，各界对于我国种业可能遭外资垄断和控制，从而对我国粮食安全造成威胁的担忧也与日俱增。赵刚和林源园发布的研究报告就认为，中国种业面临灭顶之危。③这种担忧源于外资

---

① 陈龙江：《玉米种植农户特征与外资种子采用行为差异》，《南方农村》2019年第2期。陈龙江、周筱颖、郭锦：《玉米种植农户对外资种子的采用行为、原因与评价》，《仲恺农业工程学院学报》2019年第4期。
② 回良玉：《在全国现代农作物种业工作会议上的讲话》，2011年5月9日，北京种业信息网，见http://www.znlz.com/news_detail/newsId=de9da43f-611d-4ce7-b424-d73f818df0bf&comp_stats=comp-FrontNews_list01-1291551043627.html。
③ 赵刚、林源园：《中国种业灭顶之危》，《第一财经日报》2009年7月20日第A14版。

我国种业对外开放的实证评估与政策选择

种业公司的日渐强势和我国种业公司的竞争力下降。

在此背景下,部分学者从宏观和中观层面探讨了种业对外开放问题,但这些研究对于种业对外开放度存在很大争论,一方如赵刚、林源园、邵长勇等认为种业开放过度,惊呼外资控制中国种子市场,对我国种质资源和种子产业安全构成威胁,国内种业面临严重挑战,将危及国家粮食安全;[①]另一方如马淑萍、佟屏亚、靖飞、李成贵则认为,目前种业对外开放并未过度,外资没有垄断和控制中国种业并威胁产业安全,因此要继续坚持开放。[②] 面对争论,一些专家指出,农业开放要有度,尤其关系到产业发展和产业安全问题时更应如此。[③] 种子市场开放要适度,否则将会影响我国农业安全。[④]

在种业对外开放的背景下,关于外资和国产品牌玉米种子的选择已是我国农户在玉米种子选择中的现实问题。[⑤] 但是,已有研究极少从微观农户层面来讨论农户对于外资种子的认知和采用行为及其家庭特征对于决策行为的影响。从已有调查的数据和案例来看,相关调查主要在中国最著名的菜园子——山东寿光展开,因此以蔬菜为例分析农户对于外资种子的认知和接受度。

如黄淑慧对山东寿光菜农的采访发现,当地菜农显然更欢迎外资种子。在寿光纪台镇吕家村,全村1000多户,90%以上都种茄子,但几乎没有人使用国产种子,基本上都是选择荷兰瑞克斯旺公司的"布利塔"或"765"

---

① 赵刚、林源园:《我国种子产业发展遭遇严重挑战》,《创新科技》2009年第6期。邵长勇、唐欣、梁凤臣等:《基于粮食安全视角下的中国种子产业可持续发展战略》,《中国种业》2010年第4期。
② 马淑萍:《中国种业市场900亿"蛋糕"难防外资》,《种子世界》2008年第11期。佟屏亚:《中国种业:开放比改革更重要》,《北京农业》2009年第20期。靖飞、李成贵:《威胁尚未构成:外资进入中国种业分析》,《农业经济问题》2011年第11期。
③ 陈锡文:《中国农业既要坚定不移对外开放又要把握适度》,《农村工作通讯》2009年第17期。
④ 温思美:《种子市场开放要适度》,《科技创新与品牌》2010年第4期。
⑤ 张宁宁、钟钰:《谁在使用外资种子:农户玉米种子品牌选择及影响因素分析》,《农村经济》2017年第9期。

第五章　开放实践专题研究Ⅱ：农户对外资种子的认知与采用行为及其影响因素

品种。不少菜农也都明白，任由外资种子占据市场并不妥当，但外资种子品质更好，菜农们也别无选择，让他们担忧的是价格上涨。[①]两位学者潘勇辉、张宁宁对山东寿光县纪台镇七个村镇的506名蔬菜种植户进行调查发现，全部采用外资种子的农户占64.43%，部分国产种子、部分外资种子的农户占7.51%，合计约有72%的农户采用外资种子。以上引用的已有调查结果表明，至少在蔬菜种植领域，多数农户在购买种子时较多采用了外资种子，因此对于外资种子的接受度较高。但调查也发现，实际上，农户对于外资种子的认知度并不高。农户购买外资种子并不是因为其是外资种子，在购买使用过程中甚至有不少农户并不知晓其使用的是外资种子，而是因为外资种子恰好满足了农户产量高和外形好易销售的购买决策期望。[②]

除蔬菜外，仅有张宁宁、钟钰利用国家玉米产业技术体系2010年在黑龙江、吉林、山东、河南四省的农户调研数据，讨论了农户对外资玉米种子的选择及其影响因素。其研究表明农户个人情况、家庭特征和信息传播渠道对农户品牌玉米种子选购具有重要影响，表现在玉米种植面积越大的农户越倾向于选购外资品牌的种子，牲畜和家禽养殖户也倾向于选择外国品牌的玉米种子，国内品牌玉米种子假冒伪劣现象较为突出，客观上倒逼农户选购外国玉米种子，以乡农技站推荐号召为代表的特定信息传播渠道和私人渠道，对农户选择行为会产生重要影响。[③]

以上综述表明，就农户对外资种子的认知和采用行为及影响因素，已有研究极为稀缺。而极为稀缺的已有研究虽然为笔者提供了讨论农户对外资

[①] 黄淑慧：《洋种子"攻城略地""菜园子"祸福难测——外资掘金中国农业之山东寿光样本调查》，中国证券报·中证网，2010年7月14日，见 http://www.cs.com.cn/xwzx/cj/201007/t20100714_2509183.html。

[②] 潘勇辉、张宁宁：《种业跨国公司进入与菜农种子购买及使用模式调查——来自山东寿光的经验证据》，《农业经济问题》2011年第8期。

[③] 张宁宁、钟钰：《谁在使用外资种子：农户玉米种子品牌选择及影响因素分析》，《农村经济》2017年第9期。

我国种业对外开放的实证评估与政策选择

种子认知和采用行为的研究基础，但这些研究调查资料来源于8年前，显然难以反映当下的情况。而对于种植面积排名第一的粮食作物玉米而言，已有研究集中于影响农户对外资玉米种子选择的家庭特征和信息获取渠道因素，未涉及受教育程度、风险偏好、从业经验等因素，以及通过农户对国产和外资种子的多方面比较来判断农户对于外资种子的认知。

以上综述也表明，已有研究更多聚焦于蔬菜种子，对于玉米种子的研究几近于无。但是笔者认为，对于中国种业对外开放而言，玉米种子相对更加重要，值得更进一步地深入研究。原因如下：

一是虽然外资种子在蔬菜类种子市场占有较高的市场份额，但是由于蔬菜种子品种繁多，相互之间可替代，因此无论在官方还是在民间，多数认为外资种子即便占有较高市场份额，对中国威胁也不会太大。但玉米是中国种植面积排名第一的粮食作物，若农户因各种因素愈加倾向于采用外资种子，则存在玉米种业被外国品种控制的较大风险，从而对中国粮食安全构成威胁。

二是从宏观的对外开放实现程度来看，蔬菜瓜果类作物的开放度较高，粮食作物总体开放度较低，主要的粮食作物中，水稻作物外资种子基本没有进入，而玉米种业则由于杜邦先锋、KWS等跨国公司的强势进入，形成了相对较高的开放度。总而言之，目前玉米种业的开放度总体处于中国整个种业开放水平的中间层次。因此，从微观农户层次讨论农户对外资玉米种子的认知度和接受度，有助于构建中国种业对外开放宏观判断的微观基础。

三是玉米播种面积和总产量全国排名第一。2011年中国玉米播种面积约3381万公顷，突破5亿亩，需种量约11.7亿公斤，市场规模约230亿元，成为全国种植面积第一的粮食作物。2012年全国粮食总产5.89亿吨，其中玉米总产2.08亿吨，玉米总产量首次超过稻谷，成为总产量第一的粮食作物。巨大的种子需求带动了玉米种业的发展，玉米种子市场的竞争也日益激烈。因此，在玉米种业市场，国产种子和外资种子之间的竞争亦更加激烈，

第五章　开放实践专题研究Ⅱ：农户对外资种子的认知与采用行为及其影响因素

国内外种子的竞争结果取决于农户的认知和选择，因此选择玉米种业这个竞争激烈的市场作为代表，具有合理性。

四是从种业各界的关注点来看，近年引发对我国种业开放过度的担忧，相当部分源于杜邦先锋公司选育的黑马品种"先玉335"。正是近年其种植面积的突飞猛进引发了对玉米种业甚至于中国种业安全的极大担忧。因此，选择玉米种业为例评估农户对外资种子的认知和采用行为，某种程度上也是回应种业各界的关注焦点。

基于以上认识，本章采用2018年对黑龙江、山东、河南、河北、内蒙古、吉林等玉米主产区农户的调查数据，综合采用频数统计和交叉分析法，在分析农户种子采用决策行为基础上，重点探讨农户对外资种子的认知和采用行为及其影响因素，以期从微观层面上探讨中国种业对外开放度及其影响因素的问题。同时，由于种子市场信息相对混乱，农户面临比较严重的信息不对称问题，其种子采用决策可能偏离信息充分条件下的最优决策，[①]因此，在微观层面上研究信息不对称条件下农户种子采用决策行为及其影响因素，亦具有重要的学术意义。

第一节　调查方法与样本基本特征

一、调查方法

课题组依据调研目标，从种子采用决策、对外资种子（外国品种种子）的认知和购买使用、对国产种子和外资种子的比较评价和农户特征四部分设计了问卷，并通过对少量山东农户的试调查反馈，修订完善了问卷设计，形

---

① 陈会英、赵瑞莹、周衍平：《农民对植物品种权认知程度与使用种子情况调查——以山东省为例》，《农业经济问题》2010年第9期。

成最终的调查问卷。

在此基础上，根据近年全国玉米播种面积排名，选择了黑龙江、山东、河南、河北、内蒙古、吉林等六个玉米主产区作为调研区域，在上述省份大学招募家住农村的本科生和研究生调查员，由调查员对所在家庭、邻居、亲戚、本村或邻村农户进行问卷调查，由调查员根据农户回答在线填写问卷。

本次调查共收回643份问卷，在问卷系统自动判断基础上，由课题组成员人工复核所有问卷，确认有效问卷439份，有效问卷占比68.27%。调查问卷代表性较强，具有较高的可信度。

二、样本基本特征

439份有效样本分布在黑龙江、山东、河南、河北、内蒙古、吉林等六个玉米主产区的72个县（区）107个乡镇的165个村，受访农户特征如表5.1所示。

由受访农户特征可以看出，受访者以男性为主，占65.83%，以40—49岁的中青年居多，占43.74%，其次为50—59岁的中老年，占28.02%。受访农户多为初中及以下文化程度，其中初中占近58.31%，小学及以下占近28.02%。不及10%的受访农户为村组干部或村民代表，具有一定的社会政治地位。

从家庭构成来看，受访农户的家庭人口多为3—4人，占近六成，其次为5—6人，占约1/3，亦有极少受访农户家庭人口达到8人及以上，占0.68%。其中，近50%的受访农户家庭有2个劳动力，约20%的仅有1个劳动力，有6个以上劳动力的家庭仅占0.46%。

从农业生产和收入来看，绝大部分受访农户种植业从业经验在10年及以上，仅有不到5%的农户从事农业生产的时间少于5年。不到1/3的受访农户近5年内参加过农业技术培训，40.32%的农户租种了他人土地种植，仅有11.62%的农户加入了农业专业合作社。从种植的粮食作物种类看，受

第五章 开放实践专题研究Ⅱ：农户对外资种子的认知与采用行为及其影响因素

访农户种植了水稻、玉米、小麦、大豆、杂豆、马铃薯、甘薯等，其中近七成主要种植玉米，22.55%的农户主要种植小麦。

受访农户非农化程度较低，绝大多数以农为主或纯务农，加总占比77.9%。受访农户收入水平相对不高而且差距较大，家庭年人均纯收入从不足5000元至高于21000元不等，其中超过一半以上的农户年人均纯收入低于10000元，近1/5的农户年人均纯收入低于5000元，仅有10%左右的农户年人均纯收入在21000元以上。

表 5.1 受访农户特征汇总统计

类别	选项	人数	比重（%）	类别	选项	人数	比重（%）
性别	男	289	65.83	家庭年人均纯收入（元）	≤5000	100	22.78
	女	150	34.17		5001—10000	139	31.66
年龄（岁）	20—29	4	0.91		10001—15000	90	20.50
	30—39	55	12.53		15001—20000	65	14.81
	40—49	192	43.74		≥20001	45	10.25
	50—59	123	28.02	租种土地	是	177	40.32
	60—69	48	10.93		否	262	59.68
	70—79	15	3.42	加入专业合作社	是	51	11.62
	80—89	2	0.46		否	388	88.38
受教育程度	小学及以下	123	28.02	主要粮食作物	水稻	20	4.56
	初中	256	58.31		玉米	293	66.74
	高中与中专	53	12.07		小麦	99	22.55
	大专与本科	7	1.59		大豆	8	1.82
干部代表	是	39	8.88		杂豆	1	0.23
	否	400	91.12		马铃薯	3	0.68
种植业示范户	是	31	7.06		甘薯	1	0.23
	否	408	92.94		其他	14	3.19

续表

类别	选项	人数	比重（%）	类别	选项	人数	比重（%）
种植业经验（年）	≤1	2	0.46	家庭人口（个）	1—2	39	8.88
	1—5（含）	19	4.33		3—4	258	58.77
	5—10（含）	54	12.30		5—6	128	29.16
	≥10	364	82.92		7—8	11	2.51
参加培训*	是	127	28.93		≥8人	3	0.68
	否	312	71.07	劳动力人数（个）	1	89	20.27
非农化程度	纯务农	153	34.85		2	215	48.97
	纯非农	8	1.82		3	74	16.86
	以农为主	189	43.05		4	53	12.07
	非农为主	89	20.27		5	6	1.37
					6	2	0.46

注：*指近5年是否参加过农业技术培训。
资料来源：笔者根据农户调查数据计算所得。除引用标注外，本章所有数据均来源于农户调查。

第二节　农户玉米种子采用决策行为

一、农户用种来源与购买行为

（一）种子来源

受访农户采用的种子来源呈多样化，包括自己留种、从邻居朋友获得以及购买商品种子等。图5.1表明，在目前商品种子市场快速增长以及部分新品种不宜留种的背景下，绝大多数受访农户采用的种子全部来源于购买的商品种子，仅有3%左右的极少数农户没有购买商品种子。

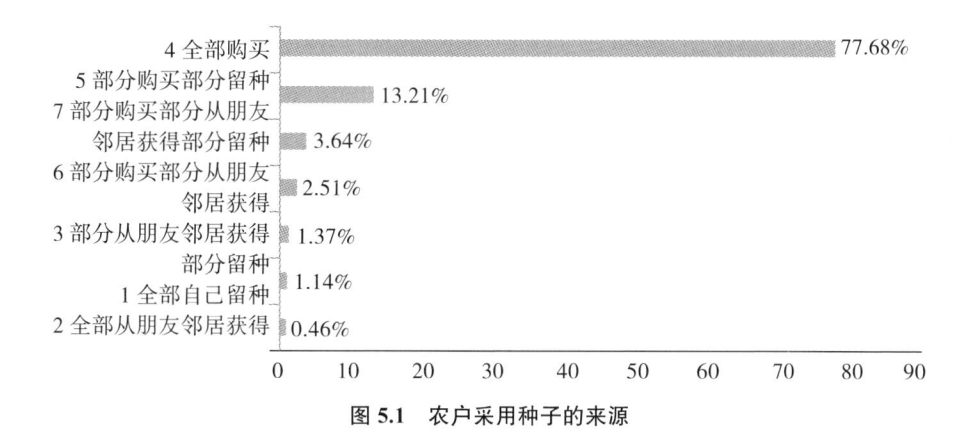

第五章 开放实践专题研究Ⅱ：农户对外资种子的认知与采用行为及其影响因素

来源	百分比
4 全部购买	77.68%
5 部分购买部分留种	13.21%
7 部分购买部分从朋友邻居获得部分留种	3.64%
6 部分购买部分从朋友邻居获得	2.51%
3 部分从朋友邻居获得部分留种	1.37%
1 全部自己留种	1.14%
2 全部从朋友邻居获得	0.46%

图5.1 农户采用种子的来源

（二）农户购买种子和信息获取渠道

表5.2调查结果显示，农户购买种子的最主要渠道是种子站和正规种子公司，农户在种子购买上倾向于正规渠道，目的可能在于降低购买到假冒伪劣种子的风险，也表明政府在种子推广销售体系中仍起主导作用。但个体商贩也占据四分之一强的份额，也是农户购种的重要来源。

从信息获取来看，邻居朋友和种子站是农户获取种子信息的最重要来源，占比在50%左右；个体商贩、种子公司、农技员或政府宣传和村组推介也是农民获取新品种信息的重要渠道，而电视广播、互联网、报纸传单、种子杂志所占比重较低，在目前报纸传单和种子杂志等纸质媒介信息传播功能下降的背景下，两者显然难以成为种子信息传播的主渠道。而电视广播和互联网占比很低，显然没能发挥应有的信息传播推介作用。邻居朋友成为最主要的传播渠道，符合乡村熟人社会的网络特征，但对于种子信息传播，可能存在以经验判断代替科学知识的误区，同时亦不利于新的优良品种的传播。因此，应加强广播电视、互联网等大众媒体在优良品种上的宣传推介作用，更应该加强农技推广部门的作用，充分发挥农技员的引导与推动作用。

131

表 5.2 农户购买种子和信息获取渠道

购买种子的最主要渠道			种子信息获取的主要渠道		
选项	人数	比重	选项	人数	比重
1 亲朋好友	16	3.64%	1 邻居朋友	223	50.80%
2 个体商贩	120	27.33%	2 种子站	203	46.24%
3 种子站	176	40.09%	3 个体商贩	164	37.36%
4 正规种子公司	126	28.70%	4 种子公司	151	34.40%
5 其他	1	0.23%	5 电视广播	56	12.76%
			6 互联网	24	5.47%
			7 报纸传单	45	10.25%
			8 种子杂志	17	3.87%
			9 农技员或政府宣传	112	25.51%
			10 村组推介	115	26.20%
			11 其他	21	4.78%

二、农户购买种子的影响因素

种子是农业生产中最重要、最基本的生产资料之一，它对于提高产量、增加农民收入起着决定性作用。随着种子市场的开放与发展，农作物新品种大量进入市场，如何正确选择农作物品种对农民来说至关重要。[1]特别就玉米种子而言，品种繁多，仅进入全国农技推广服务中心统计范围（推广面积在 1 万亩以上）的品种 2016 年就有 990 个。在这样一个品种繁多，竞争激烈且鱼龙混杂的种子市场上，如何选择合适的种子是农户在购买决策时需要慎重考虑的问题。

从调查结果来看，如表 5.3 所示，影响农户挑选种子决策的因素近十项，其中大多数农户主要相信个人经验，其次是先种农户推荐，再次是种植大户推荐。售前售后服务也是影响近三成农户购买决策的重要因素。值得注

---

[1] 陈会英、赵瑞莹、周衍平：《农民对植物品种权认知程度与使用种子情况调查——以山东省为例》，《农业经济问题》2010 年第 9 期。

第五章 开放实践专题研究Ⅱ：农户对外资种子的认知与采用行为及其影响因素

意的是，农技部门推荐和政府良种补贴只能影响约两成农户的决策，表明政府似乎难以对农户购买种子决策产生重要影响。广告宣传只是近两成农户购买决策的主要影响因素，表明对绝大多数农户而言，更加注重眼见为实，不看广告看实效，广告宣传的影响力弱化。

表 5.3 农户购买种子的影响因素

挑选种子的主要影响因素			主要看重种子何种品性		
选项	计数	比重	选项	计数	比重
1 广告宣传	76	17.31%	1 品质（淀粉等含量）	113	25.74%
2 售前售后服务	121	27.56%	2 品牌	76	17.31%
3 种子公司规模	76	17.31%	3 价格	134	30.52%
4 农技部门推荐	84	19.13%	4 产量	375	85.42%
5 个人经验	288	65.60%	5 包装	8	1.82%
6 种植大户推荐	128	29.16%	6 抗逆性（耐旱性等）	281	64.01%
7 先种农户推荐	206	46.92%	7 生长期（早中晚熟）	205	46.70%
8 普通村民推荐	81	18.45%	8 是否为转基因品种	23	5.24%
9 政府良种补贴	100	22.78%	9 其他	14	3.19%
10 其他	18	4.10%			
是否在乎所购种子不能留种			是否考虑该种子需要专门配套的农资		
选项	计数	比重	选项	计数	比重
1 特别在乎	45	10.25%	1 是	261	59.45%
2 有点在乎	60	13.67%	2 否	178	40.55%
3 有点不在乎	104	23.69%			
4 完全不在乎	230	52.39%			

具体就种子的品性而言，表 5.3 结果显示，产量是绝大多数农户看重的因素，其次是耐旱性、抗病性和抗倒伏等抗逆性，再次是生长期（早、中、晚熟），而抗逆性和生长期两类品性其实亦与产量高低风险联系在一起，因

此可以认为，对于种子而言，农户最看重的是其产量水平及其稳定性。价格和品质是约三成左右农户看重的因素，在农户购买种子时的重要性远不如产量。正如陈会英、赵瑞莹、周衍平指出的，提高产量是农民购种关注的焦点，除了少数特种经济作物以外，农民习惯于选择产量高的作物品种。原因在于农产品质量仅凭感官难以明辨，很难体现出优质优价。产量高意味着农民的收益高，如果市场能够对不同品种、不同品质的农产品实现优质优价，则会引导农民逐步关注农作物种子的品质要求与质量特征。[①] 另外，调查结果也表明，品牌和包装仅是少数农户看重的因素，而值得特别注意的是，约有5%的受访农户看重种子是否为转基因品种，[②] 表明部分农户已经关注潜在的食品安全风险。

由于玉米种子多数为杂交品种，农户难以采用自己留种的方式获得种子，因此购买种子时能不能留种可能是农户需要考虑的一个因素。从表5.3结果来看，只有10.25%的农户特别在乎所购种子不能留种的问题，绝大多数农户不在乎这一点，这可能源于玉米种子市场快速发展背景下，农户已经接受并形成购买商品种子的习惯。而有些玉米品种特别是外资品种种子需要使用专门配套的肥料、农药等农资，这种配套要求已经成为影响农户购种决策的因素，调查结果显示，近六成的农户在购买种子时会考虑这一因素。

三、农户对种子质量的评价与假冒种子维权

总体来看，绝大多数受访农户对于购买的玉米种子的质量比较认可，如图5.2显示，基本满意占79.5%，非常满意占15.72%，仅有不到5%的农户对种子质量不太满意或非常不满意。同时，从受访农户对种子假冒现象的感受来看，70%左右的农户认为假冒现象不太严重，6%左右的农户认为非

---

① 陈会英、赵瑞莹、周衍平：《农民对植物品种权认知程度与使用种子情况调查——以山东省为例》，《农业经济问题》2010年第9期。

② 调查问卷中"是否为转基因品种"这一选项，即是根据试调查中农户反馈的意见修改增添的。

第五章　开放实践专题研究Ⅱ：农户对外资种子的认知与采用行为及其影响因素

常严重，而仅有5%的农户认为没有假冒现象。这表明，总体而言，玉米种子市场的假冒现象是普遍存在的问题，只是假冒严重程度有差异。

因此，即便受访农户对种子质量的满意度较高，但在假冒现象普遍存在的市场上，农户确实面临购买到假冒种子的风险。从调查结果（见表5.4）来看，1/4以上的农户曾经购买到假冒种子，这与当前种子市场秩序仍比较混乱，假冒套牌现象仍时有出现的现实相一致。对于购买假种子后的维权方式，表5.4结果表明，超过一半以上的受访农户自认倒霉，没有进行维权，这一比例与陈会英、赵瑞莹、周衍平2009年对山东玉米种植农户的调查一致，[1] 表明近十年过去了，农民在假种维权上似乎仍在原地踏步。原因可能是陈会英、赵瑞莹、周衍平当年所指出的两方面问题并没有大的改变，使得农户依然选择自认倒霉：一方面是农民文化素质低，法律知识缺乏，维权意识差，维权能力低；另一方面是通过农业行政部门和法律途径维权难，投诉和诉讼程序复杂，时间和金钱成本高，担心"赢了官司输了钱"。[2] 在此背景下，绝大多数

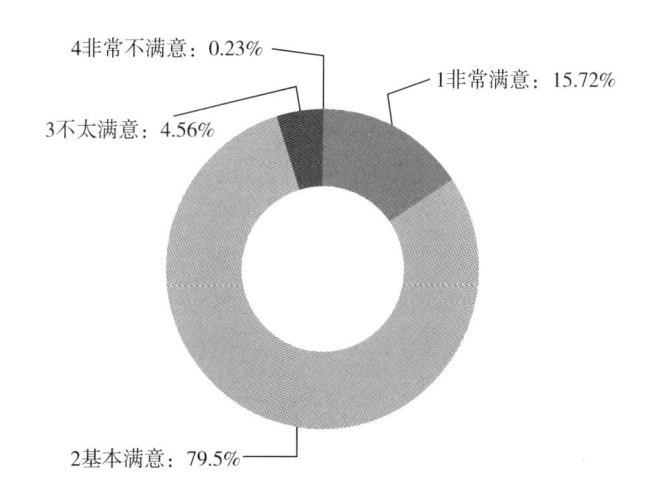

图5.2　农户对购买的种子质量的评价

（饼图数据：1非常满意：15.72%；2基本满意：79.5%；3不太满意：4.56%；4非常不满意：0.23%）

---

[1]　陈会英、赵瑞莹、周衍平：《农民对植物品种权认知程度与使用种子情况调查——以山东省为例》，《农业经济问题》2010年第9期。
[2]　陈会英、赵瑞莹、周衍平：《农民对植物品种权认知程度与使用种子情况调查——以山东省为例》，《农业经济问题》2010年第9期。

农户在购买到假种子后选择自认倒霉和双方和解的私人解决方式,而不愿意寻求农业行政部门协调或法律诉讼的官方途径。

农户购买假种子后维权方式偏向自认倒霉和双方和解的私人解决方式,显然容易带来对维权结果不满意的结果。农户调查结果也证实了这一点,表5.4表明,近70%的受访农户对其购买假种后的处理结果不满意,其中非常不满意占23.48%,不满意占44.35%。由于54.78%的农户选择自认倒霉方式维权,其对处理结果可大体推断为是不满意或非常不满意,扣除这一部分农户外,仍剩下15%左右的农户对处理结果不满意,表明无论是双方和解、农业行政部门协调或法律诉讼途径均仍可能无法得到农户满意的结果。这在一定程度上反映了目前法律救济成本高和惩罚威慑力度小造成的农户维权的无奈与不满。

表5.4 农户对假冒种子的评价与维权行为及结果满意度

认为种子假冒现象严重吗?			是否买到过假冒种子?		
选项	计数	比重	选项	计数	比重
1 非常严重	27	6.15%	1 是	115	26.20%
2 比较严重	80	18.22%	2 否	324	73.80%
3 不太严重	310	70.62%			
4 没有假冒现象	22	5.01%			

购买到假种子后如何维权?			对购买假种后的处理结果满意吗?		
选项	计数	比重	选项	计数	比重
1 自认倒霉	63	54.78%	1 很满意	4	3.48%
2 双方和解	39	33.91%	2 基本满意	33	28.70%
3 农业行政部门协调	4	3.48%	3 不满意	51	44.35%
4 法律途径	3	2.61%	4 非常不满意	27	23.48%
5 其他途径	6	5.22%			

第五章　开放实践专题研究Ⅱ：农户对外资种子的认知与采用行为及其影响因素

第三节　农户对外资种子的认知、购买和比较评价

巨大的种子需求带动了玉米种业的发展，玉米种子市场的竞争也日益激烈。随着跨国种子公司的进入，外资企业在玉米种子市场上迅速扩张，目前所占市场份额在10%左右。因此，在玉米种业市场，国产种子和外资种子之间的竞争亦更加激烈。国内外种子的竞争结果取决于农户的认知和选择，对此进行专门调查，有助于了解农户对国产和外资种子的比较评价以及影响购买外资种子的因素，为种子市场开放政策调整优化及提升国产种子竞争力提供微观依据。

一、农户对外资种子的认知、采用行为及原因

外资进入中国种业已有近20年，特别是在《种子法》颁布和中国加入世界贸易组织后，外资种子企业加速进入，在蔬菜和玉米种子市场快速扩张。在这种背景下，玉米种植农户也开始听说了解外资种子。图5.3调查结果显示，有68.56%的受访农户听说过外资种子，而其中21.59%的农户购买过外资种子，79.41%的农户听说过外资种子但没有购买。因此，总体来看，全部调查农户中，约有14.8%的受访农户购买过外资种子。但是，如表5.7所示，在购买过的农户中，有46.15%的农户因各种原因现在已经不

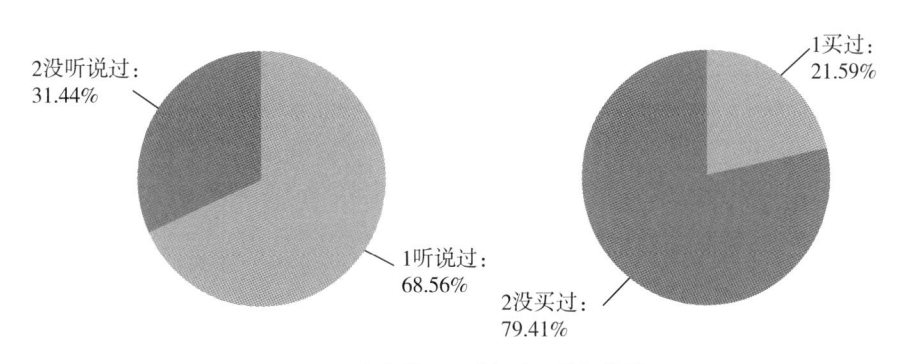

图5.3　农户是否听说与购买外资种子

再采用外资种子,因此,全部调查农户中,现在持续采用外资种子的农户占7.97%。

以上按农户是否购买来推断的农户外资种子接受度较低,但从实际的播种面积来看,农户播种外资种子的土地面积占比则更低。2018年农户播种外资种子面积总数为706.6亩,而全部调查农户玉米播种面积为15813.6亩,按此计算的外资种子播种面积占有率仅为4.5%。

在听说外资种子后,农户选择购买外资种子,其主要原因多样(见表5.5)。但总体而言,绝大多数农户购买决策主要考虑高产高收益因素,排名前三位的原因均与此相关,其中69.23%的农户选择产量高这一原因,44.62%的农户选择抗病虫害能力强,26.15%的农户选择收益利润高。显然,这与前文指出的产量是绝大多数农户购买种子时看重的因素的逻辑一致。同时,由农户购买外资种子的决策因素也可看出,在不少农民看来,外资种子在产量、抗性和收益上要强于国产种子,从侧面揭示出外资种子在这几个方面的较强竞争力。

在听说外资种子后,部分农户却没有购买的原因如表5.5所示。与陈会英、赵瑞莹、周衍平调查结果相似,[1]新品种风险大是制约绝大多数(占66.95%)农户购买外资种子的主要原因。价格太贵、和国产品种差异不明显、不知道如何种植等也是影响农户购买决策的重要原因。此外,本地买不到等因素也有一定程度的影响。这一调查结果与前文影响农户挑选种子决策影响因素的结果相一致,即由于农业生产因种子问题造成的风险难以补救,且种子市场是信息不对称非常严重的市场,在不对称信息的条件下,大多数农户规避风险的动机较强,存在较强的路径依赖,在没有眼见为实的情况下,倾向于减少风险放弃尝试外资种子新品种。

---

[1] 陈会英、赵瑞莹、周衍平:《农民对植物品种权认知程度与使用种子情况调查——以山东省为例》,《农业经济问题》2010年第9期。

第五章 开放实践专题研究Ⅱ：农户对外资种子的认知与采用行为及其影响因素

表 5.5 农户是否购买外资种子的原因

听说过外资种子却没有购买的原因		选择购买外资种子的原因	
选项	比重	选项	比重
1 本地买不到	18.22%	1 外资种子产量高	69.23%
2 不知道如何种植	25.00%	2 外资种子垄断本地市场	1.54%
3 价格太贵	30.08%	3 售前售后服务好	7.69%
4 和国产品种差异不明显	32.20%	4 口感品相好好卖	16.92%
5 经销商信誉不好	3.39%	5 收益利润高	26.15%
6 新品种风险大	66.95%	6 品种丰富	10.77%
7 包装不合适	0%	7 抗病虫害能力强	44.62%
8 必须要买配套农资	3.39%	8 农药化肥用量少	4.62%
9 不能留种	4.24%	9 耐储藏	7.69%
10 其他	33.05%	10 销售政策灵活（可赊销）	9.23%
		11 其他	24.62%

值得探究的是，没有购买外资种子的农户对于免费试种外资种子的态度。如图 5.4 所示，只有 30.93% 的农户愿意试种，54.24% 的农户明确表示不愿意，另有 14.83% 的农户无所谓。这表明，知晓外资种子但却没有购买的农户中，相当部分可能是风险厌恶的保守农户，不愿意尝试新鲜事物，以至于免费试种都不愿意。当然，农户的强风险厌恶既来源于自身的风险态度，亦来源于之前所述的种子市场的严重信息不对称。这在图 5.5 所示的"别人

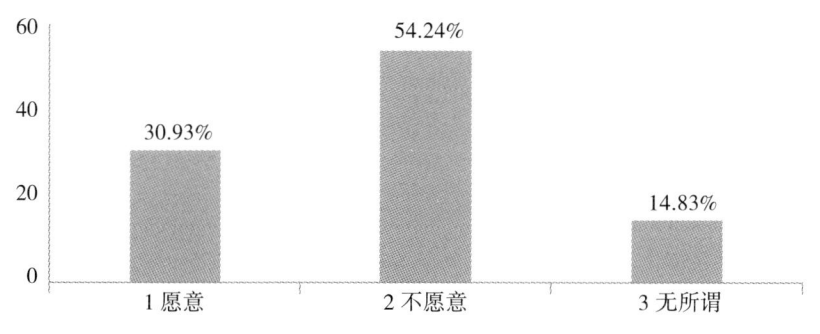

图 5.4 农户对免费试种外资种子的态度

种植成功情况下农户对跟随采用外资种子的态度"的问题调查结果中得到印证。别人种植成功显然提供了更多关于种子的信息，降低了相关的风险，因此，仅有16.1%的农户不愿意跟随种植，有43.22%的农户明确愿意跟随种植外资种子。因此，只要部分消除了信息不对称问题，农户对于外资种子的接受度会显著上升。

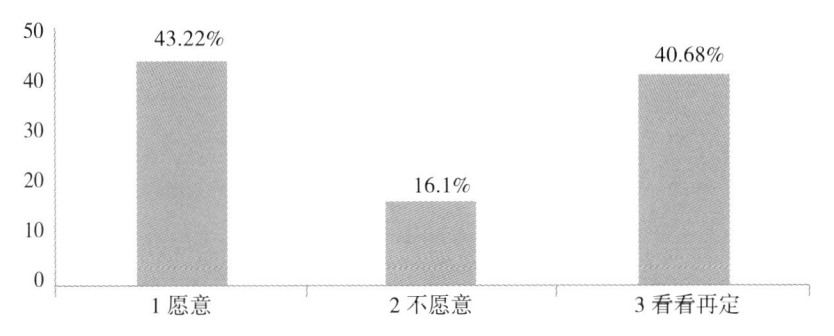

图5.5 别人种植成功情况下农户对跟随采用外资种子的态度

农户在购买外资种子后，在种植过程中可能会碰到购买之前未曾考虑的问题，同时对相关信息掌握也更多，这些问题影响农户持续购买外资种子的决策。表5.6汇总了农户在使用外资种子中碰到的各类问题，这些问题涉及不能留种、涨价等八个方面，但是其中农户碰到最多的问题是缺少技术指导等配套服务，有超过50%的农户遇到此类问题，这可从另一个问题"您购买外资种子后是否获得过技术指导"的结果得到佐证，有超过75%的农户没有获得过技术指导。农户碰到的其他主要问题包括不能留种等，但也有部分农户认为必须使用配套化肥农药农膜、赊购引起债务、不适宜本地种植等是其面临的问题。

第五章 开放实践专题研究Ⅱ：农户对外资种子的认知与采用行为及其影响因素

表 5.6　农户在使用外资种子中碰到的问题

	选项	比重		选项	比重
您在使用洋种子中碰到的问题有：	1 不能留种	21.54%	您购买洋种子后是否获得过技术指导？	1 是	24.62%
	2 不断提价	13.85%		2 否	75.38%
	3 必须使用配套化肥农药农膜	12.31%			
	4 签订不合理协议	0			
	5 赊购引起债务	6.15%			
	6 不适宜本地种植	9.23%			
	7 缺少技术指导等配套服务	50.77%			
	8 其他	46.15%			

农户在种植过程中面临的问题导致一部分农户后续放弃了继续购买外资种子。表 5.7 结果显示，在购买过外资种子的受访农户中，有 46.15% 的农户现在已经不采用外资种子了。导致其放弃的主要原因包括缺少技术指导等配套服务、不能留种、不断提价、必须使用配套农资等。这表明，虽然外资种子企业的配套服务已经走在国内种业的前列，但在不少农户看来，技术指导等配套服务都仍然有待加强，否则会使得其放弃继续采用外资种子。

表 5.7　农户是否持续购买外资种子及其原因

问题	选项	比重	问题	选项	比重
若购买过外资种子，那您现在是否仍然在采用外资种子？	1 是	53.85%	若您曾购买过外资种子但现在却不再用，不继续采用外资种子的原因是：	1 不能留种	23.33%
	2 否	46.15%		2 不断提价	23.33%
				3 必须使用配套农资	16.67%
				4 签订不合理协议	3.33%
				5 赊购引起债务	13.33%
				6 不适宜本地种植	6.67%
				7 缺少技术指导等配套服务	40.00%
				8 其他	46.67%

另外，总体来看，外资种子平均价格高于国产种子，且经常有涨价行为，因此价格是很多人关注的重要因素，这也是导致部分已种农户放弃的重

要原因。表5.8中农户对外资种子价格的态度调查结果也显示，在购买过外资种子的农户中，仅有约3%的农户认为外资种子价格比较便宜或很便宜，52.31%的农户认为可以接受，还有超过40%的农户认为偏贵，认为太贵的也仅有3.08%。因此总体来看，虽然农户的价格判断暗含投入产出的性价比含义在里面，并非简单的价格高低的比较，但是仍可从结果中看出，外资种子的价格在多数农户看来，并不便宜。也正是由于投入产出比的理性考虑，所以农户即便觉得外资种子价格不合理仍会购买，因为大多数农户（占比70.77%）认为外资种子的产量高收益高。

表5.8 农户对外资种子价格的态度

问题	选项	比重	问题	选项	比重
您认为外资种子的价格？	1 太贵	3.08%	若您觉得外资种子价格不合理，但仍继续购买，原因是：	1 只能买到外资种子	3.08%
	2 偏贵	41.54%		2 产量高收益高	70.77%
	3 可以接受	52.31%		3 售前售后服务好	9.23%
	4 比较便宜	1.54%		4 签订了合同	7.69%
	5 很便宜	1.54%		5 其他	38.46%

二、农户对外资种子和国产种子的比较评价

如前所述，近年外资种子公司在玉米种子市场上迅速扩张，目前外资市场所占份额在10%左右。外资种子的扩张表明其在短期内即获得了国内部分玉米种植农户的认可和接受。前文对农户购买外资种子主要原因的分析，已经从侧面部分揭示了外资种子的优势所在。为更准确地了解农户对于国产和外资种子差异的评价，从种子使用者的微观视角把握国产和外资种子竞争力差异的来源，笔者在问卷中专门设定了14个问题（如表5.9所示），这些问题涉及种子的品种特性、生产质量、种子企业品牌和服务、农资用量、价格、产量收益等多个方面，期望从多方面了解农户对于国产和外资种子的比较评价。

第五章 开放实践专题研究Ⅱ：农户对外资种子的认知与采用行为及其影响因素

从品种特性来看，一半左右受访农户认为，淀粉、蛋白质含量等品质、耐储藏、口感品相等方面国产和外资种子基本没有差别，但同时亦有40%左右的农户认为外资种子在这三个方面比国产种子好一些或好很多，仅有不到10%的农户认为外资种子比国产种子差一些或差很多。而在耐旱性、抗病性和抗倒伏等抗逆性方面，外资种子展示了其突出的优势，60%的农户认为外资种子比国产种子好一些，12.31%的农户认为要好很多，加起来超过70%的农户认为这外面外资种子强于国产种子。抗逆性强增加了抵抗干旱、病虫害等的能力，降低了减产绝收的风险，从而有更大可能获得高产量。总体而言，大多数农户认为，外资种子在品种特性特别是抗性上强于国产种子。

表5.9 农户对外资种子和国产种子的比较评价

比较外资种子和国产种子在以下几方面的表现，您认为，外资种子比国产种子：	差很多	差一些	基本没差别	好一些	好很多
1 淀粉、蛋白质含量等品质	1.54%	4.62%	50.77%	41.54%	1.54%
2 耐旱性、抗病性和抗倒伏等抗逆性	0	7.69%	20%	60%	12.31%
3 纯度、发芽率、净度、水分等生产质量	1.54%	3.08%	36.92%	49.23%	9.23%
4 耐储藏	0	12.31%	49.23%	24.62%	13.85%
5 口感品相	3.08%	3.08%	52.31%	32.31%	9.23%
6 售前售后服务	0	6.15%	81.54%	12.31%	0
7 销售政策灵活性	0	12.31%	72.31%	12.31%	3.08%
8 品牌	0	1.54%	64.62%	29.23%	4.62%
9 包装	0	0	69.23%	29.23%	1.54%
	少很多	少一些	基本没差别	多一些	多很多
10 农药用量	4.62%	23.08%	69.23%	3.08%	0
11 化肥用量	4.62%	24.62%	60%	10.77%	0

143

我国种业对外开放的实证评估与政策选择

续表

比较外资种子和国产种子在以下几方面的表现,您认为,外资种子比国产种子:					
	低很多	低一些	基本没差别	高一些	高很多
12 单位产量	0	6.15%	12.31%	73.85%	7.69%
13 价格	0	4.62%	32.31%	61.54%	1.54%
14 收益利润	0	3.08%	23.08%	67.69%	6.15%

从种子的生产质量来看,近年玉米种子生产质量稳步提升,[①] 跨国种子企业特别是杜邦先锋的玉米种子"先玉335"等在国内推广上市,带动了玉米种子单粒包装的推广,单粒包装和播种对种子的纯度、发芽率、净度、水分等质量指标提出了更高的要求,这进一步推动了国内玉米种业生产质量的提升,国产种子和外资种子在生产质量上的差距有所缩小。虽然国产种子质量在提升,但从调查结果来看,近60%的农户认为外资种子生产质量比国产种子好一些(占比49.23%)或好很多(占比9.23%)。不到四成的农户认为基本没有差别,仅有不到5%的农户认为外资种子比国产种子生产质量差。因此,调查结果总体表明,外资种子的生产质量好于国产种子。

在种子企业的品牌和服务方面,无论是品牌、包装、售前售后服务还是销售政策灵活性,绝大多数农户认为外资种子和国产种子基本没差别,但品牌和包装方面仍有30%左右的农户认为外资种子比国产种子好一些。总

---

① 从玉米种子生产质量来看,中国目前从水分、纯度、净度和发芽率四个方面来评估。农业部对玉米种子质量监督检查结果表明,近年来,玉米种子质量样品合格率由1996年的48%提高到2002年的84.3%,再进一步提升至2013年98.6%,企业合格率亦由2002年的77.8%提高至2013年的98.2%。进一步从检测数据平均值来看,水分、纯度、净度和发芽率各项指标均有显著改善。如:从检测数值看,2005年净度平均为99.8%,最低为97.6%;发芽率平均为94%,最低为65%;水分平均为13.2%,最高为16.0%;纯度平均为96.3%,最低为84.1%。2006年净度平均为99.8%,最低为98.9%;发芽率平均为94%,最低为82%;水分平均为13.1%,最高为17.0%;纯度平均为96.9%,最低为88.3%。数据来源:农业部办公厅通报种子质量监督抽查结果(2002—2013);农业部办公厅关于2005年种子质量监督抽查情况的通报(农办农〔2006〕33号);农业部办公厅关于2006年种子质量监督抽查情况的通报(农办农〔2007〕40号)。

第五章 开放实践专题研究Ⅱ：农户对外资种子的认知与采用行为及其影响因素

体而言，外资种子在品牌和包装方面更得到农户认可，但在服务和政策方面没有明显的优势。

在农资用量方面，多数受访农户认为外资种子和国产种子基本没差别，认为外资种子农药和化肥用量少一些的农户占1/4左右。总体而言，外资种子和国产种子在这一方面的差别并不大。

至于农户最看重的单位产量和收益方面，如表5.9所示，外资种子获得了绝大多数农户的好评，单位产量上，共有超过80%的农户认为外资种子高于国产种子；收益利润上，共有超过70%的农户认为外资种子高于国产种子。外资种子在产量和收益的优势上显然也与前文提及的品种抗性相对更强、生产质量更高有较大的关联性。这种优势也使得相当多的农户即便在外资种子价格相对更贵的情况下依然选择外资种子。表5.9也显示，超过60%的农户认为外资种子的价格高于国产种子。

以上十余个方面的比较评价结果表明，从农户的微观视角来看，外资种子确实在品种抗性、生产质量、产量和收益上具有明显的竞争优势，这也是近年外资玉米种子能快速扩张的微观基础。从这一比较结果也可看出，国产种子相对于外资种子的竞争劣势所在。

第四节　农户特征与外资种子采用行为

农户外资种子采用行为决策是否会与农户的某些特征相关联？笔者认为，农户的某些特征会影响其获取种子信息和风险态度等，而这些因素会影响农户对于外资种子采用与否的决策，因此，两者之间可能会存在相关性。基于此，笔者对农户特征与外资种子采用行为进行交叉分析，以发现其中的关系。笔者将农户特征划分为生理特征、人力资本特征、社会网络特征和生产特征四个方面进行讨论。

一、农户生理特征与外资种子采用行为

从性别和年龄特征来看，表 5.10 交叉分析结果表明，在购买外资种子决策上存在显著的性别差异，女性的购买比率高于男性。从年龄来看，开始时随着年龄的增长，购买比率上升，但 60 岁以后，购买比率下降，显示出倒 U 型特征。原因可能在于年轻人缺乏经验相对不敢授受新品种，而老年人趋向于保守求稳，因此出现以上特征。但是，表 5.10 结果也显示，这种采用行为的年龄差异并不显著。

表 5.10 农户生理特征与外资种子购买行为交叉统计

特征类别	购买行为统计（%）1 买过	2 没买过	小计	卡方检验 卡方值（P 值）
性别				14.186***（0.000）
1 男	33（11.42%）	177（61.25%）	289	
2 女	32（21.33%）	59（39.33%）	150	
年龄				6.763（0.239）
30 岁以下	0（0）	3（75.00%）	4	
30—39	6（10.91%）	35（63.64%）	55	
40—49	31（16.15%）	115（59.90%）	192	
50—59	23（18.70%）	57（46.34%）	123	
60—69	5（10.42%）	18（37.50%）	48	
70 岁及以上	0（0）	8（47.06%）	17	

注：卡方值采用 STATA 计算，根据判断标准选择 Pearson 卡方结果。*** 表示 1% 的显著水平。

二、农户人力资本特征与外资种子采用行为

不同的农户具有不同的受教育经历以及经验等，从而在人力资本上存在差异性。如表 5.11 所示，无论是从受教育程度、种植业从业经验还是接受过技术培训来看，具有不同人力资本的农户在是否购买外资种子上存在比

第五章　开放实践专题研究Ⅱ：农户对外资种子的认知与采用行为及其影响因素

较大的差异。交叉分析结果显示，随着受教育程度的提高和从业年限（经验）的增长，农户购买外资种子的比率明显增长，而近5年参加农业技术培训的农户的购买比率也高于没有参加过培训的农户，但是后两者带来的采用行为差异统计上并不具有显著性。总体来看，购买外资种子的比率与人力资本的增长大体呈正向关系。农户对外资种子采用行为因人力资本不同而存在差异的原因在于，人力资本的差异影响农户对于种子品种的认知和对新技术的接受和实施能力，也会影响其对于不同信息的甄别和判断能力，从而影响风险评估能力。因此，农户所具有的不同人力资本特征最终将影响其对外资种子的采用决策。

表5.11　农户人力资本特征与外资种子采用行为交叉统计（一）

特征类别	购买行为统计（%）			卡方检验
	1 买过	2 没买过	小计	卡方值（P值）
受教育程度				13.645 ***（0.003）
1 小学及以下	17（13.82%）	43（34.96%）	123	
2 初中	29（11.33%）	161（62.89%）	256	
3 高中与中专	16（30.19%）	28（52.83%）	53	
4 大专与本科	3（42.86%）	4（57.14%）	7	
5 研究生	0（0）	0（0）	0	
种植业从业经验				1.381 a（0.710）
1：1年及以下	0（0）	2（100.00%）	2	
2：1—5年（含5年）	3（15.79%）	16（52.63%）	19	
3：5—10年（含10年）	10（18.52%）	44（55.56%）	54	
4：10年以上	52（14.29%）	312（53.30%）	364	
近5年参加农业技术培训				0.075（0.784）
1 是	26（20.47%）	90（70.87%）	127	
2 否	39（12.50%）	146（46.79%）	312	

注：卡方值采用STATA计算，根据判断标准结果，无特殊说明均为Pearson卡方结果。*** 表示1%的显著水平。此表中a表示卡方值似然比估计结果。

进一步来看，即便对于那些当前没有购买外资种子的农户而言，不同的人力资本差异亦会显著地影响其对于未来尝试免费试种或跟进种植的意愿。表5.12展示了不同人力资本农户对于是否愿意免费试种外资种子和在别人种植成功情况下跟随采用外资种子的意愿差异。从表5.12的统计结果，笔者可以得到与前文类似的结论，即近五年参加过农业技术培训的农户，其无论是免费试种或跟进种植的意愿均高于没有参加培训的农户。

表5.12 农户人力资本特征与外资种子采用行为交叉统计（二）

特征类别	外资种子采用行为统计（%）				卡方检验
参加农业技术培训	若提供免费试种，您是否愿意采用外资种子？				卡方值（P值）
	1 愿意	2 不愿意	3 无所谓	小计	8.250**（0.016）
1 是	28（22.05%）	56（44.09%）	6（4.72%）	127	
2 否	45（14.42%）	72（23.08%）	29（9.29%）	312	
参加农业技术培训	若别人种植成功，您是否愿意跟随采用外资种子？				10.801***（0.005）
	1 愿意	2 不愿意	3 看看再定	小计	
1 是	49（38.58%）	7（5.51%）	34（26.77%）	127	
2 否	53（16.99%）	31（9.94%）	62（19.87%）	312	

注：卡方值采用STATA计算，根据判断标准结果，无特殊说明均为Pearson卡方结果。***、**分别表示1%和5%的显著水平。

三、农户社会网络特征与外资种子采用行为

农户社会网络越广泛，将扩展其获得信息和识别信息的能力，从而减少信息不对称带来的风险。对于在农村具有一定社会政治地位的村组干部或村民代表来说，其社会网络相对普通村民一般更加宽泛，而农户若有亲朋好友从事与种子有关的工作，显然也将比一般村民更容易获取种子相关的信息，从而有助于降低信息不对称造成的风险。表5.13农户社会网络特征与外资种子采用行为交叉统计表明，担任村组干部或代表，或者有亲朋

第五章 开放实践专题研究Ⅱ：农户对外资种子的认知与采用行为及其影响因素

好友从事与种子有关工作的农户，其购买外资种子的比率确实高于其他农户，表明社会网络确实会影响农户对于外资种子的购买决策。表5.14进一步对亲朋好友是否从事与种子有关的工作与农户免费试种或跟进种植的意愿的交叉分析亦显示，有亲朋好友从事与种子有关的工作，将提高农户免费试种或跟进种植的意愿，但是这种社会网络差异带来的农户意愿的差异在统计上并不显著。

表5.13 农户社会网络特征与外资种子采用行为交叉统计（一）

社会网络特征	购买行为统计（%）			卡方检验
	1 买过	2 没买过	小计	卡方值（P值）
村组干部或代表				9.498***（0.002）
1 是	14（35.90%）	19（48.72%）	39	
2 否	51（12.75%）	217（54.25%）	400	
亲朋好友从事与种子有关的工作				0.037（0.848）
1 是	21（17.65%）	98（61.34%）	119	
2 否	44（13.75%）	276（50.94%）	320	

注：卡方值采用STATA计算，根据判断标准结果，无特殊说明均为Pearson卡方结果。***、**分别表示1%和5%的显著水平。

表5.14 农户社会网络特征与外资种子采用行为交叉统计（二）

特征类别	外资种子采用行为统计（%）				卡方检验
亲朋好友从事与种子有关的工作	若提供免费试种，您是否愿意采用外资种子？				卡方值（P值）
	1 愿意	2 不愿意	3 无所谓	小计	1.831（0.400）
1 是	26（21.85%）	39（32.77%）	8（6.72%）	119	
2 否	47（14.69%）	89（27.81%）	27（8.44%）	320	

我国种业对外开放的实证评估与政策选择

续表

特征类别	外资种子采用行为统计（%）				卡方检验
亲朋好友从事与种子有关的工作	若别人种植成功，您是否愿意跟随采用外资种子？				0.471（0.790）
	1 愿意	2 不愿意	3 看看再定	小计	
1 是	32（26.89%）	10（8.40%）	31（26.05%）	119	
2 否	70（21.88%）	28（8.75%）	65（20.31%）	320	

注：卡方值采用 STATA 计算，根据判断标准结果，无特殊说明均为 Pearson 卡方结果。***、** 分别表示 1% 和 5% 的显著水平。

四、农户生产特征与外资种子购买行为

受访农户调查结果显示，有 40% 左右的农户租种了他人的土地，租种土地的农户种植规模一般大于普通农户。表 5.15 结果显示，租种土地的农户购买外资种子的比率明显低于未租种土地的农户，这种差异具有显著性。造成这种差异的原因可能在于，由于租种土地存在租赁成本，因此农户可能对于更换外资新品种种子更加谨慎，以减少新品种带来的收益风险，降低造成亏损的可能性。

表 5.15 农户生产特征与外资种子购买行为交叉统计

生产特征	购买行为统计（%）			卡方检验
	1 买过	2 没买过	小计	卡方值（P值）
租种他人土地				22.232***（0.000）
1 是	11（6.21%）	117（66.10%）	177	
2 否	54（20.61%）	119（45.42%）	262	
非农化程度				31.208***a（0.000）
1 纯务农	6（3.92%）	88（57.52%）	153	
2 纯非农	1（12.50%）	3（37.50%）	8	

第五章 开放实践专题研究Ⅱ：农户对外资种子的认知与采用行为及其影响因素

续表

生产特征	购买行为统计（%）			卡方检验
	1 买过	2 没买过	小计	卡方值（P值）
3 以农业为主兼营他业	28（14.81%）	103（54.50%）	189	
4 非农为主兼营农业	30（33.71%）	42（47.19%）	89	

注：卡方值采用 STATA 计算，根据判断标准结果，无特殊说明均为 Pearson 卡方结果。***、** 分别表示 1% 和 5% 的显著水平。此表中 a 表示卡方值似然比估计结果。

表 5.15 和图 5.6 的结果同时也揭示出，随着农户非农化程度的提高，农户购买外资种子的比率明显提高。笔者认为，非农化程度更高的农户，农业收入占家庭收入的比重更低，因此农业收入的波动对家庭收入影响较小，这意味着农户能够承担更大的农业收益风险，使得农户愿意承担采用外资种子新品种可能带来的收益风险。所以，非农化程度不同的农户购买外资种子的行为存在差异，并且这种差异具有统计上的显著性。

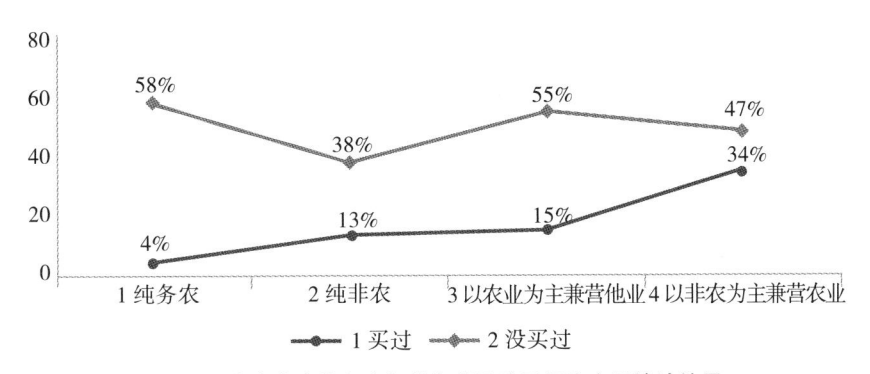

图 5.6 农户非农化程度与外资种子购买行为交叉统计结果

第五节 政策启示

一、本章结论

基于前文对黑龙江、山东、河南、河北、内蒙古、吉林等六个玉米主产区 439 份调查问卷结果分析，可以就农户玉米种子采用行为，对外资种子的认知、采用行为及其影响因素等得出如下主要结论。

一是农户种子信息获取与购买的主要渠道相分离。从信息获取来看，邻居朋友和种子站是农户获取种子信息的最重要来源，而农户购买种子的最主要渠道是种子站和正规种子公司。前者主要依靠民间渠道，后者则以官方渠道为主，两者的相异，可能会影响农户作出正确的判断和购买决策。这也表明，官方农技推广部门和大众媒介在种子信息传播等方面作用有待加强。

二是农户挑选种子的决策由个人经验和他人示范效应主导，政府影响较弱，农户追求种子的高产量收益及其稳定性。大多数农户主要相信个人经验，其次是先种农户推荐，再次是种植大户推荐，而农技部门推荐和政府良种补贴只能影响少部分农户的决策。农户对种子最看重的是其产量收益水平及其稳定性，价格和品质因素在农户购买种子时的重要性远不如产量。

三是绝大多数受访农户对于所购玉米种子的质量比较认可，认为假冒现象不太严重，少数农户曾购买到假冒种子，绝大多数受骗农户选择自认倒霉和双方和解的私人解决方式，而不愿意寻求农业行政部门协调或法律诉讼的官方途径。近 70% 的受骗农户对处理结果不满意，反映了目前法律救济成本高和惩罚威慑力度小造成的农户维权的无奈与不满。

四是农户对于外资种子的认知度较高但接受采用率较低，购买的主要原因为高产高收益，不购买的原因则是担心新品种风险大。虽然有近七成农户听说过外资种子，但购买的仅占约 15%，持续购买的则仅有约 8%。总体而言，绝大多数农户购买外资种子主要是考虑高产高收益因素，而新品种风险大是制约绝大多数农户购买外资种子的主要原因。没有购买的农户中，约三成农户愿意免费试种外资种子，有超过四成的农户明确愿意跟随种植外资种子。因此，降低成本和信息不对称，农户对于外资种子的接受度会显著上升。

五是农户在使用外资种子中碰到最多的问题是缺少技术指导等配套服

务，大部分农户没有获得过技术指导。农户在种植过程中面临的问题导致四成多的农户后续放弃了继续购买外资种子。虽然外资种子具有产量收益优势，且配套服务已经走在国内种业的前列，但在不少农户看来，技术指导等配套服务仍然有待加强，否则面临难以将品种优势转化为产量收益优势的风险。

六是从农户的微观视角来看，相比较国产种子，外资种子确实在品种抗性、生产质量、产量和收益上具有明显的优势，特别是在产量收益这一农户最为看重的因素上获得了大多数农户的好评，这也是近年外资玉米种子能快速扩张的微观基础。产量收益优势也使得相当多的农户在认为外资种子价格相对更贵的情况下依然选择外资种子。除此之外，外资种子在品牌和包装方面更得到农户认可，但在服务和政策、农资用量等方面和国产种子没有明显差别。

七是农户某些特征会显著地影响其外资种子采用行为。农户对外资种子采用行为因性别、人力资本（受教育程度）、社会网络（村干部或代表）、生产特征（租种土地、非农化程度）不同而存在显著的差异性。不同的人力资本（参加农业技术培训）差异亦会显著影响其对于未来尝试免费试种或跟进种植的意愿。社会网络（有亲朋好友从事与种子有关的工作）也会影响农户免费试种或跟进种植的意愿，但这一影响并不显著。

二、政策含义

基于以上专题研究主要结论，笔者可解读出如下几方面的政策含义。

一是强化发挥农技推广部门、大众媒介和示范户等在种子信息传播中的作用。正确和广泛地传播科学的种子知识信息，有助于减少种子市场的信息不对称，而大众媒介的种子科普和信息宣传、农技推广部门等专业知识宣讲，能有效减少民间传播的错误信息，同时，针对农户相信眼见为实的特点，充分发挥先种农户和种植大户的典型示范作用，从而引导农户理性选择种子品种。

二是加强种业市场日常执法监督，严厉查处假冒伪劣种子，提高惩罚威慑力度，维护农户和被侵权企业的合法权益，创造公平竞争的市场秩序。扩大执法和违法信息公开的覆盖面，从种业市场执法方面降低信息不对称。同时，千方百计降低农户寻求农业行政部门协调或法律诉讼的维权成本。

三是大力支持民族种子企业研发高产新品种，进一步提升种子生产质量，从品种产量、抗逆性和种子质量上追赶外资种子，同时提高种子售前售后服务、技术支持和农资配套水平，以提高和保持国产种子综合竞争力，打造更多农户认可和支持的国产种子品牌，以应对外资种子的竞争。

第六章　我国种业对外开放的适度性实证评估

本书第二章已经构建了种业对外开放的适度性评估指标，种业对外开放的适度性以相对竞争力来判定，相对竞争力指数 RCI 计算公式为：

$$相对竞争力指数（RCI）= \frac{民族种业的竞争力（NCI）}{外资种业的竞争力（FCI）}$$

RCI 的取值区间为 [0, ∞)，进一步细分的 8 个区间分别对应开放极为过度、开放过度、比较过度、比较适度、开放比较不足、开放不足、开放极不足等不同适度性情形。本章基于此框架，采用 AHP 方法计算竞争力各构成部分权重，然后利用相关统计数据计算出 RCI，对种业对外开放的适度性进行实证评估。

第一节　竞争力评估指标体系构建与指标权重确定

一、评估指标体系构建

前文第二章对于竞争力的界定已经指出，从实证评估的角度来看，竞争力可以从竞争力潜力和竞争力绩效两个方面评估，而两者可分别通过相应的指标评估，基于专家咨询调查数据，采用群组决策 AHP 方法确定各指标权重，再进行加权综合评估。

种业竞争力的强弱最终会通过市场份额表现出来，竞争力强则可以获取市场份额并保持市场份额，竞争力弱则将无法获取市场份额或失去原有的市场份额甚至于完全被市场所淘汰。这也表明，市场份额可用于国际竞争力的事后评估比较，而一段时间内市场份额的变动亦可视为竞争力变动的结果。[①] 基于此，同时考虑到数据的可得性，本书采用基于推广面积的市场份额指标来评估竞争力绩效。

基于前文的界定，竞争力潜力通常基于企业层面来衡量，笔者从盈利能力、创新能力、公司治理水平三方面衡量竞争力潜力，在具体计算指标时，通过群组决策 AHP 方法确定权重，对三方面指标值进行加权，计算得到综合的竞争力潜力指标。具体的各项衡量指标说明如下。

盈利能力：通过净资产收益率来反映，具体使用的统计指标是加权平均净资产收益率。净资产收益率是反映公司盈利能力及经营管理水平的核心指标，净资产收益率的计算公式是：净资产收益率＝净利润÷净资产。[②] 上市公司的资产中，除去负债，其余都属于全体股东，这部分资产称为净资产（所有者权益）。

公司治理水平：通过销售管理费用占比的高低来反映，具体使用的统计指标为销售管理费用占营业收入的比重。通常若企业的公司治理水平高，则销售管理费用占营业收入的比例较低，反之则较高。

创新能力：通过企业研发投入来反映，具体使用的统计指标为研发经费投入占营业收入的比例。

[①] 王永德：《中国农产品国际竞争力研究——基于中美比较视角》，中国农业出版社 2009 年版，第 56 页。

[②] 袁克成：《净资产收益率：判断上市公司盈利能力核心指标》，《证券时报》2011 年 5 月 12 日第 A5 版。

基于以上分析，笔者构建了种业竞争力评估的 AHP 层次结构模型，如图 6.1 所示。

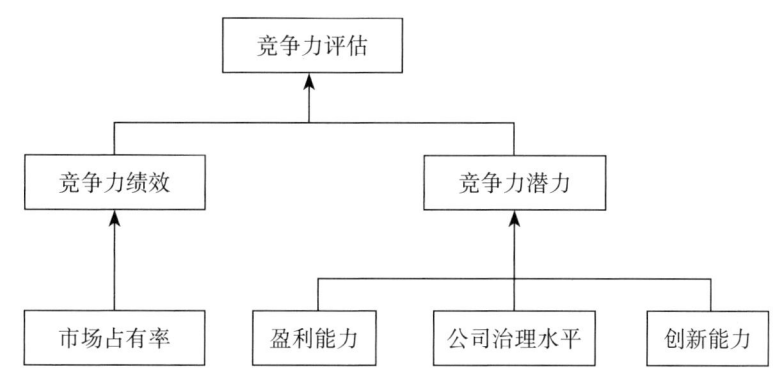

图 6.1 种业竞争力评估的 AHP 层次结构模型

模型共分三层：目标层、准则层和指标层。

目标层：种业竞争力评估指标体系 A。

准则层：竞争力绩效（A1）、竞争力潜力（A2）。

指标层：推广面积衡量的市场占有率（A11）、盈利能力（A21）、公司治理水平（A22）、创新能力（A23）。

二、评估指标权重确定

在构建以上层次结构模型基础上，以各层次指标之间的隶属关系为基础构建判断矩阵，本部分一共构建了两个判断矩阵，采用 yaahp 软件生成相应专家咨询问卷，邀请如前所述的中国社会科学院农村发展研究所等单位从事相关研究和工作的专家学者进行专家咨询调查，对各层次指标的相对重要性进行评价，形成了各指标两两重要性比较值的判断矩阵结果。在对各专家问卷数据进行检查基础上，对个别未通过一致性检查的判断矩阵，采用 yaahp 12.0 软件提供的修正算法进行自动修正，对无法通过自动修正达到满意一致性要求的专家数据作弃用处理。在此基础上，对各专家数据采用算术平均方法进行加权计算结果集结，最终得到竞争力评估指标体系中各层次指标的层次单排序权重，并进一步得出各个指标对决策目标的层次总排序权重。

种业竞争力评估一级指标的判断矩阵和权重与二级指标相对于对应的一级指标的判断矩阵和相对权重结果分别如表6.1和表6.2所示。这些结果均采用专家咨询数据进行加权计算得到。一级指标中，竞争力绩效的权重较大幅度高于竞争力潜力的权重（见表6.1）。相对竞争力潜力一级指标，三项二级指标中，相对权重最大的为创新能力，权重值达0.4978，其次为盈利能力，公司治理水平权重最低（见表6.2）。

表6.1 加权计算的种业竞争力评估判断矩阵与相对权重结果

竞争力评估	竞争力绩效	竞争力潜力	Wi
竞争力绩效	1	1.7362	0.6345
竞争力潜力	0.5760	1	0.3655

资料来源：笔者采用yaahp12.0软件计算得到。

表6.2 加权计算的种业竞争力潜力评估判断矩阵与相对权重结果

竞争力潜力	盈利能力	创新能力	公司治理水平	权重Wi
盈利能力	1	0.7141	2.4232	0.3555
创新能力	1.4004	1	3.3933	0.4978
公司治理水平	0.4127	0.2947	1	0.1467

资料来源：笔者采用yaahp12.0软件计算得到。

采用群组决策AHP方法，运用yaahp 12.0软件测算验证，最终通过各项检验确定了种业竞争力评估指标体系各层次指标的最终权重，结果如表6.3所示。根据权重值，竞争力评估中各因素的重要性排序如下：市场占有率、创新能力、盈利能力和公司治理水平，其中市场份额的重要性大幅超过其他指标。

表 6.3 种业竞争力评估指标体系最终权重

一级指标	权重	二级指标	权重
竞争力绩效	0.6345	市场占有率	0.6345
竞争力潜力	0.3655	盈利能力	0.1299
		创新能力	0.1819
		公司治理水平	0.0536

资料来源：笔者采用 yaahp12.0 软件计算得到。

第二节 竞争力评估指标样本选择说明

一、具体种子产业类别选择说明

本书意欲全面综合地考察评估中国种业开放的适度性，并在前文全面考察了玉米等19类作物种子的外资市场份额等开放水平，涉及粮食作物、蔬菜瓜果等几大类作物。然而，由于本书构建的适度性评估方法和指标，涉及的数据指标很多，并涉及企业微观数据，导致出现一旦某个指标数据无法获得，就无法测算评估的情况。考虑到结果的代表性，同时受制于数据的可得性和完整性，最终笔者选择了玉米种业作为适度性水平评估的代表。选择玉米种业作为我国种业的代表，具有代表性意义，理由在前文第五章已有说明，但为论述完整性和阅读便利，再次说明如下：

一是虽然外资种子在蔬菜类种子市场占有较高的市场份额，但是由于蔬菜的种类繁多，相互之间容易替代，因此无论在官方还是在民间，多数认为外资种子即便占有较高市场份额，对中国威胁也不会太大。但玉米是中国种植面积排名第一的粮食作物，若玉米种业被外国品种控制，则显然会对中国粮食安全构成威胁。从这个意义上讲，选择玉米种业作为代表，具有参照意义。

二是从前文所分析的对外开放实现水平来看,蔬菜瓜果类作物的开放度较高,粮食作物总体开放度较低,主要的粮食作物中,水稻作物外资种子基本没有进入,而玉米种业则由于杜邦先锋、科沃施等公司的强势进入,形成了相对较高的开放度。总而言之,目前玉米种业的开放度总体处于中国整个种业开放水平的中间层次。因此,以其为研究对象,对从总体上把握中国种业对外开放的适度性,具有较好的参考意义。

三是玉米的播种面积和总产量均居我国粮食作物首位。2011年中国玉米播种面积约3381万公顷,突破5亿亩,需种量约11.7亿公斤,市场规模约230亿元,成为全国种植面积第一的粮食作物。2012年全国粮食总产量5.89亿吨,其中玉米总产量2.08亿吨,玉米总产量首次超过稻谷,成为总产量第一的粮食作物。巨大的种子需求带动了玉米种业的发展,玉米种子市场的竞争也日益激烈。因此,在玉米种业市场,国产种子和外资种子之间的竞争亦更加激烈,民族种业和外资种业的竞争力作用更加突出。而本书评估适度性的方法基于相对竞争力视角,因此,选择玉米种业这个竞争激烈的产业作为代表,从评估方法的适应性来看,也是合适的。

四是从种业各界的关注点来看,近年引发对我国种业开放过度的担忧,相当部分源于杜邦先锋公司选育的黑马品种"先玉335"。正是近年其种植面积的突飞猛进引发了对玉米种业甚至于中国种业安全的极大担忧。因此,选择玉米种业作为评估中国种业对外开放适度性的代表,某种程度上也是回应种业各界的关注焦点。

二、竞争力潜力评估中企业样本选择说明

由于无法从总体上评估民族种业或外资种业的竞争力潜力,因此,在具体的测算评估中,笔者以民族种业和外资种业各自代表性企业的加权衡量结果,分别作为民族种业和外资种业的竞争力潜力评估结果。基于这一

考虑，笔者选取了4家国内玉米种业企业和3家进入中国玉米种子市场的跨国种子企业分别作为民族种业和外资种业的代表，入选的7家企业简况如表6.4—表6.7所示。综合考虑到数据的可得性、可靠性和完整性，以及企业的资产规模、营收规模和影响力等因素，笔者最终选择了万向德农、丰乐种业、敦煌种业和登海种业4家企业作为民族种业的代表，选择了孟山都（MONSANTO）、杜邦（DUPONT）、科沃施（KWS SAAT AG）3家企业作为外资种业的代表。这7家企业均为上市公司，因此获取的资料来源可靠，统计口径基本一致。对选取的每个企业，笔者将从盈利能力、创新能力、公司治理水平三方面进行测算评估，考虑到各个企业规模差别较大，因此笔者在加权计算各个企业的竞争力后，再利用营业收入作为权重加权计算分别得到民族种业和外资种业的竞争力潜力。

表6.4 竞争力潜力评估中选取的国内企业简况（2010年）

样本企业	2010年年底总资产（万元）	2010年营业收入（万元）
万向德农	76345.01	58721.60
丰乐种业	188242.10	150444.82
敦煌种业	334329.70	158935.65
登海种业	195262.28	93780.35

资料来源：各公司网站和2010年年度报告。

表6.5 竞争力潜力评估中选取的国内企业简况（2017年）

样本企业	2017年年底总资产（万元）	2017年营业收入（万元）
万向德农	76677.52	25777.39
丰乐种业	219291.05	144671.40
敦煌种业	276701.11	48517.85
登海种业	444598.87	80382.10

资料来源：各公司网站和2017年年度报告。

我国种业对外开放的实证评估与政策选择

表 6.6 竞争力潜力评估中选取的跨国种子企业简况（2010 年）

样本企业	2010 年总资产（百万美元）	2010 年营业收入（百万美元）
孟山都	17852.00	10483.00
杜邦	40410.00	31505.00
科沃施	1044.25	918.52

资料来源：各公司网站和 2010 年年度报告。

表 6.7 竞争力潜力评估中选取的跨国种子企业简况（2017 年）

样本企业	2017 年年底总资产（百万美元）	2017 年营业收入（百万美元）
孟山都	21333.00	14640.00
杜邦	192164.00	62484
科沃施	1710.47	1230.03

注：其中杜邦公司 2017 年数据为陶氏公司收购杜邦公司后的合并数据。

资料来源：各公司网站和 2017 年年度报告。

七家代表性企业的相关介绍如下。[1]

（一）万向德农[2]

万向德农股份有限公司成立于 1995 年 9 月，根据靖飞、李成贵整理，[3]公司前身是由黑龙江富华集团总公司作为主发起人，联合齐齐哈尔英华矿泉饮品有限公司、甘南县乡镇建筑联营公司、甘南县乡镇企业农机具修造厂和黑龙江省甘南县华园新型建材有限责任公司共同发起设立的股份有限公司——"黑龙江富华股份有限公司"。1999 年，黑龙江富华股份有限公司更

---

[1] 各公司的介绍内容除标注外，均来源于各公司官方网站、其各年度报告、百度百科、万得股票软件中的公司简介及其他网络资源等信息。

[2] 除引用标注外，万向德农公司的介绍综合了该公司官方网站 http://www.wxdoneed.com/、公司年度报告、百度百科、万得股票软件中的公司简介及其他网络资源等信息。

[3] 靖飞、李成贵：《跨国种子企业与中国种业上市公司的比较与启示》，《中国农村经济》2011 年第 2 期。

名为"黑龙江华冠股份有限公司";2000年,黑龙江华冠股份有限公司又更名为"黑龙江华冠科技股份有限公司";2002年,在上海证券交易所上市,简称为"华冠科技",成为黑龙江省第一家农业高科技上市企业。2003年,华冠科技收购北京德农种业有限公司,同时,公司又出资4000万元与黑龙江省种子公司合资成立黑龙江德农种业有限公司。2004年,万向三农集团公司成为华冠科技的第一大股东。2007年,华冠科技更名为"万向德农股份有限公司"。

自成立以来,万向德农立足农业产业化,始终坚持同心、多元化的发展战略,不断优化产品结构,拓宽业务领域,现已形成以种业、复合肥生产及玉米深加工为主的产业格局。种业业务由北京德农种业有限公司(公司控股92.78%)和黑龙江德农种业有限公司(公司控股86.96%)两个子公司承担,公司主要生产经营德农"郑单958""硕秋8""浚单20""兴垦3号""辽单120"等玉米良种,兼营油葵、牧草、杂交高粱等,具有全国农作物种子经营许可证,是国内规模最大的种业公司之一。公司以科研为先导,在全国不同生态区域建立了5个育种站、48个试验点;在甘肃张掖、武威、内蒙古临河、巴盟、新疆等制种条件最好的地区建有稳定、优质的生产基地30万亩,能够满足不同熟期各类型杂交玉米种子生产。公司按照国际通行的建设规则,在赤峰、通辽、张掖、武威、巴盟等地建有烘干、脱粒、精选、包衣、包装一条龙的现代化种子加工流水线4条,玉米杂交种年生产加工能力达1亿公斤。玉米杂交种全国市场占有率超过11%,连续三年稳居全国第一。

公司先后获得农业产业化国家重点龙头企业、黑龙江省著名商标、黑龙江省农业产业化重点龙头企业、省级高新技术企业、中国发酵工业协会理事单位、江南大学生物工程学院常务董事单位、中国种业五十强(2003年为第六位,2006年为第五位)等荣誉称号。同时公司控股的北京德农种业有限公司、黑龙江德农种业有限公司和北京德农武禾分公司、张掖分公司分别荣获北京市农业产业化重点龙头企业、北京市高新技术企业、中关村科技园区海淀园优秀新技术企业、黑龙江省高新技术企业及甘肃省农业产业化重点龙头企业等荣誉称号。

(二) 丰乐种业[①]

合肥丰乐种业股份有限公司是中国种子行业第一家上市公司,被誉为"中国种业第一股",该公司的前身是1984年成立的合肥市种子公司,最初主要生产西瓜种子,1997年改制上市,成为中国种子行业第一家上市公司。上市以后,该公司的主要经营活动包括:1999年,拓展了主要农作物种子市场,并成立丰乐农业科学研究院。[②]公司注册资本2.99亿元,是以种业为主导,农化、香料产业齐头并进,跨地区、跨行业的综合性公司,集农业产业化国家级重点龙头企业、高新技术企业、国家级企业技术中心、安徽省西瓜甜瓜工程技术研究中心等多项荣誉于一身,丰乐商标是中国驰名商标,综合实力与规模居中国种子行业前列。丰乐玉米种子、丰乐水稻种子分别于2006年9月、2007年9月获得"中国名牌产品"称号。

丰乐种业主营农作物种子、农产品、农化产品和相关进出口贸易。曾先后承担国家、省、市各级科研项目近百次,获取各类科技成果奖项数十次;拥有各类良种及农产品生产基地2万公顷,遍及国内主要典型农业生态区;每年向社会提供水稻、玉米、油菜、小麦、棉花、芝麻、西甜瓜、蔬菜等几十个种类500多个优良品种及农化产品、香料产品、农副产品数十万吨;公司种子和农副产品深加工业务遍及欧、美、东南亚等几十个国家和地区,在国内同行中率先向国际市场打出了中国种子品牌,在国际上享有一定的声誉。公司以振兴民族种业为己任,致力于"把丰收的快乐带给农民",力争

---

① 除引用标注外,丰乐种业的介绍综合了该公司官方网站http://www.fengle.com.cn、公司年度报告、百度百科、万得股票软件中的公司简介及其他网络资源等信息。
② 靖飞、李成贵:《跨国种子企业与中国种业上市公司的比较与启示》,《中国农村经济》2011年第2期。

把丰乐品牌打造成为国内竞争力最强、影响力最大、辐射范围最广的"中国种业领军品牌"。

丰乐种业从2000年开始涉及玉米产业，近年发展迅速，位居同行业前列。公司的"浚单20""济单7号""浚单18"是目前市场上的主导品种，近年来引入"鲁单818""龙单51""辽单539""陕科6号""京科739""NK718""京农科921"等一批新品种，增强了后续发展能力。公司玉米产业发展迅速，以独家开发品种为纽带，强化市场营销，网络遍及我国各大玉米主产区，销售数量屡创新高，形成黄淮海、东北、西南三大市场齐头并进的格局。同时，丰乐亦是国内最大的"两系"杂交水稻种子专业公司和西瓜甜瓜种子专业公司，引领了我国杂交水稻优质化进程。

（三）敦煌种业[1]

甘肃省敦煌种业股份有限公司是由甘肃省酒泉境内的国有种子公司和棉花公司重组而成立的股份制企业，于1998年底经甘肃省人民政府批准设立，2004年1月在上海证券交易所挂牌上市。公司成立以来，在做强做大种子、棉花产业的基础上，采取合资合作、吸纳整合优势资源、加大项目建设投资力度、组建营销网络体系等方式，促进了公司快速发展。公司现有注册资本1.86亿元，总资产25.25亿元，分（子）公司28家，行业涉及种子、棉花、食品、证券投资等领域，共有员工1280余人。

公司的主要种子产品包括玉米、小麦、棉花、瓜类、蔬菜、花卉、牧草、马铃薯等8大系列、20多个种类、1000多个品种。棉花相关产品主要是皮棉、棉籽、棉短绒。公司玉米、棉花、瓜菜种子经营已居甘肃省第一位；玉米杂交制种占全国需种量的10%；种子产销量排列全国前4位。

公司依托河西走廊优越的自然资源和良好的农业生产基础条件，实行

---

[1] 除引用标注外，敦煌种业的介绍综合了该公司官方网站www.dhseed.com、公司年度报告、百度百科、万得股票软件中的公司简介及其他网络资源等信息。

"公司联基地""基地联农户"的产业化经营模式,建立了60万亩稳定的制种基地和国内一流的大型种子加工生产线,拥有一整套国内同行业领先的质量控制技术操作规程,建立了完善的种子质量控制体系,并通过委托育种、合作育种、联合开发、合资合作、整体吸纳、买断产权品种等形式,拥有玉米、小麦、水稻等自有知识产权品种共六十多个,形成了覆盖全国不同生态区的市场营销网络,年产销玉米、小麦、水稻、瓜类蔬菜、棉花等各类农作物种子近1亿公斤。

2006年,公司与世界500强企业美国杜邦集团先锋良种公司合资成立了敦煌种业先锋良种有限公司。该公司注册资本800万美元,其中公司以现金出资408万美元,占51%;美国杜邦公司旗下的先锋良种国际有限公司以现金出资392万美元,占49%。利用先锋优势品种,扩大和提升公司玉米杂交种的市场份额,市场竞争实力大幅提升。

(四)登海种业[①]

山东登海种业股份有限公司是以著名玉米育种和栽培专家李登海研究员为首创建的农业高科技上市企业。1985年,李登海率先在中国成立了第一家民办农业科研机构——掖县后邓农业试验站;1988年,在此基础上创建莱州市玉米研究所;1993年,莱州市玉米研究所改为莱州市农业科学院;1997年,以莱州市农业科学院为核心,组建了莱州市登海种业(集团)有限公司。[②] 公司位居中国种业五十强第三位,是"国家认定企业技术中心""国家玉米工程技术研究中心(山东)""国家玉米新品种技术研究推广中心"和"国家首批创新型试点企业"。登海牌商标被评为中国驰名商标;登海牌玉米良种被评为山东省名牌产品。

---

① 除引用标注外,登海种业的介绍综合了该公司官方网站 www.sddhzy.com、公司年度报告、百度百科、万得股票软件中的公司简介及其他网络资源等信息。
② 靖飞、李成贵:《跨国种子企业与中国种业上市公司的比较与启示》,《中国农村经济》2011年第2期。

公司经营玉米种子生产，自育农作物杂交种子销售，花卉、苗木、食用菌类种苗的开发及技术服务；粮食、棉花、油料、糖料、瓜菜、果树、茶树、桑树、花卉、草类等农作物种子的自繁自育、分装销售等。

公司长期致力于玉米育种与高产栽培研究工作，现已选育出 100 多个紧凑型玉米杂交种，其中 43 个通过审定，获得 7 项发明专利和 38 项植物新品种权。为确保育种工作再上台阶，在全国设立了 32 处育种中心和试验站，建设成遍布全国的国内最大的玉米育种科研平台。登海种业先后获得国家科技进步一等奖、国家星火一等奖、山东省科技进步一等奖等 25 项国家及省部级奖励。

公司与美国先锋海外公司于 2002 年 12 月共同出资组建了中外合资企业——山东登海先锋种业有限公司，注册资本 668 万美元，公司持有 51% 的股权，美国先锋海外公司占 49% 股权。合资公司生产加工和销售杂交玉米种子和玉米种子产品。

（五）孟山都（MONSANTO）[①]

孟山都创始于 1901 年，总部设于美国密苏里州圣路易斯县，主要制造和销售农用化学品、化工产品、医用药品、食品添加剂和工艺控制设备及各种特种材料等，为全球农民提供种子和相关技术产品。公司业务涉及玉米、棉花、油料作物、水果和蔬菜等作物种子，同时也为农民提供农业技术，帮助他们保护产量，提高田间耕作效率，同时降低投入。公司目前是转基因种子的领先生产商，占据了多种农作物种子 70%—100% 的市场份额。

孟山都初创时主要生产用于食品业和制药业的产品。经历过近 60 年的

---

① 除引用标注外，孟山都公司的介绍综合了该公司官方网站 www.monsanto.com 和 www.monsanto.com.cn、公司年度报告、百度百科、万得股票软件中的公司简介及其他网络资源等信息。

发展变迁，1960年，孟山都农业部门成立，研发出了农达和阿畏达除草剂，成为农化产品供应商。但是，直到1969年收购了农夫杂交种子公司（Farmers Hybrid）之后，孟山都才开始涉足种子行业。在此之后，孟山都不断采取并购形式扩展种子业务：1982年，收购了以大豆种子业务闻名的雅各布哈茨（Jacob Hartz）种子公司；1996年，收购了阿斯格罗（Asgrow）公司的经济作物种子业务；1997年1月，孟山都并购霍顿基础种子公司（Holden's Foundations Seeds），成为全美最大的玉米种源供应商；1998年，完成对迪卡（DeKalb）生物科技公司的收购；2004年，收购了海峡生物公司（Channel Bio Corp.）；2005年，收购了紧急遗传学和新世代（NexGen）棉花品牌，以及全球领先的蔬菜和水果种子公司——圣尼斯（Seminis）种子公司；2008年，孟山都收购荷兰种子公司迪瑞特种子公司。通过这一系列的收购和兼并活动，孟山都取代杜邦成为世界最大的种子公司。①

2018年6月7日，按照相关计划，拜耳完成对孟山都的收购，成为孟山都的唯一股东，本次收购诞生了全球最大的种子和农化制造商。新公司沿用拜耳为公司名，具有117年历史的"孟山都"则不再作为公司名使用，而是成为拜耳资产中的一个组成部分，作为拜耳旗下的品牌名称。②

孟山都公司在华经营多年，1923年孟山都公司将糖精业务引入中国，1996年孟山都公司开始在中国经营农化业务和生物技术授权业务。同年，孟山都公司将第一代保铃棉技术引入中国，并将该技术授权给美国岱字棉D&PL公司，为中国农民提供先进的抗虫棉种子。2001年孟山都公司与中国种子集团合资成立了中国第一家经营玉米大田作物种子的中外合资企业，即"中种迪卡种子有限公司"（中方为大股东），注册资本为2640

---

① 靖飞、李成贵：《跨国种子企业与中国种业上市公司的比较与启示》，《中国农村经济》2011年第2期。
② 蒋瑜沄：《拜耳今日完成孟山都收购 全球最大农药和转基因种子供应商诞生》，界面新闻，2018年6月7日，见 https://www.jiemian.com/article/2206666.html。

万元，总投资额为7920万元，开始在中国推广迪卡品牌的杂交玉米种子。由于迪卡系列杂交玉米种子产量高，稳定性好和品质优良的特点受到了农民朋友的欢迎。经过多年市场培育，目前"迪卡"品牌的杂交玉米种子在东北、山东、西北和西南地区均有销售。2009年成立孟山都中国生物技术研究中心。

孟山都公司在华目前主要生产销售传统蔬菜种子，以及通过与中化集团旗下的中国种子集团有限公司在华成立的合资企业生产销售传统杂交玉米种子。为了更好地响应中国政府的政策，孟山都公司和中国种子集团有限公司于2013年扩大了对原有合资企业的投资，现合资企业名为"中种国际种子有限公司"。中种国际是中国业内第一家"育繁推"一体化的中外合资种子企业，将孟山都公司在华育种研发平台全部合并至该合资公司，同时对合资公司开放孟山都公司的全球种质资源，依靠孟山都的全球种质资源库和传统育种技术培育、开发、生产、销售适合不同生态区的高产杂交玉米种子，结合先进的农艺管理，提高玉米产量，助力中国粮食安全战略的实现。孟山都公司也借此成为第一家向其在华合资企业注入育种研发能力和体系的国际农业公司，成为第一家向合资公司全面开放其全球种质资源和先进的育种技术的外资种业公司。

（六）杜邦（DUPONT）[①]

成立于1802年的美国杜邦公司是一家科学企业，业务遍及全球90多个国家和地区，以广泛的创新产品和服务涉及农业与食品、楼宇与建筑、通讯与交通、能源与生物应用科技等众多领域。2013年，公司研发投入为22亿美元，获批约1050项美国专利和约2500项国际专利，在全球拥有10000多名科学家和技术人员以及超过150家研发设施。2017年8月31日，陶氏化

---

① 除引用标注外，杜邦公司的介绍综合了该公司官方网站 www.dupont.com 和 www.dupont.cn、公司年度报告、百度百科、万得股票软件中的公司简介及其他网络资源等信息。

我国种业对外开放的实证评估与政策选择

学公司（陶氏）与杜邦公司（杜邦）成功完成对等合并。合并后的实体为一家控股公司，名称为"陶氏杜邦"，拥有三大业务部门：农业、材料科学、特种产品。①

杜邦公司与中国的生意往来可追溯到清朝（1863年）。跟随中国改革开放的步伐，杜邦公司于1984年在北京设立办事处，并于1988年在深圳注册成立"杜邦中国集团有限公司"，成为最早开展对华投资的跨国企业之一。经过30年的努力，杜邦已在中国建立了40余家独资及合资企业，拥有员工约6000人，并将众多地区业务总部移至中国大陆，产品和服务涉及化工、农业、食品与营养、电子、纺织、汽车等多个行业。

杜邦公司旗下的全资子公司先锋公司成立于1926年，1973年成为一家公开的上市公司，是世界上最早的玉米种业公司，总部设在美国爱荷华州，客户遍及全球90个国家和地区，具有强大的科研实力和优良的服务品质。杜邦先锋公司拥有世界上最大规模的玉米种质资源库，覆盖了60%以上的玉米种质资源，并在全球建立了126个育种站，源源不断的新品种为全球玉米产业的持续发展提供了有力的保障。公司在全世界共设有110个研发中心，遍及25个国家，有4000多名科学家。作为一家科学企业，先锋公司始终将研发领域的投入作为企业核心优势，每年投入不少于销售额10%的资金用于种子研发。

杜邦先锋公司北京办事处设立于1997年，1998年成立铁岭先锋种子研究有限公司，1999年先锋公司与杜邦公司合并，2002年先锋在中国成立第一家合资公司——山东登海先锋种业有限公司，2006年在中国成立第二家合资公司——敦煌种业先锋良种有限公司。近年中国业务保持强劲增长，截至2011年年底，先锋公司在华员工总数超过700人。先锋在中国有9个研

---

① 朱萍：《陶氏杜邦分合术："二合一"后，两年内将"一拆三"》，《21世纪经济报道》2018年5月4日第18版。

究站，将来还要在更多的区域建更多类似的研究中心。每个研究中心都负责本区域内的相关品种选育工作，依托全球领先的育种技术，相互协作，源源不断地为中国不同种植区域培育优质的玉米品种。先锋中国公司的科研人员结合中国玉米种质、土壤与气候条件，先后培育出十余个"先玉"品牌杂交玉米品种，在我国春玉米和夏玉米种植区受到广泛欢迎。其中著名的"先玉335"杂交品种已经成为我国玉米主产区的主要种植品种，上市第二年就创下了我国玉米种植历史上依靠自然降水收获的最高产量，为我国培育新的玉米品种提供了成功经验和有益参照，为提升我国玉米育种水平起到了积极的促进作用。

为在有限的耕地面积内不断提高粮食产量、提高农业劳动生产率，先锋与一家本土设备制造商——河北农哈哈机械集团有限公司，联合开发真空播种机，在我国玉米种植区大力推广基于先锋杂交玉米良种的单粒播种耕作方式，与人工匀苗方式相比，真空种植估计可以节省1/3的玉米种子，达到了节省制种用地、减少用种量和节约间苗劳动成本的多重效果，对于变革中国传统种植模式，提升中国制种水平、增加粮食产量起到了巨大的示范、推动作用。

（七）科沃施（KWS SAAT AG）[①]

科沃施是一家拥有150多年历史的世界大型育种公司，拥有全球范围内的科研与育种网络，总部位于德国爱因拜克市，集团公司有员工4500人，其中1200人从事育种与研究，在70个国家和地区有自己的子公司或合资公司。科沃施是集育种、生产和销售为一体的作物育种企业，其目标是培养适于各种种植条件的优良品种，提高品种抗病虫害能力，使农业生产更可持续

[①] 除引用标注外，科沃施的介绍来源于该公司官方网站 www.kws.com 和 www.kws.cn、垦丰科沃施种业有限公司网站 http://www.kenfeng-kws.cn/、公司年度报告、百度百科及万得股票软件中的公司简介等网络信息。

发展，更高效、更具竞争力。

150多年以来，提高产品质量和技术不断创新是科沃施成功的关键，每年投入15%的年销售额用于研究与开发。核心产品包括甜菜、玉米、禾谷类、油料作物和其他大田作物，市场分布在温带气候带，以欧洲和北美洲为重点。科沃施的主导产品是甜菜，紧随其后的是玉米（包括油料作物和其他大田作物）和禾谷类。作为糖用甜菜育种的开拓者，科沃施对甜菜糖业贡献巨大，将每公顷产糖量从平均1000公斤提高到10000公斤。

科沃施在40年前就已进入中国种子市场，1997年在北京设立办事处。2009年11月，科沃施公司在中国成立第一个合法实体单位——科沃施农业科学科技研发中心（安徽）责任有限公司，是科沃施公司在中国投资的研发公司，目标是创建世界一流、技术先进的新一代植物生物技术研究平台。研发中心坐落于安徽省合肥市，是安徽省首个由外国公司投资建成并具有研发性质的单位。

科沃施在中国具有影响力的品种是甜菜品种和玉米品种，其中甜菜品种在新疆和黑龙江等省推广已经获得巨大成功，玉米品种也在东北地区等具有相当大的影响力。目前科沃施集团已经在中国90个不同地区大约10万块实验小区进行玉米品种试验。科沃施种子欧洲股份公司与北大荒垦丰种业股份有限公司共同出资成立了合资企业——垦丰科沃施种业有限公司，这是中国第一家中德合资种子企业。目前，垦丰科沃施主要服务于中国东北地区玉米市场，已经为东北农民提供适应性广、高产稳产且综合抗性好的优良品种，比如"德美亚2号""德美亚3号""垦沃1号""垦沃2号""垦沃3号""垦沃6号"等。

第三节 竞争力绩效与竞争力潜力的测算评估

一、竞争力绩效评估

竞争力绩效以市场份额衡量。笔者以全国农作物主要品种推广情况统计为依据，计算了全国玉米种子推广面积中，外资种业（外资品种）和民族种业（国产品种）各自推广面积所占的比重，以此衡量各自的市场份额，结果如表6.8所示。从表中可以看出，2009—2014年，民族种业在玉米种业的市场份额逐年下滑，而外资种业的份额则相应逐年上升，从2009年的6.70%增长为2011年的11.23%，2013年进一步增长至14.38%，2014年则达到约15.68%。而后，从2015年开始至2017年，外资种业的市场份额转向连年减少，2015年下降至15.05%，2017年进一步减少至10.00%。可以看出，2009—2017年，外资种业的市场份额经历了一个快速的增长和下降的过程，目前民族种业的份额恢复至90.00%。

表6.8 竞争力绩效评估结果

	2009	2010	2011	2012	2013	2014	2015	2016	2017
全国推广总面积（万亩）	43381	43984	48061	50064	49027	49067	49141	47185	/
外资种业推广面积（万亩）	2908	4364	5396	6673	7050	7696	7394	6370	/
民族种业推广面积（万亩）	40473	39620	42665	43391	41977	41371	41747	40815	/
外资种业市场份额（%）	6.70	9.92	11.23	13.33	14.38	15.68	15.05	13.50	10.00
民族种业市场份额（%）	93.30	90.08	88.77	86.67	85.62	84.32	84.95	86.50	90.00

资料来源：全国农技推广服务中心，农业部全国农作物主要品种推广情况统计，以及笔者计算。2017年资料来源于余欣荣：《余欣荣副部长在全国现代种业发展推进会议上的讲话（摘要）》，中华人民共和国农业农村部种子管理局网站，2018年3月20日；李慧：《中国种业突破重围，靠什么》，《光明日报》2018年4月11日第10版。

二、竞争力潜力评估结果

根据前文构建的评估指标，竞争力潜力从盈利能力、公司治理水平和创新能力三个方面进行综合评估，对应的评估指标分别为加权平均净资产收益率、销售管理费用占营业收入的比例、研发经费投入占营业收入的比例。选取的 4 家民族种业和 3 家外资种业企业 2009—2017 年各指标值计算结果分别如表 6.9 和表 6.10 所示。

表中数据表明，2009—2017 年期间，从盈利能力来看，由于受中国种业市场总体需求增长放缓和库存过高的影响，民族种业企业的加权平均净资产收益率总体都呈现下降的态势，除登海种业外，盈利能力波动较大，特别是敦煌种业多次出现较大幅度的亏损。跨国种业公司总体上盈利能力远高于民族种业企业，且相当稳定，其中孟山都公司和杜邦公司的盈利能力大幅高于科沃施。

从公司治理水平来看，国内种企的销售管理费用占营业收入比总体呈上升态势，特别是近两年上升较快，以应对日益激烈和残酷的市场竞争，敦煌种业的销售管理费用占比 2017 年达到了惊人的 62.07%。而跨国公司中，孟山都公司和杜邦公司治理水平较高，销售管理费用占比均长年保持在相对较低水平，科沃施公司的该项比例长年处在相对较高的水平，近三年均超过 40%。

从创新能力来看，国内企业研发经费投入占营业收入的比例虽然在 2017 年有较大幅度的提升，但总体上都相当低，基本上在 5% 以下，与跨国种企 10% 的数据相差较大，特别是敦煌种业，研发投入占比常年在 1% 以下，2016 年以后才达到 3.5% 左右。跨国公司中，科沃施公司该项指标长期高于其他企业，2017 年达到 17.7%，而孟山都公司则长期维持在 11% 左右的研发投入，杜邦公司研发投入相对较低，长期在 6% 左右。

表 6.9 民族种业竞争力潜力各指标评估结果

	年份	盈利能力（%）	公司治理水平（%）	创新能力（%）
万向德农	2010	12.32	20.36	0.97
	2011	21.68	22.61	1.20
	2012	20.35	20.90	1.18
	2013	−9.09	28.04	6.03
	2014	1.24	20.69	4.67
	2015	1.52	19.19	4.03
	2016	13.59	19.87	5.21
	2017	12.79	23.95	5.26
丰乐种业	2010	15.74	15.07	0.95
	2011	4.89	15.02	1.11
	2012	5.68	14.03	3.50
	2013	4.54	14.67	3.36
	2014	4.63	17.02	3.65
	2015	2.26	20.53	3.45
	2016	1.55	19.43	2.91
	2017	0.84	16.55	2.43
敦煌种业	2010	12.50	18.16	0.19
	2011	1.46	16.54	0.15
	2012	−12.33	18.45	0.27
	2013	1.75	20.27	0.92
	2014	−39.00	29.78	0.60
	2015	3.33	27.89	0.80
	2016	−24.88	49.29	3.54
	2017	2.82	62.07	3.46
登海种业	2010	24.74	23.73	2.94
	2011	22.57	23.24	2.32
	2012	20.81	24.64	2.61
	2013	22.60	22.11	2.22
	2014	20.84	24.28	2.64
	2015	17.35	21.38	2.44
	2016	17.93	21.54	2.98
	2017	6.08	33.90	6.35

资料来源：各公司历年年度报告以及笔者根据年度报告数据计算所得。

我国种业对外开放的实证评估与政策选择

表 6.10 外资种业竞争力潜力各指标评估结果

	年份	盈利能力（%）	公司治理水平（%）	创新能力（%）
孟山都 MONSANTO	2009	21.71	17.37	9.37
	2010	10.89	19.55	11.49
	2011	14.87	18.52	11.72
	2012	17.50	17.70	11.23
	2013	20.35	17.16	10.32
	2014	26.82	17.50	10.88
	2015	31.13	17.91	10.53
	2016	23.19	20.98	11.20
	2017	41.20	20.28	10.98
杜邦 DUPONT	2009	24.48	13.18	5.28
	2010	36.76	11.65	5.24
	2011	38.88	10.98	5.15
	2012	29.85	10.25	5.94
	2013	36.84	9.95	6.03
	2014	24.54	15.39	5.95
	2015	16.75	18.36	7.55
	2016	25.14	17.56	6.67
	2017	2.31	6.44	3.38
科沃施 KWS SAAT AG	2009	11.99	36.73	12.17
	2010	11.45	35.27	12.93
	2011	14.29	35.66	13.27
	2012	16.85	32.85	12.83
	2013	14.48	33.91	12.27
	2014	12.19	36.08	12.63
	2015	12.16	42.49	17.71
	2016	11.41	42.73	17.59
	2017	12.21	41.94	17.70

资料来源：各公司历年年度报告以及笔者根据年度报告数据计算所得。

根据适度性评估指标计算公式，相对竞争力＝民族种业的竞争力÷外资种业的竞争力。为了使结果具有可比性，同时方便最终结果的分析，在各指标计算中，笔者对所有指标以 100 为基准计算。同时，由于需要进行加权计算，需要确保所有评估指标值大小具有方向一致性，其中盈利能力和创新能力的评估值越高均表明相应能力越强，而公司治理水平评估指标值则相反，指标值越高表明治理水平越低。因此，笔者遵从指标值越大则竞争力越强的同一原则，对公司治理水平评估指标进行了转换，具体转换采用以下公式计算：

转换后的公司治理水平评估值 =100-原始评估值

在获得盈利能力、公司治理能力和创新能力具体的评估数据后，笔者根据前文采用 AHP 方法得到的评估指标权重，按盈利能力权重 0.3555、公司治理能力权重 0.1467 和创新能力权重 0.4978 进行加权，计算得到每个企业每年的竞争力潜力指标值（如表 6.11 所示）。

表 6.11 各样本企业竞争力潜力加权评估结果

	2010	2011	2012	2013	2014	2015	2016	2017
民族种业								
登海种业	21.45	20.44	19.75	20.56	19.83	18.92	19.37	15.02
敦煌种业	16.54	12.84	7.71	12.78	-3.26	12.16	0.35	8.29
万向德农	16.55	19.66	19.43	10.33	14.40	14.40	19.18	18.32
丰乐种业	18.53	14.76	16.37	15.81	15.64	14.18	13.82	13.75
外资种业								
孟山都	21.40	23.07	23.89	24.52	27.05	28.35	25.41	31.81
杜邦	28.64	29.45	26.73	29.31	24.10	21.69	24.35	16.23
科沃施	20.02	21.12	22.23	20.95	20.00	21.57	21.21	21.67

资料来源：笔者计算所得。

然后，笔者再分民族种业和外资种业两组，以各企业营业收入占每组营业收入的比例（见表6.12）作为权重，计算2010—2017年各企业的竞争力潜力加权结果，然后再分组进行加总计算，最终得到民族种业和外资种业2010—2017年各年的竞争力潜力指标值。各项指标计算结果如表6.13所示。

从竞争力潜力评估结果来看，2010—2017年，虽然民族种业和外资种业的竞争力潜力均有所下降，但民族种业竞争力潜力评估值一直明显低于外资种业，意味着民族种业的竞争力潜力明显弱于外资种业，另外，民族种业与外资种业竞争力潜力的差距在2014年以前有所扩大，2015年以后有所缩小，至2017年，民族种业与外资种业的差距进一步缩小至近年最小。由于竞争力潜力一方面是过去竞争力的结果，同时又是未来竞争力的基础，因此，以上分析结果某种程度上揭示出，未来几年，双方竞争力的差距可能仍会有所波动。

表6.12 企业营业收入占本组企业营业收入总和的比例

	2010	2011	2012	2013	2014	2015	2016	2017
民族种业								
登海种业占比（%）	20.30	22.38	20.73	27.43	32.51	35.44	42.24	26.85
敦煌种业占比（%）	34.41	35.27	34.95	34.17	27.58	30.19	17.27	16.21
万向德农占比（%）	12.71	10.91	11.69	7.53	9.62	8.61	8.39	8.61
丰乐种业占比（%）	32.57	31.44	32.63	30.87	30.28	25.76	32.10	48.33
外资种业								
孟山都占比（%）	24.43	23.17	27.26	28.53	30.38	36.38	34.40	18.68
杜邦占比（%）	73.43	74.40	70.27	68.60	66.54	60.94	62.66	79.75
科沃施占比（%）	2.14	2.43	2.48	2.87	3.08	2.68	2.94	1.57

资料来源：笔者计算所得。

表 6.13 按营业收入加权计算的竞争力潜力评估结果

	2010	2011	2012	2013	2014	2015	2016	2017
民族种业	18.19	15.89	14.40	15.66	11.67	15.27	14.29	13.60
外资种业	26.68	27.77	25.85	27.70	24.87	24.11	24.62	19.22

资料来源：笔者计算所得。

第四节 适度性实证评估结果

在前文评估得到民族种业和外资种业竞争力绩效和竞争力潜力评估结果的基础上，根据适度性评估公式，笔者先基于前文采用AHP方法计算得出的竞争力绩效和潜力各自的权重0.6345和0.3655，分别加权计算民族种业和外资种业的综合竞争力指标值（见表6.14）。在此基础上，最后以两者综合竞争力之比计算得出相对竞争力指数RCI，即适度性评估指标值，结果如表6.14所示。

表 6.14 加权综合竞争力与适度性评估结果

	2010	2011	2012	2013	2014	2015	2016	2017
民族种业								
竞争力潜力	18.19	15.89	14.40	15.66	11.67	15.27	14.29	13.60
竞争力绩效	90.08	88.77	86.67	85.62	84.32	84.95	86.50	90.00
加权综合竞争力	63.80	62.13	60.26	60.05	57.77	59.48	60.11	62.08
加权综合竞争力（滞后一期）	/	62.97	60.80	59.59	59.22	58.17	60.47	62.33
加权综合竞争力（滞后两期）	/	/	61.64	60.13	58.76	59.62	59.15	62.69
外资种业								
竞争力潜力	26.68	27.77	25.85	27.70	24.87	24.11	24.62	19.22
竞争力绩效	9.92	11.23	13.33	14.38	15.68	15.05	13.50	10.00
加权综合竞争力	16.05	17.28	17.91	19.25	19.04	18.36	17.56	13.37

我国种业对外开放的实证评估与政策选择

续表

	2010	2011	2012	2013	2014	2015	2016	2017
加权综合竞争力（滞后一期）	/	16.88	18.61	18.57	20.07	18.64	17.38	15.34
加权综合竞争力（滞后两期）	/	/	18.21	19.27	19.40	19.67	17.66	15.16
相对竞争力指数	3.98	3.60	3.37	3.12	3.03	3.24	3.42	4.64
相对竞争力指数（滞后一期）	/	3.73	3.27	3.21	2.95	3.12	3.48	4.06
相对竞争力指数（滞后两期）	/	/	3.39	3.12	3.03	3.03	3.35	4.14

资料来源：笔者计算所得。

加权综合竞争力评估结果表明，一方面，民族种业和外资种业在中国国内市场的加权综合竞争力均出现了波动，民族种业竞争力先下降后上升，而外资种业则相反；另一方面，尽管外资种业的竞争力潜力高于民族种业，但由于其在中国国内市场的竞争力绩效远低于民族种业，因此竞争力潜力和绩效的加权综合竞争力远低于民族种业，这一结果，充分体现了种业对外开放政策的防火墙作用。由于种业对外开放政策的限制，外资种业难以将竞争力潜力完全转化为竞争力绩效，所以出现了这一结果，这也表明，加权综合竞争力指标用于评估开放适度性具有合理性。

考虑到对外开放政策变动后，外资企业的调整决策需要时间，同时这种调整使得竞争力潜力转化为竞争力绩效亦存在滞后，因此，在将竞争力潜力和绩效进行加权时，可能对当期竞争力潜力和滞后一期或两期的竞争力绩效加权计算更合理。滞后一期和两期的加权综合竞争力结果如表6.14所示。从表中可以看到，滞后计算的结果差异很小，并没有从本质上改变2010—2017年，民族种业和外资种业综合竞争力的差距和变化态势。

适度性评估结果表明：一方面，依据表2.1给出的评估指标区间判断标准，从静态的开放状况来看，无论是否考虑滞后影响问题，结果均表明，

2010—2017年种业对外开放总体属于开放不足的区间；另一方面，若从时间变化的动态趋势来看，近年玉米种业开放的适度性呈现出波动性，2010—2014年，种业开放适度性朝开放比较不足方向演进，而2014—2017年，开放适度性则转向更加开放不足。可以说，目前来看，2014年是我国种业对外开放适度性的一个转折点。这一变动态势也与前两年开放政策有所收紧相一致。

本章基于第二章构建的开放适度性概念框架和评估方法，在构建竞争力评估指标体系基础上，以玉米种业为例，利用统计数据评估民族种业和外资种业竞争力潜力和竞争力绩效，并基于专家咨询调查数据，采用群组决策AHP方法确定各指标权重，再加权综合评估民族种业和外资种业的综合竞争力，最终计算得到玉米种业对外开放的适度性评估结果。

加权综合竞争力评估结果表明，一方面，民族种业和外资种业在中国国内市场的加权综合竞争力均出现了波动，民族种业竞争力先下降后上升，而外资种业则相反；另一方面，尽管外资种业的竞争力潜力高于民族种业，但由于其在中国国内市场的竞争力绩效远低于民族种业，因此加权综合竞争力远低于民族种业，这一结果充分体现了种业对外开放政策的防火墙效用，对外开放政策的限制使得外资种业难以将竞争力潜力完全转化为竞争力绩效。这也表明，加权综合竞争力指标用于评估开放适度性具有合理性。

适度性评估结果表明：一方面，从静态的开放状况来看，无论是否考虑滞后影响问题，结果均表明，2010—2017年种业对外开放属于开放不足区间；另一方面，若从时间变化的动态趋势来看，近年玉米种业开放的适度性呈现出波动性，2010—2014年，种业开放适度性朝开放比较不足方向演进，而2014—2017年，开放适度性则转向更加开放不足。可以说，目前来看，2014年是我国种业对外开放适度性的一个转折点。这一变动态势也与前两年开放政策有所收紧一致。

第七章 我国种业对外适度开放的政策选择

前文采用层次分析法—模糊综合评判法的综合评估结果表明，我国种业对外开放承诺水平为中等开放，模糊综合评判值介于低度开放和中等开放之间；种业对外开放实现水平为低度开放水平，而开放的适度性属于开放不足区间。从目前的开放度及适度性评估结果来看，未来种业对外开放政策需要在保持总体稳定的前提下，坚持适度开放，一方面，着眼于未来农业科技发展趋势，考虑种业开放所带来的积极和消极影响，进行开放政策的动态小幅调整；另一方面，做大做强民族种业，提高民族种业的竞争力。因此，未来一段时间，种业适度开放的政策选择主要应从开放政策优化调整和民族种业竞争力提升两方面着手。

那么，未来几年种业对外开放和民族种业竞争力提升的政策如何选择？对于这一问题，笔者认为，可以采用AHP法对种业各领域对外开放优先次序构建层次分析模型，邀请专家进行咨询调查，根据专家咨询结果采用AHP法计算获得种业各领域开放优先度的相对权重值，按此进行排序，根据排序结果确定开放的相对优先次序，并提出相应的政策选择。同样，也可以采用AHP法对民族种业竞争力提升的政策选择问题构建层次分析模型，以专家咨询结果获得的各类政策优先次序权重值排序，确定政策实施的优先序。

第七章　我国种业对外适度开放的政策选择

第一节　扩大种业对外开放的政策选择

一、种业对外开放领域优先次序的确定

在专家咨询确定种业对外开放领域分类基础上，笔者构建未来一段时间种业对外开放领域优先次序的 AHP 层次结构模型，如图 7.1 所示。

在构建以上层次结构模型基础上，以各层次指标之间的隶属关系为基础构建了 8 个判断矩阵，采用 yaahp 软件生成相应专家咨询问卷，邀请如前所述的在中国社会科学院农村发展研究所等单位从事相关研究和工作的专家学者进行咨询调查，对各层次领域的开放优先度进行比较评价，形成了各指标两两优先度比较的判断矩阵结果。在对各专家问卷数据进行检查的基础上，对个别未通过一致性检查的判断矩阵，采用 yaahp 12.0 软件提供的修正算法进行自动修正，剔除了一位专家咨询数据。在此基础上，对各专家数据采用算术平均方法进行加权计算结果集结，最终得到种业各层次领域的开放相对优先度权重，并进一步得出各领域对种业开放决策目标的优先度权重，相关结果如表 7.1 至表 7.9 所示。

从种业对外开放的进出口和 FDI 两大领域比较来看，表 7.1 结果表明，两大领域开放优先度差别很小，FDI 的优先度略高于进出口（本书只考虑了进口）。对于 FDI 领域下的分领域指标，根据分析需要，笔者设定了按粮棉油蔬菜花卉分类、按转基因与非转基因分类、按育繁推分类三个同层次的视角，由于这些分类只是视角的差别，无开放优先度之分，并且相互之间完全重叠交叉，因此对此判断矩阵默认相对优先度完全一样（见表 7.2）。在进出口领域下，种子进口领域的开放略优先于种质资源国际交流的开放（见表 7.3）。

我国种业对外开放的实证评估与政策选择

图 7.1 未来种业对外开放领域优先次序的 AHP 层次结构图

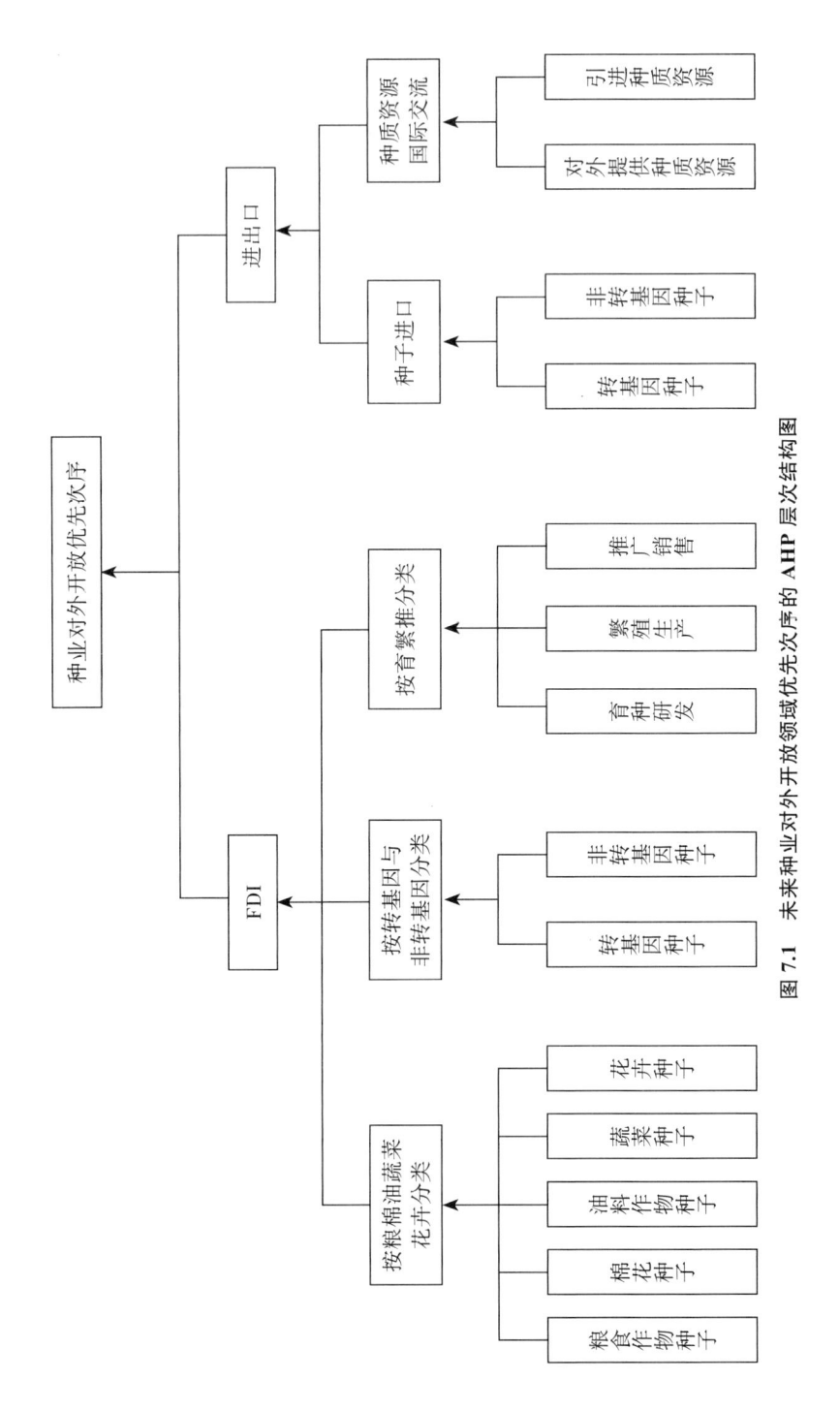

表 7.1　加权计算的种业对外开放优先次序判断矩阵与相对权重结果

	FDI	进出口	权重 Wi
进出口	1	0.8349	0.4550
FDI	1.1978	1	0.5450

资料来源：笔者采用 yaahp12.0 软件计算得到。

表 7.2　加权计算的 FDI 开放优先次序判断矩阵与相对权重结果

FDI	按粮棉油蔬菜花卉分类	按转基因与非转基因分类	按育繁推分类	权重 Wi
按粮棉油蔬菜花卉分类	1	1	1	0.3333
按转基因与非转基因分类	1	1	1	0.3333
按育繁推分类	1	1	1	0.3333

资料来源：笔者采用 yaahp12.0 软件计算得到。

表 7.3　加权计算的进出口开放优先次序判断矩阵与相对权重结果

进出口	种质资源国际交流	种子进口	权重 Wi
种质资源国际交流	1	0.8730	0.4661
种子进口	1.1454	1	0.5339

资料来源：笔者采用 yaahp12.0 软件计算得到。

如表 7.4 所示，FDI 领域下，按粮棉油蔬菜花卉进行分类的开放优先次序排第一位的为蔬菜种子，其次分别为棉花种子、花卉和油料作物种子，粮食作物种子开放优先次序排最后，即相对而言，蔬菜种子的 FDI 可优先开放，粮食作物种子对 FDI 开放应把握开放度。表 7.5 则表明，非转基因种子开放度应大大优先于转基因种子，或者说，转基因种子对 FDI 开放应慎重。按育繁推分类来看（见表 7.6），专家咨询数据加权的结果认为，开放优先次序应当为育种研发、推广销售和繁殖生产。

表 7.4　按粮棉油蔬菜花卉分类的 FDI 开放优先次序判断矩阵与权重结果

按粮棉油蔬菜花卉分类	粮食作物种子	棉花种子	蔬菜种子	油料作物种子	花卉种子	权重 Wi
粮食作物种子	1	0.6688	0.3464	0.9602	0.7401	0.1286
棉花种子	1.4951	1	0.5180	1.4356	1.1066	0.1923
蔬菜种子	2.8864	1.9306	1	2.7715	2.1363	0.3713
油料作物种子	1.0415	0.6966	0.3608	1	0.7708	0.1340
花卉种子	1.3511	0.9037	0.4681	1.2973	1	0.1738

资料来源：笔者采用 yaahp12.0 软件计算得到。

表 7.5　按转基因与非转基因分类的 FDI 开放优先次序判断矩阵与相对权重结果

按转基因与非转基因分类	转基因种子	非转基因种子	权重 Wi
转基因种子	1	0.3857	0.2783
非转基因种子	2.5928	1	0.7217

资料来源：笔者采用 yaahp12.0 软件计算得到。

表 7.6　按育繁推分类的 FDI 开放优先次序判断矩阵与相对权重结果

按育繁推分类	育种研发	繁殖生产	推广销售	权重 Wi
育种研发	1	1.9799	1.8377	0.4880
繁殖生产	0.5051	1	0.9282	0.2465
推广销售	0.5441	1.0774	1	0.2655

资料来源：笔者采用 yaahp12.0 软件计算得到。

对于种子进出口领域下的种质资源国际交流的开放优先次序，如表 7.7 所示，专家咨询的加权评估结果显示，引进种质资源的开放应大大优先于对外提供种质资源。而对于种子进口开放而言，非转基因种子的进口开放应大大优先于转基因种子的进口（见表 7.8）。

表 7.7 种质资源国际交流开放优先次序判断矩阵与相对权重结果

种质资源国际交流	对外提供种质资源	引进种质资源	权重 Wi
对外提供种质资源	1	0.1780	0.1511
引进种质资源	5.6176	1	0.8489

资料来源：笔者采用 yaahp12.0 软件计算得到。

表 7.8 种子进口开放优先次序判断矩阵与相对权重结果

种子进口	转基因种子	非转基因种子	权重 Wi
转基因种子	1	0.1819	0.1539
非转基因种子	5.4982	1	0.8461

资料来源：笔者采用 yaahp12.0 软件计算得到。

采用群组决策 AHP 方法，运用 yaahp 12.0 软件测算验证，最终通过各项检验确定了种业对外开放各具体领域的开放优先次序权重，如图 7.2 所示。值得说明的是，由于 FDI 下分别按三种不同方法进行了分类，而相互之间重叠交叉，因此对三种分类下的各自具体开放领域显然无法按优先权重值直接进行最终的优先次序排序，只能在同一类别下进行相对排序分析。

二、种业对外适度开放的具体政策选择

虽然种业涉及粮食安全，保证种业安全具有特殊的意义，但种业开放带来的安全风险更多是一种特殊情况下的风险，因此，在通常情况下，对国内种业过度的保护，或者说开放不足，将使得种业市场缺少强有力的竞争对手，不利于种业在竞争中的发展，也不利于我国粮食和农业持续快速增产增收。

因此，从推动种业竞争发展的角度，基于前文的开放承诺水平为中等开放，实现水平为低度开放，适度性水平为开放不足的结论，笔者认为，在当前情况下，可适度提高种业对外开放政策的总体开放水平。但笔者强调的是，提高总体开放水平，并不意味着在开放的某些具体领域不能收紧政策，

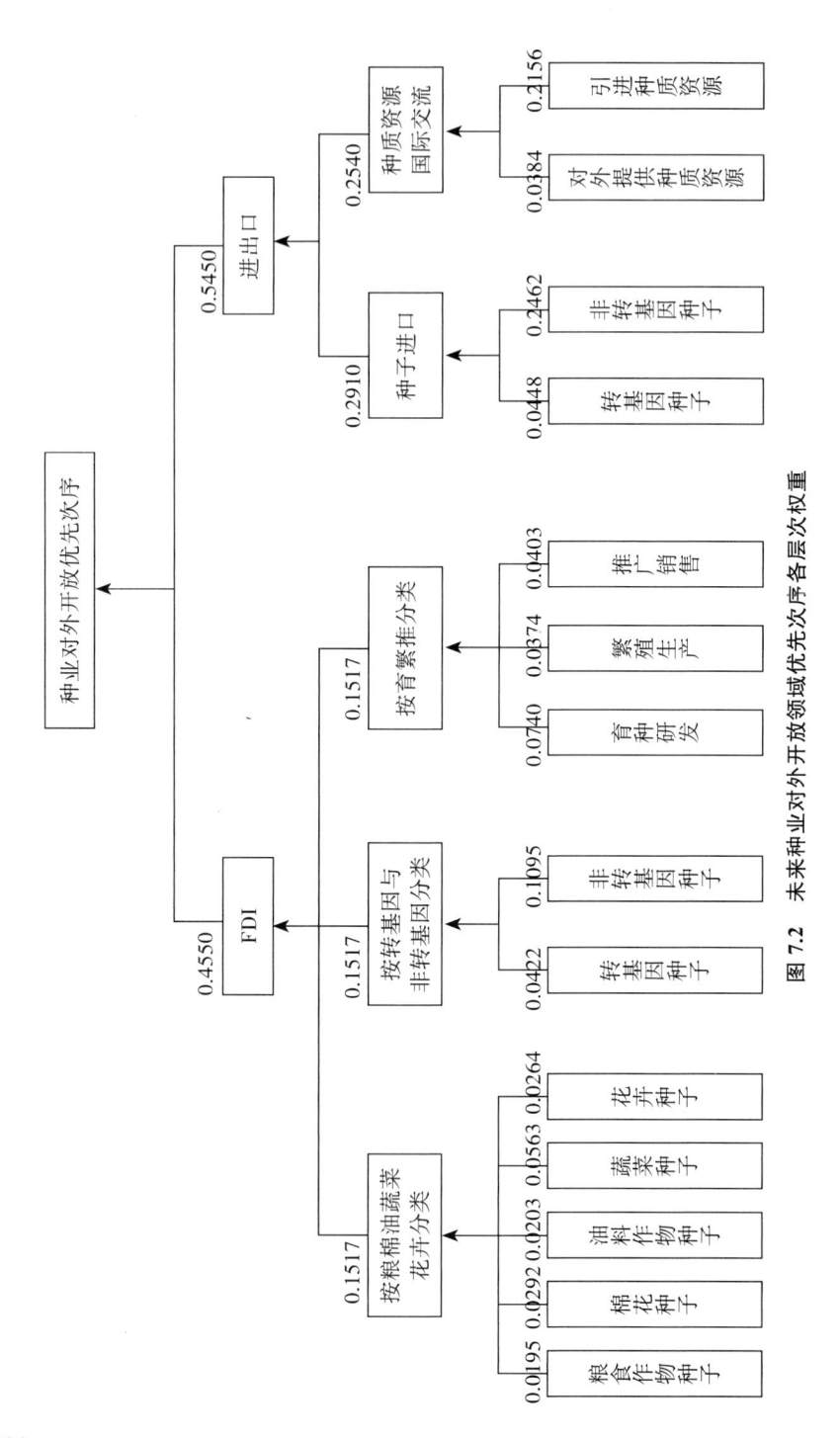

我国种业对外开放的实证评估与政策选择

图 7.2 未来种业对外开放领域优先次序各层次权重

第七章 我国种业对外适度开放的政策选择

相反,可以在某些领域放松外资管制的同时,在另一些领域收紧管制。当然,这些政策的调整是基于对种业对外开放实现水平和适度性评估结果所进行的动态调适。

种业对外开放的具体政策方面,基于前文采用群组决策 AHP 法确定的各领域相对优先次序,笔者认为,应坚持分类推进,区别对待,适度提高种业对外开放政策的总体开放水平。具体政策选择建议如下:

(一)从种子进出口和 FDI 分类来看,应对 FDI 继续执行相对比较严格的开放政策,细化种业安全审查制度

前文加权结果显示,种子进口开放优先度略高于 FDI,应相对优先开放种子进口。具体来讲,对于非转基因种子进口和引进种质资源可相对更加开放,对于转基因种子进口应适当限制,对于对外提供种质资源也应规范严格管理。相关政策如减少对非转基因种子进口的审批,或将审批权限下放至省市级农业部门,或改审批为备案制等,但对转基因种子则由农业部严格执行转基因安全审批程序和进口审批制度。对于引进种质资源,在鼓励的政策导向下,推出相应的具体鼓励支持措施,比如后续的品种研发优先审定、国家种质资源库的使用优先权等。

在种子进口相对更加开放的条件下,也应注意防范可能潜在的风险:一方面,应防范种植户对进口种子和国内对某一品种进口来源地形成路径依赖,推动进口来源地多元化。目前在蔬菜、葵花子种植等领域,种植户已开始对进口种子产生路径依赖,这对于民族种业未来竞争将是一个相当大的阻碍,因此如何防范和打破这种路径依赖是民族种业需要考虑的重要问题。同时,由于目前进口种子来源地集中度高(具体参见第四章专题研究),在特定条件下,可能存在一定的供给风险,基于此,应推动进口来源地的多元化,分散风险。另一方面,应防范进口种子价格持续快速上涨带动农产品价格上涨进而造成通胀压力。本书第四章专题研究表明,进口种子具有较大涨

我国种业对外开放的实证评估与政策选择

价空间和动力，在种植户形成路径依赖难以选择价格较低的替代品的情况下，进口种子的涨价将提高种植户成本，进而可能推高农产品价格，最终造成通胀压力。对这种风险，应提早防范和采取相应措施进行化解。另外，要防止国内种子公司和相关机构非法进口转基因种子和来自疫区的种子，海关和出入境检验检疫部门亦需要加强海关监管和检验检疫。

而对于FDI，则应继续执行相对比较严格的开放政策，特别是要细化外资并购审查制度，防止外资隐性突破我国产业政策限制。近年来，跨国种业巨头开始由早期的设立合资公司转向并购我国种业龙头企业，如2007年4月，瑞士先正达公司以2.44亿元收购我国玉米行业的龙头企业河北三北公司49%的股份。由于种业研发的特殊性，新品种选育周期长达6—8年，因此，外资并购既可以快速地获取品种权，同时亦可以快速扩大市场占有率，最终直接控制和消除竞争对手。虽然目前的并购中，外资仍只占49%的股份，但仍需要防止其通过并购隐性地突破我国产业政策限制。目前，我国《外商投资产业指导目录》禁止外商投资我国稀有和特有的珍贵优良品种的研发、养殖、种植以及相关繁殖材料的生产，转基因生物研发和转基因农作物种子、种畜禽、水产苗种生产，限制外商对农作物新品种选育和种子开发生产的投资，小麦、玉米新品种育种和生产要求中方控股。在此政策限制下，跨国公司为达到控股的目的，可能采取三步走的"蚕食策略"：先是合资，以低于50%的股份进入；而后做亏，让合资企业一步步陷入亏损，拖垮中方企业；最后是独资，在中方企业不堪重负的时候，趁机收购，实现独资或控股。[①] 同时，外资企业也可能通过设立多个合资企业实现总市场份额的主导地位。

因此，当前需要尽快完善外资种业审查准入制度，明确审查范围、审查内容、审查方式、审查标准、审查结果评定等程序细节，使审查的工作有

---

① 陈剑：《中国粮种安全面临挑战》，《环球财经》2008年第12期。

法可依。①应借鉴美国等做法加快成立外商投资审查委员会,落实审查主体。对于审查对象,除了对新设投资进行安全审查外,特别要在 2011 年国务院办公厅《关于建立外国投资者并购境内企业安全审查制度的通知》基础上,结合种业特点,尽快细化外资并购审查制度,防止外资利用三步走的"蚕食策略",隐性突破我国产业政策限制。同时,建议提升相关制度安排的法律地位,从规范性文件上升至法律层次,以提升外资种业准入和安全审查相关制度的法律效力和权威性。

另外,当外资进入我国种子产业以后,特别是当外资以并购方式进入时,对外资进行反垄断审查非常重要,目前我国反垄断法对跨国种业并购行为规制明显不足,主要体现在:申报前咨询与申报时间的不确定形成的跨国种业公司并购的预警机制欠缺;与一般领域内企业并购相比跨国种业公司并购的申报标准不足;跨国种业公司并购的审查机制中国家安全审查问题;跨国种业公司并购的豁免规定存在有限豁免的扩大化与附加条件限制选择的局限性。②因此,有必要加强反垄断法中针对种业并购特殊性的考量,以形成并购预警、降低申报标准和坚持有限豁免。特别是要考虑目前我国反垄断审查的一般标准对于种子产业而言,审查的具体数额过高,有必要确立比一般行业申报标准更低的反垄断申报标准,这样才能更加严格地进行审查和监管。③

最后,可适当提高外资注册种子企业的资金要求,同时适当降低外资持股比例。由于 1997 年制定的外资种子企业注册资金要求经二十余年未做修订,相对现时代而言数额偏低,因此可适当提高要求。同时,为尽量避免现行限制外资持股 49% 的政策下,外资通过设立多个合资企业实现总市场

---

① 李长健、汪燕:《基于产业安全的我国外资种子企业监管法律问题研究》,《中国种业》2012 年第 6 期。
② 孙瑞瑞:《跨国种业公司并购的反垄断法规制》,硕士学位论文,郑州大学,2016 年。
③ 杨辉:《外资进入视野下我国种子产业安全法律制度研究》,硕士学位论文,华中农业大学,2017 年。

我国种业对外开放的实证评估与政策选择

份额的主导地位的风险,可如杨辉指出的,借鉴印度等做法,对特定种子行业设置外资所占股份不能超过40%的持股要求。[①]

(二)从粮食、棉花、油料作物、蔬菜和花卉分类来看,应继续严格控制粮食作物中小麦和玉米种子的市场准入

根据前文加权结果,建议相对放开蔬菜种子、棉花种子、花卉作物种子,但应继续慎重开放油料作物种子,继续严格把控粮食作物种子特别是小麦和玉米种子的开放度。

稻谷、小麦和玉米三大大田作物是中国14亿人口的主粮,占据了中国种子市场的主要份额。因此,确保三大主粮作物特别是水稻的种子安全是我国粮食安全的关键所在,政府在种业适度开放的政策大框架下,对这一种子市场的准入应采取相对严格控制的政策,使三大主粮作物种子供应的主导权不会被外资种业所控制。在这方面,可以借鉴印度等国家的经验,一方面,确保合资公司中中方绝对控股,同时,强化合资中种子技术和专利转让的要求,避免出现合资企业核心资源被外方绝对控制的局面;另一方面,进一步严格品种登记制度,对关系国计民生的大田作物种子可视情况考虑要求在规定的时限内实现国产化。[②]

但是,即便对于三大主粮,我们也应该差别对待,对于其中的稻谷,目前尚未有外资品种进入中国市场,由于中国在水稻育种方面具有相当大的优势,民族种业的竞争力较大领先于外资企业,在这种情况下,即便政策上对外资完全放开,也难以对中国稻谷种子市场形成较大威胁,因此,在水稻种子方面相对放松限制,带来过度开放不利后果的可能性较低。但是对于小麦和玉米种子,目前跨国种子企业在这两类种子上具有较大的优势,民族种

[①] 杨辉:《外资进入视野下我国种子产业安全法律制度研究》,硕士学位论文,华中农业大学,2017年。
[②] 赵刚、林源园:《我国种子产业发展遭遇严重挑战》,《创新科技》2009年第6期。

业不具有完全抗衡的竞争力,若进一步放开,则容易导致这两类种子市场被外资控制的后果,因此,应继续严格控制小麦和玉米种子的对外开放度。

除粮食作物种子外,对于棉花种子,可以采取相对更开放的政策。因为,在经历了孟山都的保铃棉种冲击后,民族棉花种业在激烈竞争中迅速崛起,已完成了对孟山都的反击,目前已几乎完全控制了国内棉种市场。也就是说,在棉花种子市场,民族种业已经具备绝对的竞争力优势,在此情况下,进一步加大棉花种业的开放度,不会带来开放过度的问题。对于糖料作物种子,如第三章数据显示,目前开放的实现水平很高,其中甘蔗种植面积中,外资品种2010年占比达到78%,但2016年已经降至56.78%;甜菜种植面积中,外资品种占比近年有所下降,但2016年仍占86.54%。虽然两者外资品种占比均相当高,但实际情形有所不同。甘蔗种植的外国品种引自我国台湾,并在国内得到进一步的改良,考虑到来源地的特殊性,就算外资品种占比较高,也不太会造成较大问题。而糖甜菜种子中,外国品种主要来源于德国、荷兰、美国等国家,并且由于占据了近90%的市场份额,导致国内甜菜育种几乎没有空间,育种人才流失。因此,对于糖料作物种子特别是甜菜种子,可考虑进一步收紧开放政策。对于油料作物,虽然大豆种子中外国品种占比很低,但由于目前国内大豆油脂行业几乎已被进口大豆控制,国产大豆无法对抗,因此,大豆种子的开放政策应从严从紧。油菜籽方面,外国品种占比很低,因此,政策上可有所放开。而对于蔬菜和花卉,虽然目前的开放承诺水平和实现水平均相对高于粮食作物,但由于其可替代性强,各品种间竞争相对比较激烈,因此,政策上可相对更开放。

(三)从转基因和非转基因种子分类来看,应牢牢把握转基因种子育种、生产、经营的控制权

国务院2009年12月宣布将对《外商投资产业指导目录》进行修订,并

我国种业对外开放的实证评估与政策选择

向外资开放更多投资领域后，美中贸易全国委员会（USCBC）提出了关于《外商投资产业指导目录》修订建议书，建议将"转基因种子的开发列入鼓励类目录，允许外方控股的投资企业和外商独资企业参与"。[①] 外资欲进入我国转基因种子领域的野心可见一斑。前文已经指出，目前孟山都、杜邦先锋等跨国公司在转基因技术、分子育种技术等方面具有绝对优势。因此，一旦外资进入我国转基因领域，将会加速其在我国玉米、蔬菜等作物种子市场上扩张的速度，并且由于日本、美国等在转基因水稻上拥有的专利众多，因此还可能威胁我国水稻等主粮作物，使我国在水稻种质资源和育种方法方面的优势逐步减弱。在此背景下，应牢牢把握转基因种子开发的控制权。

（四）从种子育种、繁殖和推广分类来看，应适当收紧和规范种子育种研发的开放政策

前文结果表明，在育、繁、推的种子产业链条中，育种研发的开放优先于繁殖和推广，目前的开放政策也确实如此，特别是早期在育种研发方面的限制很少，导致对我国种业形成一定的威胁。这种威胁体现在三个方面。首先，由于在目前的合资企业中，科研（包括育种技术和品种权）没有进入合资公司，中方虽然占有51%的股份，但实际上对品种没有控制权，生产和市场都将受制于外资种子企业。以先玉系列品种为例，该品种的研发由先锋公司在中国设立的独资研究机构——铁岭先锋种子研究有限公司负责。铁岭先锋培育出的新品种产权属于先锋公司，先锋公司将品种交给登海先锋、敦煌先锋两家合资公司并收取品种使用费，合资公司负责制种和在黄淮海、东北地区的销售，合资企业某种程度沦为外资种子的生产车间和销售部门。

其次，目前开放政策对成立独资研发机构基本没有限制，因此，跨国

---

① 美中贸易全国委员会（USCBC）：美中贸易全国委员会（USCBC）关于《外商投资产业指导目录》修订建议书，The US-China Business Council, 2010。

第七章 我国种业对外适度开放的政策选择

种业巨头在中国成立了不少独资的研究机构。如先锋在 1998 年成立铁岭先锋种子研究有限公司,并在中国设立了九个研究站;孟山都也在 2009 年成立中国生物技术研究中心;2009 年 11 月,科沃施公司在中国成立科沃施农业科学科技研发中心(安徽)有限责任公司,该公司是科沃施在中国投资的研发公司,目标是创建世界一流、技术先进的新一代植物生物技术研究平台。这些研发机构针对中国市场和农业气候条件等进行农业品种研发,为合资企业提供品种授权,牢牢掌握了核心竞争力。

最后,国外种业巨头还将研发的触角伸向国内各大科研院所,进行种质资源搜集、评价和品种研发等方面的工作,从而形成对种业"源头"的掌控。如在 2009 年,全球排名前几名的种子公司孟山都、先锋、先正达、拜尔在中国密集开展水稻研究合作,分别与湖南大学、国家杂交水稻工程中心、安徽省农科院水稻所、中国水稻研究所达成合作协议。[1]

因此,一方面,应对设立合资公司的科研方面提出一定的限制政策。如可考虑对于外资企业入股国内种子企业,除了必要的资金投入外,还必须要投入一定的科研技术、优质种质资源、优良品种,并且这些知识产权应当归合资企业共同所有;[2] 可要求外商种子企业在合资企业进行品种研发,科研育种不能完全独立于合资企业之外,中外双方对科研实行共同管理,科研所取得的品种权属于合资企业所有。通过将完全独立的种子育种研发纳入合资企业范畴,引导合资公司"育繁推一体化",避免种业的核心专利和技术完全受制于外资企业。

另一方面,对于外资与国内科研院所研究合作中取得的科研成果,可考虑要求在合同中强化科研成果的共同所有权,同时应特别强化合作研究中

---

[1] 白田田:《外资种业巨头加速布局中国科研是国内种业发展掣肘》,《农家参谋》2011 年第 6 期。
[2] 李长健、汪燕:《基于产业安全的我国外资种子企业监管法律问题研究》,《中国种业》2012 年第 6 期。

的种质资源保护,加大非法向境外提供种质资源的惩处力度。

目前,我国已建成了拥有 200 种作物(隶属 78 个科、256 个属、810 个种或亚种)、41 万份种质信息的国家农作物种质资源平台。[①]优异的种质资源特别是水稻、大豆等作物中我国特有的种质资源成为跨国种子公司的重要目标。目前,跨国公司如孟山都、先锋、先正达、利玛格兰和拜耳等外资企业与我国科研单位合作,通过交换品种资源以及挖掘人才等多种形式,大量搜集、改良我国优异资源,试图从源头上控制我国种业。更为严重的是,跨国公司投入经费搜集发展中国家的种质资源,分离克隆有用的基因并申请专利。我国很多种质资源被国外偷取和克隆以后,又反过来成为跨国公司制约我国技术发展的专利手段。[②]因此,强化种质资源保护对于我国种业安全具有非常重要的意义。

虽然我国早在 2003 年就由农业部发布了《农作物种质资源管理办法》,其中禁止境外人员在中国境内采集农作物种质资源,对向境外提供种质资源也提出了审批要求,但目前非法向境外提供种质资源的情况仍时常出现。原因除了外资种子公司搜集手段的隐蔽之外,更重要的是已有法规的规定及执行存在问题。表现在:一是法规宣传不到位,相关人员种质资源保护意识薄弱,未严格执行规定的审批程序;二是《种子法》规定的"没收种质资源和违法所得,并处以一万元以上五万元以下罚款"的处罚明显偏低,且未得到有效执行。因此,有必要对已有的相关法规进行修订,对于科研合作、交换品种资源及人才流动等可能涉及种质资源被跨国公司攫取的行为强化落实审批程序,并加大非法向境外提供种质资源的惩处力度。

---

① 数据来源:中国农业科学院作物科学研究所,中国作物种质信息网,见 http://icgr.caas.net.cn/default.asp。
② 赵刚、林源园:《我国种子产业发展遭遇严重挑战》,《创新科技》2009 年第 6 期。

第二节 提升民族种业竞争力的政策选择

本书的分析表明,种业对外开放是否适度,归根结底取决于民族种业和外资种业竞争力的相对变化。因此,在种业对外开放中,除动态调适种业对外开放具体政策外,更要着力提升民族种业的竞争力,做大做强民族种业。习近平总书记在中央农村工作会议上的讲话特别强调,"要下决心把民族种业搞上去,抓紧培育具有自主知识产权的优良品种,从源头上保障国家粮食安全。一粒种子可以改变一个世界,一项技术能够创造一个奇迹。要舍得下气力、增投入,注重创新机制、激发活力,着重解决好科研和生产'两张皮'问题,真正让农业插上科技的翅膀。"[①] 基于此,笔者在本部分亦提出提升民族种业竞争力的政策选择建议。

一、提升民族种业竞争力政策优先次序的确定

在课题组讨论和专家咨询基础上,笔者提出了提升民族种业竞争力的具体政策选项,同样采用 AHP 法构建层次分析模型(如图 7.3 所示),以专家咨询结果获得的各类政策优先次序权重值排序,确定政策的优先次序,为提升我国民族种业竞争力政策选择提供参考。

在构建以上层次结构模型基础上,以各层次因素之间的隶属关系为基础构建了 5 个判断矩阵,采用 yaahp 软件生成相应专家咨询问卷,邀请相关专家学者进行问卷调查,对各层次具体政策之间的相对优先度进行评价,形成了各具体政策两两优先度比较的判断矩阵结果。在对各专家问卷数据进行检查基础上,对个别未通过一致性检查的判断矩阵,采用 yaahp 12.0 软件提供的修正算法进行自动修正,剔除了自动修正后仍无法达到满意一致性的一

---

① 习近平:《在中央农村工作会议上的讲话(2013 年 12 月 23 日)》,《十八大以来重要文献选编(上)》,中央文献出版社 2014 年版,第 664 页。

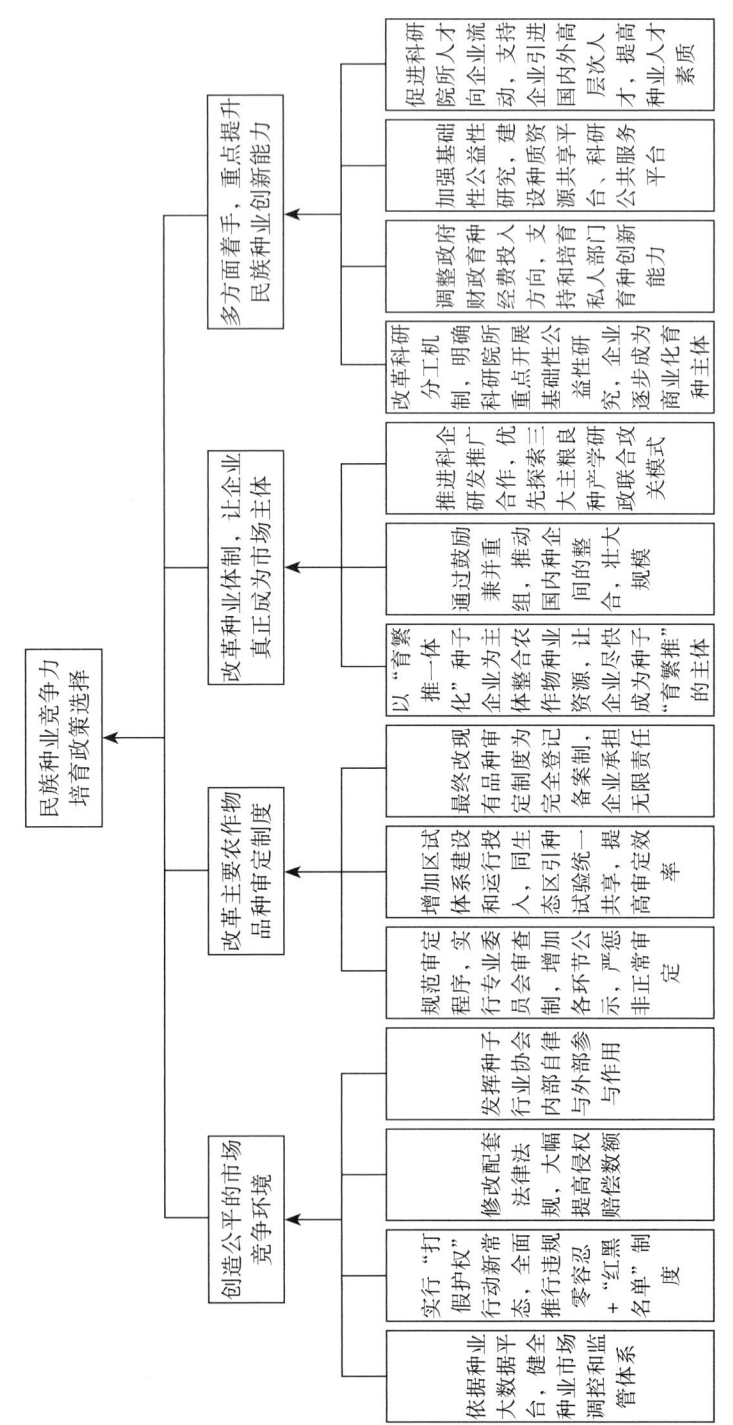

图 7.3 提升民族种业竞争力的政策选择 AHP 层次结构图

位专家数据。在此基础上，对各专家数据采用算术平均方法进行加权计算结果集结，最终得到各层次具体政策的相对优先度权重，并进一步得出各个政策对决策目标的优先度权重。

从提升民族种业竞争力的市场环境、品种审定制度、改革种业体制和创新能力四大类政策比较来看，表7.9专家咨询数据加权估计的优先度权重表明，未来应优先从多方面着手，重点提升民族种业创新能力，其次是改革种业体制，让企业真正成为市场主体以及改革主要农作物品种审定制度，而创造公平的市场竞争环境的政策优先度排在末位。

表7.9 提升民族种业竞争力的政策选择优先次序判断矩阵与权重结果

民族种业竞争力提升政策选择	创造公平的市场竞争环境	改革主要农作物品种审定制度	改革种业体制，让企业真正成为市场主体	多方面着手，重点提升民族种业创新能力	权重 Wi
创造公平的市场竞争环境	1	0.5579	0.4095	0.2747	0.1127
改革主要农作物品种审定制度	1.7925	1	0.7340	0.4924	0.2020
改革种业体制，让企业真正成为市场主体	2.4420	1.3624	1	0.6709	0.2752
多方面着手，重点提升民族种业创新能力	3.6401	2.0307	1.4906	1	0.4102

资料来源：笔者采用yaahp12.0软件计算得到。

创造公平的市场竞争环境的具体政策方面，如表7.10所示，最应该优先考虑的政策选项是依据种业大数据平台，健全种业市场调控和监管体系；然后是修改配套法律法规，大幅提高侵权赔偿数额；再次是实行"打假护权"行动新常态，全面推行违规零容忍+"红黑名单"制度；优

我国种业对外开放的实证评估与政策选择

先度最低的则是发挥种子行业协会内部自律与外部参与作用。对于改革主要农作物品种审定制度的具体政策选项的优先次序，加权计算结果认为（见表7.11），未来应改现有品种审定制度为完全登记备案制并由企业承担无限责任的优先度最高；规范审定程序，实行专业委员会审查制，增加各环节公示，严惩非正常审定政策选项的优先度居中，而增加区试体系建设和运行投入，同生态区引种试验统一共享，提高审定效率的政策优先度最低。

表7.10 创造公平的市场竞争环境政策选择优先次序判断矩阵与权重结果

创造公平的市场竞争环境	实行"打假护权"行动新常态，全面推行违规零容忍+"红黑名单"制度	修改配套法律法规，大幅提高侵权赔偿数额	发挥种子行业协会内部自律与外部参与作用	依据种业大数据平台，健全种业市场调控和监管体系	权重 Wi
实行"打假护权"行动新常态，全面推行违规零容忍+"红黑名单"制度	1	0.8249	2.4444	0.6924	0.2460
修改配套法律法规，大幅提高侵权赔偿数额	1.2123	1	2.9633	0.8394	0.2982
发挥种子行业协会内部自律与外部参与作用	0.4091	0.3375	1	0.2833	0.1006
依据种业大数据平台，健全种业市场调控和监管体系	1.4442	1.1913	3.5302	1	0.3552

资料来源：笔者采用yaahp12.0软件计算得到。

改革种业体制的具体政策选择优先次序方面，如表 7.12 所示，应该优先考虑以"育繁推一体化"种子企业为主体整合农作物种业资源，让企业尽快成为种子"育繁推"主体的政策。表 7.13 结果则表明，调整政府财政育种经费投入方向，支持和培育私人部门育种创新能力和促进科研院所人才向企业流动，支持企业引进国内外高层次人才，提高种业人才素质两项政策应成为提升民族种业创新能力的优先政策选项。

表 7.11 改革主要农作物品种审定制度政策选择优先次序判断矩阵与权重结果

改革主要农作物品种审定制度	规范审定程序，实行专业委员会审查制，增加各环节公示，严惩非正常审定	增加区试体系建设和运行投入，同生态区引种试验统一共享，提高审定效率	最终改现有品种审定制度为完全登记备案制，企业承担无限责任	权重 Wi
规范审定程序，实行专业委员会审查制，增加各环节公示，严惩非正常审定	1	1.7981	0.9509	0.3835
增加区试体系建设和运行投入，同生态区引种试验统一共享，提高审定效率	0.5561	1	0.5288	0.2133
最终改现有品种审定制度为完全登记备案制，企业承担无限责任	1.0516	1.8909	1	0.4033

资料来源：笔者采用 yaahp12.0 软件计算得到。

我国种业对外开放的实证评估与政策选择

表7.12 改革种业体制的具体政策选择优先次序判断矩阵与权重结果

改革种业体制,让企业真正成为市场主体	以"育繁推一体化"种子企业为主体整合农作物种业资源,让企业尽快成为种子育繁推的主体	通过鼓励兼并重组,推动国内种企间的整合,壮大规模	推进科企研发推广合作,优先探索三大主粮良种产学研政联合攻关模式	权重 Wi
以"育繁推一体化"种子企业为主体整合农作物种业资源,让企业尽快成为种子育繁推的主体	1	1.5592	1.8248	0.4568
通过鼓励兼并重组,推动国内种企间的整合,壮大规模	0.6413	1	1.1703	0.2929
推进科企研发推广合作,优先探索三大主粮良种产学研政联合攻关模式	0.5480	0.8545	1	0.2503

资料来源：笔者采用yaahp12.0软件计算得到。

表7.13 提升民族种业创新能力的政策选择优先次序判断矩阵与权重结果

多方面着手,重点提升民族种业创新能力	改革科研分工机制,明确科研院所重点开展基础性公益性研究,企业逐步成为商业化育种主体	调整政府财政育种经费投入方向,支持和培育私人部门育种创新能力	加强基础性公益性研究,建设种质资源共享平台、科研公共服务平台	促进科研院所人才向企业流动,支持企业引进国内外高层次人才,提高种业人才素质	权重 Wi
改革科研分工机制,明确科研院所重点开展基础性公益性研究,企业逐步成为商业化育种主体	1	0.2555	0.4350	0.2728	0.0919

续表

多方面着手，重点提升民族种业创新能力	改革科研分工机制，明确科研院所重点开展基础性公益性研究，企业逐步成为商业化育种主体	调整政府财政育种经费投入方向，支持和培育私人部门育种创新能力	加强基础性公益性研究，建设种质资源共享平台、科研公共服务平台	促进科研院所人才向企业流动，支持企业引进国内外高层次人才，提高种业人才素质	权重 Wi
调整政府财政育种经费投入方向，支持和培育私人部门育种创新能力	3.9146	1	1.7028	1.0679	0.3598
加强基础性公益性研究，建设种质资源共享平台、科研公共服务平台	2.2989	0.5873	1	0.6271	0.2113
促进科研院所人才向企业流动，支持企业引进国内外高层次人才，提高种业人才素质	3.6657	0.9364	1.5945	1	0.3369

资料来源：笔者采用yaahp12.0软件计算得到。

表7.14 民族种业竞争力提升政策选择优先次序最终排序

各大类政策选项	权重	具体政策选项	权重
重点提升民族种业创新能力	0.4102	调整政府财政育种经费投入方向，支持和培育私人部门育种创新能力	0.1476
改革种业体制，让企业真正成为市场主体	0.2752	促进科研院所人才向企业流动，支持企业引进国内外高层次人才，提高种业人才素质	0.1382
改革主要农作物品种审定制度	0.2020	以"育繁推一体化"种子企业为主体整合农作物种业资源，让企业尽快成为种子"育繁推"的主体	0.1257
创造公平的市场竞争环境	0.1127	加强基础性公益性研究，建设种质资源共享平台、科研公共服务平台	0.0867

续表

各大类政策选项	权重	具体政策选项	权重
		最终改现有品种审定制度为完全登记备案制，企业承担无限责任	0.0815
		通过鼓励兼并重组，推动国内种企间的整合，壮大规模	0.0806
		规范审定程序，实行专业委员会审查制，增加各环节公示，严惩非正常审定	0.0775
		推进科企研发推广合作，优先探索三大主粮良种产学研政联合攻关模式	0.0689
		增加区试体系建设和运行投入，同生态区引种试验统一共享，提高审定效率	0.0431
		依据种业大数据平台，健全种业市场调控和监管体系	0.0400
		改革科研分工机制，明确科研院所重点开展基础性公益性研究，企业逐步成为商业化育种主体	0.0377
		修改配套法律法规，大幅提高侵权赔偿数额	0.0336
		实行"打假护权"行动新常态，全面推行违规零容忍+"红黑名单"制度	0.0277
		发挥种子行业协会内部自律与外部参与作用	0.0113

资料来源：笔者采用yaahp12.0软件计算得到。

基于以上群组决策AHP方法，经yaahp 12.0软件测算验证，最终通过各项检验确定了提升民族种业竞争力的政策选择优先次序最终排序，如表7.14所示。对所有政策选项进行统一的优先次序排序，优先度排在前三位的是：调整政府财政育种经费投入方向，支持和培育私人部门育种创新能力；促进科研院所人才向企业流动，支持企业引进国内外高层次人才，提高种业人才素质；以"育繁推一体化"种子企业为主体整合农作物种业资源，让企业尽快成为种子"育繁推"的主体。优先度排在后三位的是修改配套法律法规，大幅提高侵权赔偿数额；实行"打假护权"行动新常态，全面推行违规零容忍+"红黑名单"制度；发挥种子行业协会内部自律与外部参与作用。其余的政策选项优先度居中。

二、提升民族种业竞争力的具体政策选择

基于前文采用群组决策 AHP 法确定的各大类和具体政策选项的相对优先次序，笔者认为，应重点优先考虑提升民族种业创新能力的政策措施，多方面着手，提升民族种业的整体竞争力。具体政策选择建议如下：

（一）从科研经费、科研人才、科研平台、科研分工等多方面着手，重点提升民族种业创新能力

统计数据显示，世界种业十强的种业研发投入占同期销售额比例高达 10%—30%。2010—2011 年度世界种业十强的研发投入总额为 44.78 亿美元，占同期销售额的比例为 18.7%，其中前五强的研发投入总额为 41.51 亿美元，占同期销售额的比例高达 20.2%。荷兰瑞克斯旺、安莎等蔬菜种子公司近年研发投入占比，甚至达到 25%—30%。[①] 农业部的数据显示，目前中国种子企业仅有不到 1.5% 的种业企业具备研发创新能力，研发经费占营业收入的比例平均仅约 3%。因此，制约民族种业竞争力的核心关键是科研育种能力薄弱。因此，应从科研经费、科研人才、科研平台、科研分工等多方面着手，重点提升民族种业的创新能力。

首先，应优先调整政府财政育种经费投入方向，培育私人部门育种创新能力。逐渐减少政府研究部门的育种经费，促进其转向基础研究和应用基础研究；对政府研究部门的育种研发投资重点应放在知识产权难以保护的常规品种选育和企业近期难以进入的公益性技术研究领域；开展政府支持大型企业商业育种项目试点，用好现有项目，组织实施好转基因重大专项、生物育种等项目，培育私人部门育种创新能力，通过新增千亿斤粮食工程、种子

---

① 廖西元：《建设种业强国系列谈：现代种业是典型高科技》，《人民日报》2013 年 3 月 22 日第 20 版。

我国种业对外开放的实证评估与政策选择

工程等项目，扶持企业提高种子生产加工和品种推广能力，使企业逐渐在商业育种中起主导作用。①

其次，促进科研院所人才向企业流动，支持企业引进国内外高层次人才，提高种业人才素质。鼓励目前在国有种业科研机构工作的人员向种子企业流动，政府在政策允许范围内为其保留事业单位身份和相应的社会保障，免除其后顾之忧。要在国家人才强种战略下，通过"135"种业人才培育计划②、千人计划、留学基金等项目，支持企业从国外引进高层次人才，选派优秀人才到国外学习、培训和深造，构筑适合现代种业发展的人才高地。

再次，加强基础性公益性研究，建设种质资源共享平台、科研公共服务平台。为抢占种业竞争制高点，种业发达国家特别是跨国种业公司，纷纷建设规模化、工程化分子育种平台，育种水平和效率得到大幅度提升，培育新品种速度明显加快。而目前我国没有哪一家企业或科研单位能够独自建设和运营分子育种大平台，因此，要充分利用我国集中力量办大事的制度优势，整合各方资源，采取政府支持、企业化运作的模式，支持打造分子育种大平台，为全国提供及时、有效、便捷的商业化育种服务，以大幅度提升种子企业育种水平。③

最后，改革科研分工机制。明确国家级和省级科研院所重点开展基础性、公益性研究，企业逐步成为商业化育种的主体，要推动公益性科研院所和大专院校与商业化育种、与所办种子企业"两个分离"。从现状看，科研单位的育种力量比较强，企业的育种力量相对弱，商业化育种主要由企业承

---

① 黄季焜、徐志刚、胡瑞法、张世煌：《我国种子产业：成就、问题和发展思路》，《农业经济与管理》2010年第3期。

② 即到2025年培育100名育种领军人才、300名企业领军人才和500名种业管理人才。来源：《余欣荣副部长在全国现代种业发展推进会议上的讲话（摘要）》，《农业情况交流》2018年第1期。

③ 赵永新、冯华、蒋建科：《多措并举扫清种业发展障碍》，《人民日报》2013年4月12日第20版。

担还有一个过程，但改革的方向不能动摇。要结合事业单位分类改革统筹考虑，科学定位职能、整体推进改革，促进科研单位专注于公益性基础性研究，突破育种材料创制和方法创新；促进种子企业逐步成为商业化育种的主体。要主要依靠政府资金支持开展常规品种选育工作。我国粮食作物中以常规品种为主，直接涉及人民群众的口粮安全，加之常规品种可以自留种，种子商品化率低，必须确立政府的投资主体地位。要在现有省级和地市级种业科技创新机构的基础上，依据气候区域和农作物种植制度类型，建立跨行政区域的常规育种研发中心，主要从事常规小麦和常规水稻的育种研发。[①]

（二）改革种业体制，让企业真正成为市场主体

首先，要以"育繁推一体化"种子企业为主体整合农作物种业资源，让企业尽快成为种子"育繁推"的主体。种业主要包括品种选育、种子繁殖、推广销售等三大环节，既有研发的性质，更是以需求为目标、市场为导向的商业化行为；三大环节环环相扣、相互影响，是一条密不可分的完整链条。要想使育种产生最大的效益、具备强大的竞争力，必须让三大环节统筹兼顾、实现无缝对接。在市场经济条件下，能做到坚持市场导向，使三大环节统筹兼顾、无缝衔接的主体，不是高校院所而是企业。这一点从全球知名的跨国种业公司的发展也可以看出。这一以企业为主体的商业化育种模式，把新品种选育、种子繁殖和推广销售紧密地结为一体，最大限度地减少了浪费、提高了效率，形成了高投入、高产出、高回报的良性循环，企业得以迅速崛起。[②]

反观我国的种业现状，科研育种、种子繁殖、推广销售三大环节严重分离，造成诸多弊端：承担育种任务的高校院所很难做到市场化导向，辛苦

[①] 靖飞、李成贵：《威胁尚未构成：外资进入中国种业分析》，《农业经济问题》2011年第11期。

[②] 柏木钉：《企业主体是王道（科技杂谈·建设种业强国系列谈②）》，《人民日报》2013年3月25日第20版。

我国种业对外开放的实证评估与政策选择

培育的许多新品种达不到制种、推广的要求；由于与企业合作不畅，高校院所只好自己制种、推销，事倍而功半；主要负责种子销售的企业由于没有研发能力，形不成核心竞争力，很难做大做强；一旦遭遇综合实力雄厚的跨国公司就难以招架。[1]

正反两方面的经验说明，让企业尽快成为种子选育、繁殖、推广的主体，才是民族种业迅速做强做大、与跨国公司同台竞争的"王道"。因此，要像《国务院关于加快推进现代农作物种业发展的意见》提出的那样，推进种业体制改革，坚持企业主体地位，以"育繁推一体化"种子企业为主体整合农作物种业资源，建立健全现代企业制度，通过政策引导带动企业和社会资金投入，充分发挥企业在商业化育种、成果转化与应用等方面的主导作用。

其次是通过鼓励兼并重组，推动国内种企间的整合和强强联合，实现优势互补、资源聚集，鼓励和支持具备条件的种子企业上市募集资金，壮大规模，同时支持大型企业通过并购和参股等方式进入农作物种业，通过多种途径，打造一定数量的民族种业航空母舰。

最后是推进科企研发推广合作，优先探索三大主粮良种产学研政联合攻关模式。虽然建设和壮大"育繁推一体化"种子企业在政策上应该优先考虑，但这是一个长期的过程，在现阶段，想迅速提高种业整体竞争力，最现实、最有效的捷径就是推进科企合作，以科研为基础，以市场需求为导向，把科研优势与企业优势结合起来，取长补短。在这方面，要发扬抗虫棉种击败美国孟山都的经验，在近两年节水抗病小麦、籽粒机收玉米、优质抗病虫水稻等领域联合攻关模式的基础上，发挥集中力量办大事的制度优势，优先探索和完善重点农作物特别是三大主粮良种产、学、研、政联合攻关可复制

---

[1] 柏木钉：《企业主体是王道（科技杂谈·建设种业强国系列谈②）》，《人民日报》2013年3月25日第20版。

第七章　我国种业对外适度开放的政策选择

可推广的模式。

除此之外,也要支持不少科研单位和企业在近几年初步探索和尝试中创新发展出的合作模式。①目前科企合作主要是合约式和购买式,很难形成长期稳固的合作关系。要推进科企合作双方,最终实现科研成果合理共享,形成以企业为主体、市场为导向、资本为纽带,利益共享、风险共担的产学研相结合的种业发展模式,②推动种业企业和科研单位建立激励有效、约束有力的利益联结机制。

(三) 改革农作物品种审定制度

现行农作物品种审定制度在促进企业创新、新品种技术转化和市场公平竞争等方面的弊端日益明显,改革品种审定制度已势在必行。目前品种权审定弊端主要体现在三个方面:一是出现非正常审定和权力寻租。如一个玉米品种正常渠道通过审定,通常需要花费数万元;而非正常审定一个品种要付出20万—30万元,国审品种要付出40万—50万元。这使得那些真正的优良品种不一定能通过审定,而表现平平的品种则可能顺利过关。③这

---

① 2012年,在农业部种子管理局等部门的指导和大力支持下,中国农科院作物科学研究所与北京德农种业有限公司等8家企业共同成立"中玉科企联合种业技术公司",通过协同创建种质资源鉴定与创新平台、生物技术育种研发与应用平台、品种联合测试平台,共担投入、共享成果,共同推进种业技术创新。参见:蒋建科:《中国农科院与8家企业成立公司——1+8推动生物种业快速发展》,《人民日报》2013年3月25日第20版。2012年2月,"1+5"玉米联合体正式挂牌成立。其中的"1",就是牵头单位玉米中心;另外的"5",除了中种公司、山西屯玉,还包括北京德农种业有限公司、山东登海种业股份有限公司和河南现代种业有限公司,都是国内经验丰富、实力较强的骨干种子公司。玉米中心授权这5家企业使用、开发和推广经营京科968,后者则一次性付给前者2000万元品种使用费。联合体在这方面"约法三章"。首先,为了协调价格,5家企业事先都要交一定数额的保证金,以防恶性竞价;其次,在包装方面,5家企业都把各自的方案报到玉米中心,最后选择一个,统一包装,并打上联合体的标志;第三,通过进行联合市场调查,控制具体操作方式和手段。比如,共同建立实验示范网络,在品种扩区审定时先协商、后分区,使之有助于品种的快速推广。参见吴月辉、赵永新:《1+5,科企合作开大船》,《人民日报》2013年3月25日第20版。

② 吴月辉:《建设种业强国系列:科企合作要在深度上下功夫》,《人民日报》2013年3月29日第20版。

③ 林石、张志亮、李好:《种子的忧患——中资种企攻坚:一场不对称的战争》,《新财经》2012年第8期。

种非正常审定不仅造成每年审定释放出过多育种方向偏倚和技术路线雷同的新品种，而且因为不公平竞争和腐败造成不良影响，遏制了各方面的创新努力。[①]二是审定效率较低。一方面，由于新品种从预备试验到区域试验和生产试验，最后到审定一般要经过3—4年时间，周期过长，大大延缓了新技术转化为生产力的进度；[②]另一方面，目前我国品种审定区域划分以行政区划为单位，由各省、市组织自己的品种区试。这造成同属一个生态区域的相邻省份各自为阵，既不科学，也降低了审定效率。三是现行法规对主要农作物实行审定制度，但对蔬菜等非主要农作物却没有强制性要求，造成种子市场混乱，存在"一种多名"、假冒伪劣泛滥现象。[③]

因此，要改革完善品种审定制度。一是优先考虑改现有品种审定制度为登记备案制度的长远规划，实现政府被动监管品种为企业主动控制，由市场来选择品种，企业承担无限责任；[④]二是规范审定程序，强化专业委员会责任，实行申请审定品种和试验品种专业委员会审查制，增加审查透明度，增加各环节的公示，严惩非正常审定；三是大幅度增加区试体系建设和运行投入，显著增加区试站点，改善区试站点软硬件条件，加强品种区试过程的管理。同一生态区引种试验应出台统一办法、统一提交标准样品，共享试验数据，提高审定效率。

（四）创造公平的市场竞争环境

公开有序的市场竞争环境对于我国种业的发展相当重要，尤其对于民

[①] 黄季焜、徐志刚、胡瑞法、张世煌：《我国种子产业：成就、问题和发展思路》，《农业经济与管理》2010年第3期。

[②] 黄季焜、徐志刚、胡瑞法、张世煌：《我国种子产业：成就、问题和发展思路》，《农业经济与管理》2010年第3期。

[③] 魏圣曜：《民族种业之忧：谁来打造蔬菜"中国芯"》，《农业科技与信息》2013年第4期。

[④] 黄季焜、徐志刚、胡瑞法、张世煌：《我国种子产业：成就、问题和发展思路》，《农业经济与管理》2010年第3期。

族种业中优秀企业做大做强十分关键。虽然农业部自 2010 年起连续开展了种子执法年活动，始终保持市场监管高压态势，种子市场秩序有所好转，但种业行业普遍自律能力差、竞争无序，套牌侵权、抢购套购、私繁滥制等违法行为依然屡禁不止，市场假种子、非法转基因种子、套牌种子盛行，[①] 严重抑制了种子产业自主创新的积极性，非常不利于有创新能力的大中型企业发展，相反十分有利于谋求短期利益的流寇型企业队伍的生存。[②] 因此，规范市场管理、尽快建立起完善的市场监管体系，创造公平有序的竞争环境是提升民族种业竞争力的重要方面。

第一，要依据种业大数据平台，健全种业市场调控和监管体系。目前农业部已经构建了种业大数据平台，整合了多部门、多环节、多类型的涉种管理服务系统，将全国 4000 多家企业、3 万多个品种、30 多万家门店纳入平台，实现信息互联互通、共享共用，来源可查、去向可追、责任可究的可追溯体系基本建立，为数字农业、数字种业奠定了良好基础。[③] 要进一步完善种业大数据平台，依托该平台，加快落实《全国现代农作物种业发展规划（2012—2020 年）》中的相关内容，如加强行政许可全过程管理，强化行政许可后的监督管理，健全种子例行监测机制，强化监督抽查，加强种业信息监测预警，严厉打击违法行为，加强部门联动，构建灵活多样、全程覆盖的监管模式。要依托种业大数据平台，推进物联网技术应用，引导企业建立覆盖生产、加工、流通各环节的种子质量可追溯系统，建立健全国家和省两级种子储备体系，中央和省级财政对种子储备给予支持。

第二，加快修改配套法律法规，大幅提高侵权赔偿数额，维护农民和

---

① 赵永新、冯华、蒋建科：《多措并举扫清种业发展障碍》，《人民日报》2013 年 4 月 12 日第 20 版。
② 黄季焜、徐志刚、胡瑞法、张世煌：《我国种子产业：成就、问题和发展思路》，《农业经济与管理》2010 年第 3 期。
③ 余欣荣：《余欣荣副部长在全国现代种业发展推进会议上的讲话（摘要）》，中华人民共和国农业农村部种子管理局网站，2018 年 3 月 20 日。

合法企业的切身利益,加强对违法行为的惩处威慑力,减少违法行为。

第三,实行"打假护权"行动新常态,全面推行违规零容忍+"红黑名单"制度。为切实建立公平竞争的市场秩序,确保种业健康发展,农业部会同公安部、国家工商总局从2014年起,连续组织开展打击侵犯品种权和制售假劣种子行为专项行动。应让"打假护权"行动成为新常态,持续地打假护权,加大知识产权的执法力度,树立"涉种无小案"的立案治理意识,强力打击"假冒""套牌"等市场违法行为,对违规企业建议采用违规零容忍+"红黑名单"制度,对列入红名单的企业建立"绿色通道",给予各项优待,列入黑名单的企业则采取各种限制和惩戒政策。最终确保种子市场形成长期的公平有序的竞争环境,切实保护农民利益和品种权人利益。

第四,解决执法主体交叉不清的问题,进一步明确农林部门为主要执法部门,同时以清单的形式明确划分农林部门与工商部门的权责范围,除政府部门执法监管以外,要发挥包括种子行业协会、种子检疫机构和种子质量检测机构在内的种子产业市场中间层组织在种子市场监管上的作用。[1] 如中国种子协会要在打假维权方面进行配合,对情况充分核实后进行内部通报;对于情节严重的企业,协会应建议发证部门给予处罚。[2]

本章采用群组决策AHP法对种业各领域对外开放优先次序和民族种业竞争力提升的政策优先次序进行排序,并提出了相应的具体政策选择建议。基于相对优先次序排序,笔者认为,应坚持分类推进,区别对待,适度提高种业对外开放政策的总体开放水平,同时,应重点优先考虑提升民族种业创新能力的各项政策措施,多方面着手,提升民族种业的整体竞争力。

---

[1] 杨辉:《外资进入视野下我国种子产业安全法律制度研究》,硕士学位论文,华中农业大学,2017年。
[2] 中国种子协会秘书处调研组:《种子企业发展研究报告综述》,2011年3月14日,中国种子协会网,见 http://www.cnsa.agri.gov.cn/sites/MainSite/Detail.aspx? StructID=2644。

第八章 政策选择专题研究Ⅰ：国产棉种竞争力影响因素的实证估计与政策启示[①]

20世纪90年代，在棉铃虫横行，中国棉花种植遭遇重大危机的情况下，抗虫棉的出现扭转了棉花种植颓败的局面。当时，美国孟山都公司的抗虫棉种子引入国内，并迅速占领了中国市场。在此期间，中国棉种技术也基本成熟，而后，国产抗虫棉种崛起，在与外资棉种的激烈竞争中，逐渐主导市场。这意味着，在过去的十余年间，国产棉种的竞争力大幅提升。那么，其竞争力迅速提升的主要推动因素是什么？对此进行专题探讨，有助于保持其竞争优势，并为目前面临国外种子巨头竞争的其他种子行业提供经验借鉴。

而从已有研究来看，大多数学者主要关注抗虫棉引入带来的经济影响和产业发展思路。已有研究主要可以归为四类：一是经济影响。如苏军、范存会等均证明转基因抗虫棉在减少农药施用、降低生产成本、减轻棉农劳动用工以及增加农民收入等方面都起到显著的作用。[②]二是投资主体。如黄季

[①] 陈龙江、王梅：《基于钻石模型的中国转基因棉种竞争力影响因素研究》，《广东外语外贸大学学报》2016年第4期。

[②] 苏军、黄季焜、乔方彬：《转Bt基因抗虫棉生产的经济效益分析》，《农业技术经济》2000年第5期。范存会：《我国采用Bt抗虫棉的经济和健康影响》，博士学位论文，中国农业科学研究院农业经济研究所，2002年。

焜、胡瑞法发现政府是农业科技投资的主体。① 张社梅等则认为尽管投资主体一直以政府为主，但随着转基因棉种产业的发展，越来越多的私人投资进入，多元化的投资格局已然形成。② 三是产业化经营。如刘金海认为，要实现转基因抗虫棉种产业化经营，应建设技术创新、中间试验、良种繁育、种子加工、质量监控、营销推广六大体系。③ 四是市场竞争。如刁玉鹏从可持续发展的角度研究转基因抗虫棉种的供求、竞争与经营问题，指出中国种业竞争存在企业规模小、行业集中度低、品种产权缺乏保护等亟待解决的问题。④ 佟屏亚则指出国产转基因棉种与美棉竞争胜出的原因，主要在于政府的支持以及具有国际先进水平的棉花转基因技术和现代化的营销体系。⑤

已有研究中鲜有学者关注国产抗虫棉种的市场竞争力，尚未有研究对此进行定量的实证分析。基于此，本章将在已有研究的基础上，借鉴迈克尔·波特的"钻石"模型，从要素条件、需求条件、相关支持产业、同业竞争以及政府作用等方面，对国产转基因棉种市场竞争力的影响因素进行专题实证分析，并揭示其政策含义。

第一节 我国抗虫棉种市场竞争格局

中国棉花的生产和消费长期居世界前列。2014年棉花产量为616.1万吨，纺织品及服装出口2984.26亿美元，占全部出口额的12%左右，在中国国

---

① 黄季焜、胡瑞法：《政府是农业科技投资的主体》，《中国科技论坛》2000年第4期。
② 张社梅、赵芝俊、张锐：《国产转基因棉花研究体系及投资结构分析——基于对21家转基因棉花研究单位的调研》，《中国科技论坛》2007年第5期。
③ 刘金海：《国产转基因抗虫棉种子产业化体系研究》，硕士学位论文，西北农林科技大学，2006年。
④ 刁玉鹏：《转基因抗虫棉种子的供求及种业竞争状况研究》，硕士学位论文，中国农业大学，2001年。
⑤ 佟屏亚：《发生在中国棉田里的种子争夺战》，《种子世界》2005年第10期。

第八章 政策选择专题研究Ⅰ：国产棉种竞争力影响因素的实证估计与政策启示

民经济发展中起到了重要作用。[①] 但是，棉花也是遭受虫害最严重的农作物之一。20世纪90年代，中国大部分地区棉花的生产都遭受到棉铃虫的危害，棉花大量减产，严重损害了中国经济发展。当时，美国孟山都公司的转基因抗虫棉种引入国内，并迅速垄断了中国市场。

在美国抗虫棉种引入后，中国转基因棉种植面积逐年扩大。1997年，转基因抗虫棉当年的种植面积为34千公顷，仅占棉花种植面积的0.76%。1998年，中国开始推广抗虫棉种植，抗虫棉的种植面积不断扩大，经过十余年的推广，抗虫棉种植面积达到3900千公顷，[②] 其推广应用极大地促进了棉花生产的持续稳定发展。

为应对棉铃虫的严重危害和外资棉种的市场垄断，以中国农科院棉花研究所为主的中国研究机构奋起直追，于1995年首次获得单价抗虫棉的发明专利，1998年获得双价抗虫棉发明专利，2005年抗虫三系杂交棉分子育种技术获得知识产权。随着研发体系不断完善，创新能力不断加强，至2013年，中国累计审批通过的国产转基因棉品种达501个。[③]

虽然外资棉种在早期引入时基本垄断市场，但是国产转基因棉种直面其竞争，市场竞争力不断提升。如图8.1所示，1998年中国国产转基因抗虫棉的市场份额为5%，2000年增加至18%，2001年达30%，2003年便占领了一半以上的市场份额，达到52%。而后，国产转基因抗虫棉的市场份额持续快速攀升，2008年达到90%，至2014年，已经牢牢占据99%的份额，在与外资棉种的市场竞争中取得了绝对的胜利。

---

① 数据来源：中国海关总署，见http://www.tnc.com.cn/info/c-012004-d-3501265-p1.html。
② 数据来源：中国科技网，见http://www.wokeji.com/nypd/ywjj/201502/t20150206_963706.shtml。
③ 数据来源：笔者整理计算而得，原始数据来源于全国种业电子政务平台，见http://202.127.42.178:4000/countryseed/SpeciesDemand/Default.aspx。

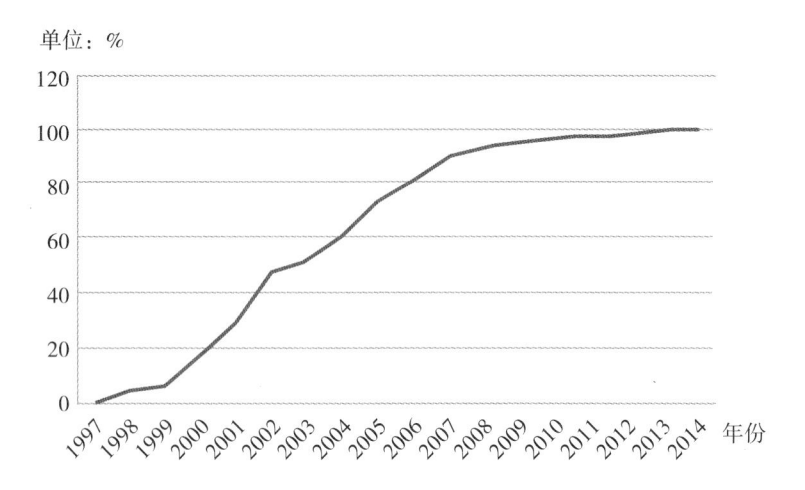

我国种业对外开放的实证评估与政策选择

图 8.1 国产转基因棉种的市场份额

资料来源：1997—2006 年资料来源于张锐、王远、孟志刚等：《国产转基因抗虫棉研究回顾与展望》，《中国农业科学》2007 年第 40 期；2007 年资料来源于李付广：《国产转基因抗虫棉是如何反败为胜的》，《中国科学报》2012 年 2 月 28 日第 B2 版；2008 年资料来源于新华网，见 http://news.xinhuanet.com/politics/2009-11/25/content_12535164.htm；2009 年资料来源于笔者估算；2010 年资料来源于蒋建科：《转基因抗虫棉打破国外垄断（"十一五"重大科技成就巡礼）》，《人民日报》2011 年 3 月 23 日第 2 版；2011 年资料来源于董峻：《我国第二代转基因棉花研究居国际领先水平》，《中国青年报》2012 年 3 月 21 日第 6 版；2012 年资料来源于姜蕴真：《转基因抗虫棉之战——来自中国农业科学院棉花研究所的系列报道之二》，《安阳日报》2014 年 7 月 16 日第 1 版；2013 年资料来源于韩长赋部长在农业部科技委全体会议上的讲话，见 http://www.kjs.moa.gov.cn/tongzhi/201404/t20140411_3847075.htm；2014 年资料来源于安阳新闻网，见 http://www.aynews.net.cn/Article/2014/201403/270674.html。

第二节 基于"钻石模型"的国产抗虫棉种竞争力影响因素估计

一、模型设定

迈克尔·波特的国际竞争力优势理论"钻石模型"认为，一国的竞争优势主要取决于要素条件、需求条件、相关支持产业、企业战略、结构和同业

第八章　政策选择专题研究Ⅰ：国产棉种竞争力影响因素的实证估计与政策启示

竞争四个因素以及政府和机遇两个辅助因素。① 基于这一理论框架，借鉴现有文献并考虑数据的可得性，笔者认为，国产转基因棉种的市场竞争力（以国产转基因棉种的市场份额 Y 表示）主要受以下因素的影响。

一是要素条件。"钻石模型"将生产要素划分为初级生产要素和高级生产要素，包括资本、知识、人力、技术、自然资源等在内的多个变量。资本是非常重要的生产要素，由投资形成，张社梅等通过对 21 家机构调研数据的分析表明，对转基因棉种的投资总量不断增加，私人投资不断上升，投资来源包括中央拨款、地方政府财政投入、科研单位自筹资金、企业资金，多元化的投资格局促进了中国转基因棉种的发展。② 但是，由于后续较多数据的缺失，本书未将资本要素纳入模型中。因此，虽然生产要素涉及的变量较多，但受制于数据的可得性以及农业生产的特殊性，笔者最终采用农业用地面积变量（CAR）来反映生产要素这一因素。

二是需求条件。"钻石模型"理论十分强调国内需求在刺激提高行业产品国际竞争优势中的作用。同时，为弥补产需缺口，稳定棉花市场，国家采取多项保供措施，其中棉花进口有效填补了国内的用棉缺口，也从另一个视角体现了国产转基因棉种面临的市场需求条件。基于此，笔者采用转基因棉花播种面积（TAR）和棉花进口总量（IMP）两个变量，③ 来衡量国产转基因棉种所面临的市场需求条件。

三是相关支持产业。关联和辅助性行业的发展将支持和带动本行业，从而有助于提高该行业的市场竞争力，即一个优势产业不是单独存在的。笔者将纺织品服装出口总额（EX）引入模型，以此反映相关支持产业的影响。

四是企业战略、结构和同业竞争。"钻石模型"认为一个行业中存在激

---

① 迈克尔·波特：《国家竞争优势》，李明轩、邱如美译，华夏出版社 2002 年版。
② 张社梅、赵芝俊、张锐：《国产转基因棉花研究体系及投资结构分析——基于对 21 家转基因棉花研究单位的调研》，《中国科技论坛》2007 年第 5 期。
③ 此处转基因棉花播种面积包括国产棉种和外资棉种加总的播种面积，因此可以反映国产转基因棉种所面临的市场需求条件。

烈的竞争与该行业保持竞争优势之间联系密切，激烈的国内竞争能够引发高效率的生产，反过来促使他们成为更具市场竞争力的企业。笔者认为，国产转基因棉种累计审批通过数（VAR）的快速增加，即间接反映了转基因棉种行业的竞争程度，因此将这一变量引入实证模型中。值得说明的是，由于这一变量体现了科研人力和资金投入的结果，因此也可部分衡量生产要素因素。

五是政府。政府部门通过政策选择，能够削弱或增强企业竞争优势，成功的政府政策不是政府直接参与产业活动当中，而是由政府创造一个良好的创新和发展环境，帮助企业获得竞争优势。在政府的系列相关政策中，2000年《中华人民共和国种子法》颁布实施被业界认为是政府支持中国种子市场迅速发展的重大政策，2000年则被视为一个重要的转折年份。基于此，笔者以 2000 年为分界点，构建虚拟变量（GOV），以反映政府政策的效应。其中，1997—2000 年期间该变量取值为 0，2001—2014 年期间该变量取值为 1。

六是机遇。棉铃虫的肆虐使转基因棉种研发势在必行，同时中国加入 WTO 也是促进国产转基因抗虫棉种子发展的重要机遇，棉花生产规模因此扩大，综合各种因素而言，中国转基因棉花种子的需求会增加。[①] 不可否认，中国转基因抗虫棉面临着良好的发展机遇，但是，受制于无法找到合适的量化数据，同时考虑到机遇带来的需求扩张已经在需求条件因素中得到部分体现，因此，没有在模型中单独纳入机遇因素变量。

基于以上影响因素的分析，笔者最终采用的实证模型设定如下：

$$\ln Y = a + \alpha \ln CAR + \beta \ln TAR + \delta \ln IMP + \phi \ln EX + \varphi \ln VAR + \gamma GOV$$

其中，除政府政策虚拟变量外，其余均采用对数形式。预期这些变量的系数估计值为正，表明其正向影响国产转基因棉种的市场竞争力。

---

① 毛树春：《加入 WTO 后我国棉花的可持续发展》，《中国农业科技导报》2002 年第 1 期。何美丽：《我国 Bt 棉种子产业化影响因素与运行机制研究》，硕士学位论文，中国农业大学，2003 年。

第八章 政策选择专题研究Ⅰ：国产棉种竞争力影响因素的实证估计与政策启示

二、资料来源

实证估计采用1997—2014年数据。其中，农业用地面积资料来源于《中国统计年鉴》；棉花进口总量1997—2011年资料来源于《中国农村统计年鉴》，2012—2014年资料来源于《中国统计年鉴》；国产转基因棉种累计审批通过数的原始资料来源于中国种业信息网；转基因棉花播种面积原始资料来源于中国农科院农业经济与发展研究所、中国科学院农业政策研究中心数据库、国际农业生物技术应用服务组织并通过文献分析获得；纺织品服装出口总额资料来源于《中国科技统计年鉴》《中国棉花统计年鉴》、第一次全国经济普查主要数据公报与第二次全国经济普查主要数据公报。

三、估计结果分析

在模型估计中，考虑到变量间可能存在多重共线性，笔者采用了常用的逐步回归法，以消除多重共线性。先将每个解释变量分别对被解释变量做简单线性回归，从而决定解释变量的重要程度，并对其进行排序。根据设定的标准（F值对应的P值 ≤ 0.05），在计算过程中逐步加入有显著意义的变量，剔除无显著意义的变量，并结合经济意义和统计检验结果选出拟合效果最好的一组。最终回归结果如表8.1所示。

表8.1 国产转基因棉种竞争力影响因素模型估计结果

变量	系数	标准差	T统计量	P值
C	−4.4929***	0.2843	−15.8016	0.0000
LnTAR	0.8875***	0.0470	18.8740	0.0000
LnVAR	0.1281***	0.0357	3.5856	0.0033
GOV	0.5614***	0.1162	4.8294	0.0003
LnIMP	0.0737**	0.0288	2.6129	0.0215
R^2 0.9962		Adjusted R^2 0.9950		
F统计量 844.2897			D.W. 值 2.7887	

注：***、**分别表示该变量在1%和5%的水平上显著。

我国种业对外开放的实证评估与政策选择

表 8.1 表明，最终纳入模型估计的解释变量为 LnTAR、LnVAR、GOV、LnIMP，这四个变量均非常显著，表明转基因棉花播种面积、国产转基因棉种累计审批通过数、政府政策和棉花进口总量均为影响国产转基因棉种的重要因素。拟合优度值接近 1，表明回归模型的拟合效果好。同时，D.W. 检验结果表明不存在自相关问题。因此，可得到最终的回归方程如下：

$$\ln Y = -4.4929 + 0.8875 \ln TAR + 0.1281 \ln VAR + 0.5614 GOV + 0.0753 \ln IMP$$
$$(-15.8016)\ (18.8740)\ \ (3.5856)\ \ \ (4.8294)\ \ \ \ (2.6129)$$

以上估计结果显示，转基因棉花播种面积、棉花进口总量、国产转基因棉种累计审批通过数和政府政策等四个变量估计系数均显著为正，表明市场需求条件、同业竞争程度和政府政策支持均正向促进了国产转基因棉种市场竞争力的提升。具体分析如下：

首先，需求是影响国产转基因棉种竞争力最主要的因素。估计结果显示，代表需求条件的两个变量均正向影响国产转基因棉种的市场份额。当转基因棉种种植面积（需求因素）增加 1% 时，国产转基因棉种的市场份额增加 0.89%。而当供需缺口增加 1% 时，国产转基因棉种的市场份额会增加 0.08%。需求结构是产业结构变化的内在动力。一方面，在市场经济条件下，产业的竞争最终体现为市场需求的竞争，特别是在买方市场下，市场需求开拓是促进产业发展的关键性因素；另一方面，棉花进口有效填补了国内的用棉缺口，也体现了棉花市场对国产转基因棉种的市场需求拉动作用。近年来，中国对棉花的需求逐年增加，棉花产量的增加满足不了增长的市场需求，2014 年中国棉花市场产需缺口达 200 万吨，比 2013 年增加 100 万吨左右。[1] 显然，棉花市场"需求大于供给"促进了棉花产业的发展，进而提升国产转基因棉种的发展水平，提升其市场竞争力。

---

[1] 数据来源：于文静：《2014 年度国内棉花产需缺口约为 200 万吨》，中国政府网，见 http://www.gov.cn/xinwen/2014-09/25/content_2756324.htm。

第八章 政策选择专题研究Ⅰ：国产棉种竞争力影响因素的实证估计与政策启示

其次，政府的支持政策促进了国产转基因棉种竞争力的提升。结果表明，政府政策变量的影响系数达到0.56。2000年《中华人民共和国种子法》颁布后，国务院于2001年颁布了《农业转基因生物安全管理条例》，随后又于2002年颁布了《农业转基因生物安全进口管理办法》《农业转基因生物安全评价管理办法》《农业转基因生物标识管理办法》三个配套规章。同时，在2002年出台《种植业重大技术推广意见》，支持进一步扩大优质、高产的国产转基因抗虫棉品种的推广面积。2005—2011年，又出台了《关于加快推进现代农作物种业发展的意见》等政策。所有这些政策，给国产转基因棉种产业创造了一个良好的发展环境，最终增强了其市场竞争力。

最后，高级生产要素投入和同业间的激烈竞争有助于提升国产转基因棉种市场竞争力。模型估计结果揭示，代表高级生产要素投入和市场同业竞争程度的变量，即转基因棉种累计审批通过数增加1%，国产转基因棉种的市场份额将增加0.13%，表明生产要素条件和同业竞争的正向促进效应。国产转基因棉种的累计审批通过数逐年增加，增长幅度也在加快，说明转基因棉种的知识要素投入和科研创新能力不断上升，同时，也表明市场同业竞争更加激烈，而这些均有助于国产转基因棉种竞争力的提升。

第三节　政策启示

国产转基因棉种的发展已经取得了巨大的进步，在与外资棉种的竞争中后来居上，在国内市场上占绝对主导地位。本章基于迈克尔·波特的"钻石模型"的实证研究表明，国产转基因棉种市场竞争力的提升主要受市场需求、政府政策、要素条件和同业竞争等因素的影响。为继续保持国产转基因棉种的竞争优势，未来仍需要通过多种措施鼓励这一产业的创新发展。依本章研究估计结果，可在以下几方面加以推进：

一是维护自由和公平竞争的市场环境。同业竞争是促进产业发展的重要机制，也是国产转基因棉种市场竞争力提升的重要影响因素。应通过加强品种权等知识产权保护、打击假冒伪劣种子等手段，继续维护自由和公平的市场竞争环境。

二是通过各项措施继续支持转基因棉种企业加大研发投入，创新和改良品种。资金和人才始终是企业创新的前提条件，应继续通过财政资金投入、税收优惠、金融优惠等政策支持激励带动转基因棉种企业加大科研经费投入，同时，进一步放松科技人才流动限制，鼓励高层次人才在科研院所和企业之间的弹性流动，为国产转基因棉种企业增加高级生产要素投入创造有利条件。

三是鼓励支持国产转基因棉种开拓国外市场。从中国转基因棉种植情况来看，近几年种植面积趋于稳定，同时由于中国不可能达到100%种植转基因棉种，因此未来国内市场需求增加可能有限。在此情况下，应依托"一带一路"和农业"走出去"的国家战略相关政策，鼓励支持国产转基因棉种企业通过贸易、投资和国际合作等方式开拓国外市场，将国内竞争优势转化为国际市场份额。

第九章 政策选择专题研究Ⅱ：种子品种创新与生产质量对我国玉米产出的影响[①]

近年来，中国玉米生产呈跨越式发展态势，总产量由2000年的1.06亿吨提高至2014年的2.16亿吨（如图9.1所示），十余年时间翻了一番多，玉米产量占全国粮食总产量的比重也相应由22.93%提升至35.53%，[②]为中国粮食增产作出了重要贡献，在中国农业生产中的地位日益凸显。玉米总产量的增长一方面源于单位产量的提升，从2000年的4597.47公斤/公顷提升至2013年的6015.90公斤/公顷；另一方面则是种植面积的持续大幅增加，在2007年超越水稻成为中国第一大粮食作物（如图9.2所示）。但是，在耕地面积总量有限的制约下，未来难以继续大幅增加玉米播种面积，而单产水平与农业发达国家如美国的差距仍很大，2000—2013年，中国玉米平均单产比美国低43.32%（如图9.3所示），[③]表明未来中国玉米单产仍有较大的提升

[①] 陈龙江、Michael R.Reed：《种子质量对中国玉米产出的影响》，《华南农业大学学报（社会科学版）》2016年第3期。

[②] 全国粮食总产量2000年46217.52万吨；2014年60702.61万吨。数据来源：中国国家统计局"国家数据"网站。

[③] 2000—2013年，美国玉米平均单位产出为9203.99公斤/公顷，中国为5216.81公斤/公顷。美国原始数据来源：United States Department of Agriculture, National Agricultural Statistics Service, Crop Production 2014 Summary（January 2015），p.9。

空间。因此，为满足工业化、城镇化快速发展和人民生活水平不断提高带来的玉米消费需求快速增长，促进玉米生产发展，推动玉米持续增产的核心仍是主攻单产。① 在此背景下，持续深入探讨玉米单产的影响因素仍然具有非常重要的意义。

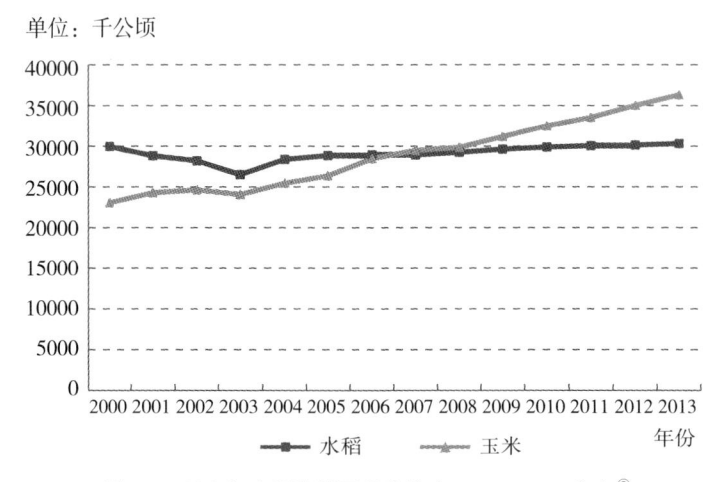

图 9.1 玉米总产量变动（2000—2014 年）②

图 9.2 玉米和水稻种植面积比较（2000—2013 年）③

---

① 韩长赋：《玉米论略》，《农业经济问题》2012 年第 6 期。
② 数据来源：中国国家统计局"国家数据"网站。
③ 数据来源：中国国家统计局"国家数据"网站。

第九章 政策选择专题研究Ⅱ：种子品种创新与生产质量对我国玉米产出的影响

玉米单位产出的提升显然受到多种因素的综合影响，已有较多研究对此进行探讨，涉及了种子、化肥、资本、劳动、土地投入、耕作栽培技术及管理、农田灌溉水平、气候、政府政策等因素。[1] 在这些因素中，种子质量的改善不能忽视。笔者认为，种子质量改善包括两个层面：一是品种创新带来的质量改进，良种是各种增产技术的核心，[2] 改良新品种的推广扩散对单位产量的提高作出了相当大的贡献；[3] 二是制种技术工艺水平改进带来的种子生产质量的提升，如更高的种子发芽率、种子活力等，提高了种子的出苗率，从而增加了单位产出。

图9.3 近年中美玉米单位产量变动趋势比较[4]

---

[1] 吴永常、马忠玉、王东阳：《我国玉米品种改良在增产中的贡献分析》，《作物学报》1998年第5期。胡瑞法、张世煌、石晓华：《采用参与式方法评估中国玉米研究的优先序》，《中国农业科学》2004年第6期。李少昆、王崇桃：《我国玉米产量变化及增产因素分析》，《玉米科学》2008年第4期。张颖、赵宽辽、路燕：《我国玉米生产要素贡献率和地区差异实证分析——基于21个玉米主产省（市）的面板数据》，《河南农业科学》2013年第8期。

[2] 李家洋：《加强种业科技创新，保障中国粮食安全》，《中国农村科技》2012年第2期。

[3] Rosegrant M.W., Evenson R.E., "Agricultural Productivity and Sources of Growth in South Asia", *American Journal of Agricultural Economics*, 1992, 74 (3).

[4] 美国玉米单位产出数据来源于 United States Department of Agriculture, National Agricultural Statistics Service，数值单位经笔者计算转换为公斤/公顷。

那么，品种创新和生产质量两类种子质量的提高对于中国玉米产出的实际影响如何呢？是否显著促进了玉米单位产出的增加呢？对上述问题的回答，是相关部门政策制定的重要考量因素。中国农业部等的官方文件中曾提及，良种对于中国粮食增产的贡献率达到40%以上，[①]这是一个包括所有粮食作物在内的比较宽泛的说法，官方对此数据未有更进一步的解释说明。而从已有研究来看，国内对这一问题的学术探讨仍显不足。基于此，本章研究将采用实证研究方法，利用玉米主产区2002—2012年的分省数据，[②]实证评估品种创新和生产质量提升对中国玉米产出的影响，并揭示其隐含的政策含义。

第一节 文献综述

已有较多研究曾探讨过影响中国玉米单位产出的诸多因素，如种子、化肥、资本、劳动、土地投入、耕作栽培技术及管理、农田灌溉水平、气候、政府政策等。[③]这些研究确认了以上因素在不同时期均在某种程度上促进或制约了中国玉米单位产出的增长，但是其对玉米单产影响的显著性和程度因不同研究中研究方法、样本时段、变量选择不同而不同。

在早期对于中国玉米生产的研究中，吴永常和张雪梅等都发现，良种

---

① 如农业部《全国现代农作物种业发展规划（2012—2020年）》，国家发展和改革委员会《中国应对气候变化的政策与行动2012年度报告》。

② 包括河北、山西、内蒙古、辽宁、吉林、黑龙江、江苏、安徽、山东、河南、湖北、广西、重庆、四川、贵州、云南、陕西、甘肃、宁夏、新疆。

③ 吴永常、马忠玉、王东阳：《我国玉米品种改良在增产中的贡献分析》，《作物学报》1998年第5期。胡瑞法、张世煌、石晓华：《采用参与式方法评估中国玉米研究的优先序》，《中国农业科学》2004年第6期。李少昆、王崇桃：《我国玉米产量变化及增产因素分析》，《玉米科学》2008年第4期。张颖、赵宽辽、路燕：《我国玉米生产要素贡献率和地区差异实证分析——基于21个玉米主产省（市）的面板数据》，《河南农业科学》2013年第8期。张雪梅：《我国玉米生产增长因素的分析》，《农业技术经济》1999年第2期。周伟娜、蒋远胜：《1990—2005年中国玉米产出增长的主要影响要素分析》，《四川农业大学学报》2009年第2期。王崇桃、李少昆：《玉米生产限制因素评估与技术优先序》，《中国农业科学》2010年第6期。

第九章　政策选择专题研究Ⅱ：种子品种创新与生产质量对我国玉米产出的影响

推广和化肥投入对玉米单产的增产发挥了重要的作用。[1]然而，最近的研究运用固定效应模型对中国21个玉米主产省份的面板数据进行估计，认为化肥投入对于玉米产出没有显著的影响，而种植面积影响显著。[2]郭志超则认为，在2003—2007年期间，相比其他影响中国玉米生产的因素，种植面积和化肥的投入产出弹性都更大。[3]周伟娜、蒋远胜在实证考察了1990—2005年影响中国玉米产出的主要因素后，认为玉米生产尽管受益于资本和土地投入以及灌溉的改善，但是最重要的影响因素是气候。[4]

近年来量化研究天气和气候变化对玉米生产的研究文献快速增加，根据这些研究结果，玉米单位产出确实受制于天气。胡瑞法等采用参与式方法（PRA）调查识别限制中国玉米生产的约束因素，发现干旱是主要的约束因素，因此应为玉米研究发展的第一优先因素。[5]也有研究分别考察了美国和全球农业单位产出中的气候—作物单位产出关系，表明气温升高确实将负面影响单位产出，但是这些影响小于同时期技术革新带来的产出增加效应。[6]

最近的一份研究评估了天气及其各个组成部分对于近年单位产出趋势的贡献，发现天气对于模拟的玉米单位产出的贡献较低。然而，作者指出，用于计算单位产出的时期对于天气的重要性有相当大的影响，因此强调在估计

---

[1] 吴永常、马忠玉、王东阳：《我国玉米品种改良在增产中的贡献分析》，《作物学报》1998年第5期。张雪梅：《我国玉米生产增长因素的分析》，《农业技术经济》1999年第2期。
[2] 张颖、赵宽辽、路燕：《我国玉米生产要素贡献率和地区差异实证分析——基于21个玉米主产省（市）的面板数据》，《河南农业科学》2013年第8期。
[3] 郭志超：《我国玉米生产函数及技术效率分析》，《经济问题》2009年第11期。
[4] 周伟娜、蒋远胜：《1990—2005年中国玉米产出增长的主要影响要素分析》，《四川农业大学学报》2009年第2期。
[5] 胡瑞法、张世煌、石晓华：《采用参与式方法评估中国玉米研究的优先序》，《中国农业科学》2004年第6期。
[6] Lobell D.B., Asner G.P., "Climate and Management Contributions to Recent Trends in U.S. Agricultural Yields", *Science*, 2003, 299（5609）. Lobell D.B., Field C.B., "Global Scale Climate‐Crop Yield Relationships and the Impacts of Recent Warming", *Environmental Research Letters*, 2007, 2（1）.

天气有关的单位产出趋势时,要采用多种计算方法和不同的时期来估计。[①]

在以上研究中,仅有吴永常和张雪梅等的研究具体讨论了良种对于中国玉米生产的影响,研究中都纳入了良种播种面积占全部种植面积的比重指标。吴永常等发现良种对于因科技带来的单产增加的平均贡献是35.5%。[②]张雪梅则测算出良种对于单产增加的贡献为19.77%。[③] 然而,正如杜维克(Duvick)所指出的,作物育种和管理实践的改善共同促进了单位产出的增长,这两者紧密联系在一起,任何一个都不可能单独带来单位产出的大幅提升。作者也进一步指出,未来遗传改良的贡献可能会更大。[④]

因此,许多研究重点评估单位产出的遗传贡献。拉塞尔(Russell)曾总结了遗传贡献的14个估计结果,这些结果在29%至94%之间,平均值为66%。[⑤] 而对巴西的研究发现,巴西玉米单位产出增加的57%归功于遗传贡献。[⑥] 亦有研究揭示美国爱荷华州1930—2001年间玉米单位产出的51%源于育种的贡献。[⑦] 近年一篇对玉米杂交种子的遗传贡献率研究评估了中国1970—2000年育成的玉米杂交种子的遗传贡献,发现40年间单位产出中的遗传贡献为平均每年94.7公斤/公顷,这其中53%归功于中国的育种。[⑧] 显然,如拉塞尔所言,试验计划、生长条件的不一致,以及由此导致的新旧基因与环境之间交互的差异,使得对遗传因素对于单位产出增加贡献的估计结

---

① Maltais-Landry G., Lobell D.B., "Evaluating the Contribution of Weather to Maize and Wheat Yield Trends in 12 US Counties", *Agronomy Journal*, 2012, 104(2).
② 吴永常、马忠玉、王东阳:《我国玉米品种改良在增产中的贡献分析》,《作物学报》1998年第5期。
③ 张雪梅:《我国玉米生产增长因素的分析》,《农业技术经济》1999年第2期。
④ Duvick D. N., "The Contribution of Breeding to Yield Advances in Maize (Zea Mays L.)", *Advances in Agronomy*, 2005(86).
⑤ Russell W.A., "Genetic Improvement of Maize Yields", *Advances in Agronomy*, 1991,(46).
⑥ Cunha Fernandes J. S., Franzon J. F., "Thirty Years of Genetic Progress in Maize (Zea Mays L.) in a Tropical Environment", *Maydica*, 1997, 42(1).
⑦ Duvick D. N., Smith J. S. C., Cooper M., "Long-term Selection in a Commercial Hybrid Maize Breeding Program", *Plant Breeding Reviews*, 2004, 24(2).
⑧ Ci X., Li M., Liang X., et al., "Genetic Contribution to Advanced Yield for Maize Hybrids Released from 1970 to 2000 in China", *Crop Science*, 2011, 51(1).

果存在相当大的不同。[①] 尽管如此，所有估计结果均一致认为，玉米育种对于提高玉米单位产出做了重要贡献。[②]

以上文献综述表明，尚未有研究明确评估了种子质量对于玉米单位产出的影响。与已有研究不同，本书采用构建的评估种子总体质量水平的两种指标，聚焦于种子质量改善对玉米单位产出的影响，并尝试区分玉米种子生产质量和品种创新带来的质量改善的不同影响，以及在不同时期的差异。

第二节　玉米品种创新与生产质量的改善

一、玉米品种创新

如前所述，种子质量水平提升包括品种创新的质量改善和生产质量提升。从品种创新来看，由于品种是决定农作物产量和品质的内在因素，因此研发单产增加的新品种是中国玉米育种的重要方向，近年来改良新品种不断涌现。依据杨扬等对1972年以来的中国玉米品种审定数据的统计，[③] 截至2013年，省级以上审定的总品种数为6291个，除去停止推广的品种，现存省级以上审定的总品种数为2882个。[④] 这些玉米品种主要是在2000年以后通过国家或省级审定并推广的。在当前市场上合法存在的玉米审定品种中，国审品种数为332个，其中2003年以后通过审定的品种数为276个，占现存国审品种的83.4%；现存的省级审定品种数为4754个，2000年以后通过

---

① Russell W.A., "Genetic Improvement of Maize Yields", *Advances in Agronomy*, 1991, (46).
② Duvick D. N., "The Contribution of Breeding to Yield Advances in Maize (Zea Mays L.)", *Advances in Agronomy*, 2005 (86).
③ 品种审定是指国家或省级农业行政部门的农作物品种审定委员会根据选育单位和个人的申请，对其提交的新育成或引进的品种进行相应级别的区域试验和生产试验，按审定标准审查参试品种的试验结果，决定其能否通过审定并确定适宜种植区域的行政管理措施。
④ 杨扬、王凤格、赵久然等：《中国玉米品种审定现状分析》，《中国农业科学》2014年第22期。

审定的品种数为4443个，占现存省审品种数的94.1%。

在近年选育的新品种中，"郑单958""先玉335""浚单20"等一批高产、耐密型玉米品种均具有相对于对照品种更高的单产（如表9.1所示），并且在全国得到了广泛的推广应用。据全国农技推广服务中心统计，2011年全国玉米种植面积仍以"郑单958"为最高，其次是"先玉335"和"浚单20"，种植面积6.66万公顷以上的品种共75个。[①] 这表明，近年来中国玉米品种创新取得了相当的进展，高产优良新品种数量的快速增加和推广从品种创新方面提升了中国玉米种子的总体质量水平。

表9.1 近年选育的代表性玉米品种增产效果与种植情况

品种（审定号）	审定年份	增产效果	推广面积（2011）
郑单958（国审玉20000009）	2000	1998年、1999年参加国家黄淮海夏玉米组区域试验，其中1998年比对照品种"掖单19号"增产28%，达极显著水平，居首位；1999年比对照品种"掖单19号"增产15.5%，达极显著水平，居首位	452.13万公顷
先玉335［国审玉2004017号（夏播）］	2004 2006	2002—2003年参加黄淮海夏玉米品种区域试验，比对照品种"农大108"增产11.3%；2003年参加同组生产试验，比当地对照品种增产4.7%	238.13万公顷
浚单20（国审玉2003054）	2003	2001—2002年参加黄淮海夏玉米组品种区域试验，比对照品种"农大108"增产9.19%；2002年进行生产试验，比当地对照品种增产10.73%	220.07万公顷

资料来源：农业部相关品种审定公告和全国农业技术推广服务中心编：《全国农作物主要品种推广情况统计表2011》。

二、玉米生产质量提升

从玉米种子生产质量来看，中国目前从水分、纯度、净度和发芽率四

[①] 赵久然、王荣焕：《中国玉米生产发展历程、存在问题及对策》，《中国农业科技导报》2013年第3期。

第九章 政策选择专题研究Ⅱ：种子品种创新与生产质量对我国玉米产出的影响

个方面来评估。[①] 农业部对玉米种子质量监督检查结果表明，近年来，玉米种子质量样品合格率由 1996 年的 48% 提高到 2002 年的 84.3%，[②] 再进一步提升至 2013 年 98.6%，企业合格率亦由 2002 年的 77.8% 提高至 2013 年的 98.2%（见表 9.2）。进一步从检测数据平均值来看，水分、纯度、净度和发芽率各项指标均有显著改善。[③] 这表明，在近年玉米新品种倍出、全国玉米种子市场规模快速扩张的背景下，中国玉米种子的生产质量亦同步明显提升，促进了玉米种子总体质量水平的提升。

表 9.2　近年玉米种子生产质量监督抽查结果

年份	水分	纯度	净度	发芽率	样品合格率	企业合格率
2002	87.6%	95.5%	100%	98.9%	84.3%	77.8%
2004	98.0%	89.8%	100%	100%	87.8%	80.6%
2005	98.6%	86.8%	100%	99.3%	85.4%	76.5%
2006	98.6%	94.4%	100%	100%	93.1%	89.7%
2008	100%	94.8%	100%	96.9%	91.7%	90.3%
2009	95.8%	93.2%	100%	99.2%	89.8%	86.4%
2010—2011	n.a.	n.a.	n.a.	n.a.	95.7%	93.1%
2012	n.a.	n.a.	n.a.	n.a.	96.1%	94.2%
2013	100%	99.0%	100%	99.6%	98.6%	98.2%

资料来源：农业部办公厅通报种子质量监督抽查结果（2002—2013 年）。

---

① 目前执行的玉米种子质量标准为：水分 ≤ 13%，净度 ≥ 99%，发芽率 ≥ 85%，纯度 ≥ 96%。
② 数据来源于范小建：《在全国南繁工作会议上的讲话》，《种子世界》2006 年第 3 期。
③ 如：从检测数值看，2005 年净度平均为 99.8%，最低为 97.6%；发芽率平均为 94%，最低为 65%；水分平均为 13.2%，最高为 16.0%；纯度平均为 96.3%，最低为 84.1%。2006 年净度平均为 99.8%，最低为 98.9%；发芽率平均为 94%，最低为 82%；水分平均为 13.1%，最高为 17.0%；纯度平均为 96.9%，最低为 88.3%。数据来源：农业部办公厅关于 2005 年种子质量监督抽查情况的通报（农办农［2006］33 号）；农业部办公厅关于 2006 年种子质量监督抽查情况的通报（农办农［2007］40 号）。

第三节 实证模型设定与资料来源

借鉴已有诸多探讨农业生产率的相关文献,[①] 笔者基于经典的柯布—道格拉斯函数来实证评估玉米种子质量改进和其他因素对于玉米产出的影响。

$$Y_{it} = \alpha_i + \gamma S_{it} + \sum \beta_k X_{ik} + \varepsilon_{it}$$

其中,Y_{it} 表示第 i 个省第 t 年的单位产出,S_{it} 是表示种子质量改进的变量,X_{ik} 表示影响单位产出的其他因素,ε_{it} 表示误差项,α_i 表示与地区有关的特定效应。在影响单位产出的其他因素中,笔者纳入了投入相关的变量,包括劳动投入、化肥施用、灌溉、灾害天气、播种面积。同时考虑到在玉米生产中可能存在蛛网模型效应,模型中也包括滞后的玉米价格变量,以反映当期生产投入受前期玉米价格影响的特征。[②] 除灾害天气和播种面积外,预期这些变量的增加将提升玉米单位产出。

对种子质量水平的总体评估是一个难点,已有研究中罕有涉及。曾有研究构建了两种衡量种子质量的方法:单位产出边界(Yield Frontier)和单位产出潜力(Adopted Yield Potential),前者指某一品种的实验站最高单位产出

[①] Gruere G. P., Sun Y., "Measuring the Contribution of Bt Cotton Adoption to India's Cotton Yields Leap", *IFPRI Discussion Paper* 01170, International Food Policy Research Institute(IFPRI), 2012. O'gorman M., Pandey M., "Cross-country Disparity in Agricultural Productivity: Quantifying the Role of Modern Seed Adoption", *Journal of Development Studies*, 2010, 46(10). 张颖、赵宽辽、路燕:《我国玉米生产要素贡献率和地区差异实证分析——基于21个玉米主产省(市)的面板数据》,《河南农业科学》2013年第8期。

[②] 这里采用幼稚价格预期模型,假定当期的生产供给基于上期价格信息来决策,即当期预期价格为上期的实际价格。已有关于中国农户生产决策的文献表明,中国粮食生产对价格的反应存在时滞,参见蒋乃华:《价格因素对我国粮食生产影响的实证分析》,《中国农村观察》1998年第5期。同时,针对吉林省和黑龙江省340户玉米种植农户的调查也显示,预期价格对引导农户种植面积发挥了最大的作用,81.33%的农户的预期价格来源于上年的实际价格(其中51.33%源于市场实际价格,30%源于实际的政府收购价格),参见王天穷、于冷:《玉米预期价格对农户种植玉米的影响》,《吉林农业大学学报》2014年第5期。

第九章　政策选择专题研究Ⅱ：种子品种创新与生产质量对我国玉米产出的影响

量，后者指农民采用的所有品种在实验站的平均单位产出量。[①]这两种方法由于采用的是实验站数据，更多地反映了在特定条件下的种子质量水平，但可能未能反映农民大规模使用的种子的质量水平。[②]因此，本书并未沿用其评估方法。

如前文所指出的，笔者认为，种子质量改进包括品种创新和生产质量提升，并从这两个方面对中国玉米种子质量的改善做了总体回顾。然而，由于缺乏满足实证研究要求的省级层面相应指标的详细统计数据，实证估计中难以构建一个能直接评估农民所采用的玉米种子质量的指标。基于以上考量，笔者采用以下两种方法来间接测量玉米种子总体质量水平：一是基于单位面积种子用量构建的指数，由生产质量主导；二是基于单位种子平均价格构建的指数，由品种创新主导。

研究首先将基于单位面积种子用量构建指标（简称"指标一"）来评估种子总体质量水平变动。之所以采用这一方法，原因如下：近年主导的玉米品种"郑单958""先玉335""农大108""浚单20"等均为耐密植品种，种植密度显著提高了。[③]虽然种植密度提高了，但是近年单位面积的种子使用量却呈下降趋势（如图9.4所示）。出现这一情形一方面是玉米品种创新，更重要的则是种子生产质量的提高，特别是其中发芽率等指标的大幅提高，

[①] Rozell E., S., Jin, S., Huang, J., et al., "The Impact of Investments in Agricultural Research on Total Factor Productivity in China", in Evenson, R. E., Gollin, D., *Crop Variety Improvement and Its Effect on Productivity*: *The Impact of International Agricultural Research*, Oxon: CABI Publishing, 2003.

[②] 根据已有研究，单位产出潜力（Adopted Yield Potential）和实际单位产出（Actual Yield）之间存在较大的差距，如1981年两者相差51%，1995年相差为38%，而单位产出边界（Yield Frontier）和实际产出之间的差距则更大，分别为61%和55%，参见Jin S., Huang J., Hu R., et al., "The Creation and Spread of Technology and Total Factor Productivity in China's Agriculture", *American Journal of Agricultural Economics*, 2002, 84 (4).

[③] 如近年选育和推广了郑单958、农大108、浚单20号等一批耐密植、抗病和适应性广的杂交种，为增密种植、简化栽培和机械化作业奠定了基础，种植密度普遍提高了7500—15000株/hm^2。参见赵久然、王荣焕：《中国玉米生产发展历程、存在问题及对策》，《中国农业科技导报》2013年第3期。

单位：公斤/亩

图9.4 单位播种面积玉米种子用量（2002—2013年）[1]

使得玉米种子播种由以前的多粒播种向单粒播种方向发展，从而大大减少了单位面积用种量。有研究表明，传统播种每亩需要2.5—3.0公斤玉米种子，单粒播种每亩只需要1.25—1.75公斤，每亩节省玉米种子1.25公斤。[1] 高质量的种子是单粒播种的前提，美国推行玉米机械化单粒播种作业，要求种子发芽率在95%以上，原种纯度在99.8%以上，杂交种纯度在98%以上，播种前进行分级处理和种子包衣。[2]

如前所指出的，近年种子生产质量抽查结果表明中国玉米种子质量已达到这一标准，这也是近年玉米单粒播种得以大规模推广的基础。因此，笔者认为，基于单位面积用种量构建的指标可以间接衡量种子质量水平的总体变化，并且，这一指标主要评估反映了玉米种子生产质量的变动。在具体构建指标时，笔者基于单位面积种子用量数据，构建以2002年为基期的定基指数。由于单位面积种子用量与种子质量成反向关系，为了后续估计结果分

---

[1] 邢茂德、徐刚、王建华等：《玉米单粒播种的发展现状与对策》，《中国种业》2013年第6期。陈宁、薛小花、郭建东等：《玉米单粒播种技术刍议》，《中国种业》2011年第8期。

[2] 佟屏亚：《单粒播种推进玉米产业技术变革》，《中国种业》2012年第1期。

第九章 政策选择专题研究Ⅱ：种子品种创新与生产质量对我国玉米产出的影响

析的方便，笔者对其进行了求倒计算，得到最终的定基指数。这一变量的估计系数符号预期为正，即种子生产质量的提高将增加玉米单位产出。

其次，笔者也将采用基于单位种子均价计算的定基指数（简称"指标二"）间接评估种子品种质量总体水平。理由在于：近年来单位面积玉米种子费用大幅增长，2013年比2002年上涨了161.6%（如图9.5所示）。而在此期间，单位面积种子用量却趋于减少，这意味着单位种子平均价格的提高。玉米种子均价上涨受多种因素驱动：一方面源于总体物价水平上升带来的种子行业成本上涨；另一方面则主要源于优良新品种的高质高价，即品种创新的质量改进带来的均价上涨，其中主要源于高质量优良新品种的育成和大面积推广，也部分源于种子生产质量的提高。

图9.5 单位播种面积玉米种子费用（2002—2013年）[①]

基于这些思考，笔者认为，在尽可能剔除影响单位种子均价的通胀因素后，基于其构建的指标能够从另一个角度间接评估玉米种子质量总体水

---

① 数据来源：国家发展和改革委员会价格司编：《全国农产品成本收益资料汇编》（2003—2013年）。

平的变动，并且，这一指标主要评估反映了玉米品种创新带来的质量变动。为比较准确地评估，笔者首先基于单位面积种子费用和单位面积种子用量数据计算得到单位种子平均价格，并转换为以2002年为基期的定基指数。然后，笔者采用农用种子生产资料价格定基指数剔除总体物价水平上升造成的种子均价上涨因素，得到最终的评估指标数据。由于种子均价与种子质量水平成正向关系，因此笔者预期变量的符号为正，表明品种创新主导的种子总体质量提高将增加玉米单位产出。

研究将采用全国玉米主要种植区2002—2012年数据进行实证估计。用于评估种子质量的原始资料来源于国家发展和改革委员会价格司编《全国农产品成本收益资料汇编》（2003—2013年），和中国国家统计局"国家数据"网站。玉米单位产出、灾害天气[1]、灌溉水平[2]、种植面积和玉米价格[3]原始资料来源于国家统计局"国家数据"网站，而劳动投入、化肥施用数据来自于《全国农产品成本收益资料汇编》。所有数据均进行对数化处理。

第四节　估计结果分析

由于截面个数大于时序个数，笔者采用截面加权的混合最小二乘法对模型进行估计。采用基于单位面积种子用量（指标一）和基于单位种子均价

---

[1] 具体采用水灾旱灾受灾面积占比指标，该指标值等于水灾旱灾受灾总面积（千公顷）/农作物总播种面积（千公顷）×100。此处受制于数据可得性，采用了与已有研究（周伟娜、蒋远胜：《1990—2005年中国玉米产出增长的主要影响要素分析》，《四川农业大学学报》2009年第2期）类似的处理方法，即假定天气灾害在不同种类作物中的分布是均匀的，因此各类作物的受灾比例相同。

[2] 具体采用有效灌溉面积占比指标，该指标值等于有效灌溉面积（千公顷）/农作物总播种面积（千公顷）×100。此处受制于数据可得性，同样采用了与已有研究（周伟娜、蒋远胜：《1990—2005年中国玉米产出增长的主要影响要素分析》，《四川农业大学学报》2009年第2期）类似的处理方法，即假定有效灌溉在不同种类作物中的分布是均匀的，因此各类作物的有效灌溉比例相同。

[3] 具体采用玉米生产价格指数，并将原始环比价格指数转换为2002年为基期的定基指数。

第九章 政策选择专题研究Ⅱ：种子品种创新与生产质量对我国玉米产出的影响

（指标二）构建的评估指标的估计结果分别如表9.3和表9.4所示。为考察比较种子质量在不同时期的影响差异，笔者同时将样本期分为2002—2007年和2008—2012年两个时期，分别进行相应估计。

表9.3估计结果基本符合预期，玉米单位产出显著受种子质量水平、灾害天气、种植面积、玉米价格水平等因素的综合影响。对于本书重点考察的种子质量因素，表9.3结果显示，种子质量变量的估计系数相当显著，系数符号符合预期，表明随着种子总体质量特别是生产质量的提高，玉米单位产出将增加。采用2002—2012年数据估计的系数值表明，在其他条件不变的条件下，玉米种子质量改善1%，将促进玉米单位产出增长约0.11%。而采用2002—2007年和2008—2012年数据估计的该变量系数值分别为0.14和0.16，显示近年玉米种子质量改善对玉米单位产出的影响有所提高。总体而言，玉米种子质量水平特别是生产质量改善显著促进了过去十余年中国玉米单位产出的提高，并且这种促进作用近年有所增强，但是，从估计系数值来看，促进作用并不突出。

在其他影响因素中，滞后一期的玉米价格显著正向影响玉米单位产出，而灾害天气和种植面积则为显著的负向影响。表9.3也表明，劳动投入变量在所有估计中的估计系数为负值，与预期相反，这一估计结果与其他讨论中国玉米生产的文献的结果类似。[1] 可能的主要原因在于，一是笔者采用的衡量劳动投入的方法或者统计数据原因，使得笔者没能真实地评估劳动投入的边际改变与玉米单位产出之间的关系；二是中国玉米生产中劳动力的投入相对过多，超过了要素组合的最佳比例，从而造成了劳动投入的弹性为负的结果。而劳动投入变量不显著亦表明，在该时期内，其并非约束中国玉米生产效率的显著因素。

---

[1] 张颖、赵宽辽、路燕：《我国玉米生产要素贡献率和地区差异实证分析——基于21个玉米主产省（市）的面板数据》，《河南农业科学》2013年第8期。张雪梅：《我国玉米生产增长因素的分析》，《农业技术经济》1999年第2期。

表 9.3 基于种子质量评估指标一的估计结果

变量名称	2002—2012 年 系数	T 统计量	2002—2007 年 系数	T 统计量	2008—2012 年 系数	T 统计量
种子质量	0.110**	2.051	0.135***	2.224	0.155**	2.111
劳动投入	−0.020	−0.391	−0.043	−0.543	−0.129*	−1.762
化肥施用	0.072	1.643	0.008	0.163	0.105*	1.810
灾害天气	−0.028***	−4.499	−0.048***	−5.989	−0.016**	−2.568
灌溉水平	−0.058	−0.531	−0.352***	−3.007	0.052	0.441
种植面积	−0.137**	−2.109	−0.163*	−1.746	−0.001	−0.028
玉米价格（−1）	0.132***	3.120	0.055	0.695	0.155**	2.097
常数项	9.067***	15.626	11.586***	7.795	7.687***	9.446
AR（1）	0.383***	6.682	0.980***	60.777	0.861***	24.751
R^2	0.947		0.948		0.920	
F 统计量	101.579***		160.227***		131.423***	

注：***、**、* 分别表示系数估计结果在 1%、5%、10% 的水平上显著。

另外一个令人意外的估计结果是，灌溉水平变量的估计结果或者为负，或者为正但不显著，表明有效灌溉面积占比的提高未能正向影响玉米单位产出水平。这一结果与已有研究对玉米生产率影响因素的研究发现一致。[1] 原因首先在于中国农业灌溉系统仍相对落后，农田水利设施建设仍不足，特别是未能在灾害天气发生时发挥作用，因而未能显著正向促进玉米生产单位产出的提高；其次则可能是因为，反映灾害天气因素的变量中已经部分包含其影响；最后，这一结果也可能是已有研究所指出的统计数据和测

---

[1] Rozell E., S., Jin, S., Huang, J., et al., "The Impact of Investments in Agricultural Research on Total Factor Productivity in China", in Evenson, R. E., Gollin, D., *Crop Variety Improvement and Its Effect on Productivity*: *The Impact of International Agricultural Research*, Oxon: CABI Publishing, 2003.

第九章 政策选择专题研究Ⅱ：种子品种创新与生产质量对我国玉米产出的影响

量问题，[①]因为本书采用的灌溉变量数据为替代数据，即农作物有效灌溉面积占比数据，并非玉米有效灌溉面积占比数据。

表9.4估计结果与表9.3类似，总体而言，除劳动投入变量外，其余变量的系数符号基本符合预期。除之前已探讨的变量外，值得注意的是，与张颖等研究结果类似，[②]化肥使用量的估计系数在多数估计中均不显著，表明在这一时期，化肥施用量并不是影响玉米单产的显著约束因素。

表9.4 基于种子质量评估指标二的估计结果

变量名称	2002—2012年 系数	T统计量	2002—2007年 系数	T统计量	2008—2012年 系数	T统计量
种子质量	0.052**	1.635	0.184***	4.176	0.082**	2.042
劳动投入	−0.020	−0.396	−0.058	−0.899	−0.169**	−2.294
化肥施用	0.055	1.171	0.007	0.137	0.104	1.656
灾害天气	−0.026***	−4.203	−0.044***	−6.265	−0.021***	−3.171
灌溉水平	0.008	0.071	−0.075	−1.048	0.062	0.580
种植面积	−0.194***	−2.907	−0.394***	−4.090	0.021	0.541
玉米价格（-1）	0.153***	3.453	0.100	1.620	0.157**	2.027
常数项	8.841***	14.951	10.442***	14.309	7.026***	8.513
AR（1）	0.370***	6.360	0.230**	2.512	0.799***	17.877
R^2	0.947		0.985		0.917	
F统计量	98.050***		117.561***		117.414***	

注：***、**、*分别表示系数估计结果在1%、5%、10%的水平上显著。

[①] Rozell E., S., Jin, S., Huang, J., et al., "The Impact of Investments in Agricultural Research on Total Factor Productivity in China", in Evenson, R. E., Gollin, D., *Crop Variety Improvement and Its Effect on Productivity: The Impact of International Agricultural Research*, Oxon: CABI Publishing, 2003.

[②] 张颖、赵宽辽、路燕：《我国玉米生产要素贡献率和地区差异实证分析——基于21个玉米主产省（市）的面板数据》，《河南农业科学》2013年第8期。

表9.4亦表明，评估种子质量的变量的估计系数在所有估计中均显著，系数符号符合预期，显示出玉米种子质量提升将促进玉米单位产出增加。模型估计的系数值揭示，在其他条件不变的情况下，以2002—2012年样本期考察，玉米种子质量特别是品种创新的质量改善1%，将促进玉米单位产出增长约0.05%。而以2002—2007年和2008—2012年样本期考察，玉米种子质量改善的促进效应由0.18%显著下降至0.08%。

这一比较结果可能出乎期望，但却与近年中国农民采用的玉米主导品种更新趋势一致。前文已经指出，最近几年中国玉米种植品种中，占据前三位并大幅领先的品种仍然是"郑单958""先玉335"和"浚单20"，而这些品种均为21世纪初期育成并推广的品种，在这些品种推广初期的几年，其大量推广显著提升了中国玉米种子质量的总体水平，因此，在此时期内（2002—2007年）对玉米单位产出的促进效果较大。而后，由于这些品种在最近的几年（2008—2012年）仍占据主要的市场份额，在边际收益递减规律作用下，其对玉米单位产出的促进作用衰减亦在情理之中。这也意味着，未来需要推动更加优良的新品种的创新和推广，加速品种更新。

另外，特别值得说明的是，从2002—2007年和2008—2012年两个时期种子质量估计结果的比较来看，表9.4所揭示的是种子质量对玉米单位产出促进效应下降，而表9.3揭示的则是促进效应提高，两者结果似乎矛盾，但笔者认为，这一结果实际上并不冲突。理由在于，本书评估种子质量水平的两种方法各有侧重，因而评估结果所反映的种子质量内涵有所不同。如前文所详细说明的，表9.3采用的种子质量评估指标主要反映的是种子生产质量的变动，而表9.4采用的指标主要反映的是品种创新的质量变动。因此，两者结果并不相同。诚然，虽然从评估方法看，这两个评估种子质量水平的指标各有侧重，但由于数据和方法所限，两个指标无法精确地区分生产质量和品种创新质量，两者之间可能有交叉重叠之处。

第九章 政策选择专题研究Ⅱ：种子品种创新与生产质量对我国玉米产出的影响

第五节 政策启示

本章利用玉米主产区 2002—2012 年的分省数据，从种子质量视角实证评估了品种创新的质量改善和生产质量提升对中国玉米单位产出的影响，主要结论如下：

一是玉米单位产出显著受种子质量水平的影响。估计结果显示，无论是种子品种创新，还是种子生产质量提升，均正面显著地促进玉米单位产出的增加，但玉米品种创新质量提升的促进作用近年有所弱化。

二是玉米单位产出亦受灾害天气、种植面积、玉米价格水平等因素的综合影响，特别是灾害天气的负面影响显著。

从未来发展看，玉米将是中国需求增长最快、也将是增产潜力最大的粮食品种。如何挖掘生产潜力、加快玉米发展、保持玉米能够基本自给，是确保国家粮食安全的一件大事。推动玉米持续增产，出路在科技进步，核心是主攻单产。① 依本章的研究结论，提升单产的重点是进一步提升种子质量水平，同时应对灾害天气等负面因素的影响。具体如下：

首先，大力支持玉米种子品种创新，加快品种更新。应进一步创新种业研发体制，创新公共与私人部门的科研分工和对接机制，进一步释放创新活力。通过持续的资金投入和政策激励鼓励公共部门和私人企业分工合作，加强基础性、前沿性科学研究，选育高产优质新品种，② 并通过新品种推广加快品种更新，以更大发挥品种质量提升对于玉米单位产出增加的促进作用。同时，应加强对品种真实性的检测和监督管理，保障品种权，为新品种研发提供公平的市场竞争环境。

其次，健全种子生产质量标准体系，进一步提高种子生产质量。可探

---

① 韩长赋：《玉米论略》，《农业经济问题》2012 年第 6 期。
② 赵久然、王荣焕：《中国玉米生产发展历程、存在问题及对策》，《中国农业科技导报》2013 年第 3 期。

我国种业对外开放的实证评估与政策选择

索建立农作物种子质量标准"四级种子等级系统"和"八项质量指标系统",由原来纯度、净度、发芽率、水分四项因子指标,调整和增加为纯度、净种子、发芽率、水分、杂质、其他作物种子总量、杂草种子、有毒(有害)杂草种子等八项指标,[①]并逐步提高相关指标标准,提升种子生产质量水平。同时,种子管理部门加强日常质量检查和监督。

再次,加大对现有政府农技推广服务体系的资金支持,并引入种子企业等市场力量,健全社会化技术服务体系,突破农技推广服务末端瓶颈,引导激励农民选择良种良法。

最后,大力推进新一轮农田水利基础设施建设,提高有效灌溉水平,大力增强玉米生产抵御干旱和洪涝灾害的能力。[②]同时,在推行农产品最低收购价改革中,稳定玉米收购价格,发挥价格对于玉米生产的促进作用。

---

① 张万松、王春平、张爱民等:《国内外农作物种子质量标准体系比较》,《中国农业科学》2011年第5期。
② 赵久然、王荣焕:《中国玉米生产发展历程、存在问题及对策》,《中国农业科技导报》2013年第3期。

第十章　主要结论与研究展望

诚如《国务院关于加快推进现代农作物种业发展的意见（国发〔2011〕8号）》等文件指出的，我国是农业生产大国和用种大国，农作物种业是国家战略性、基础性核心产业，是促进农业长期稳定发展、保障国家粮食安全的根本。如果过度开放，可能会带来产业安全问题；而开放不足，则不利于种业市场的竞争与发展壮大。基于此，本书在构建相关概念框架和评估指标基础上，利用问卷调查和统计数据，采用群组决策层次分析法—模糊综合评判法相结合的方法（AHP-FCE法），对种业的对外开放水平与适度性进行了实证评估，并就相关问题进行专题研究，给出了种业对外开放的相关政策选择。

第一节　主要结论

本书在总结外资进入我国种业的主要历程和影响的基础上，首先构建了种业对外开放与适度性的概念框架，分别界定了对外开放的承诺水平和实现水平以及适度性。种业对外开放承诺水平指一国或地区在政策法规层面上放松或取消外资种业参与者的市场准入、生产经营和种子进口等方面管制的程度。种业对外开放的实现水平则指以承诺水平为前提的外资参与者在东道

我国种业对外开放的实证评估与政策选择

国境内进入市场从事相应生产经营和服务项目以及种子进口的实践状态。两个层面考察的结果各自反映了对外开放度的两个维度，前者反映的是对外开放度的承诺水平（规则层面），后者反映的则是对外开放度的现实实现水平（结果层面）。

适度性可以界定为一国种业对外开放与该国种业发展水平相适应的程度。对种业对外开放适度性的评估，乃是在开放促进市场竞争发展与确保产业安全之间进行权衡评估。从这个意义上讲，种业对外开放是否适度，则应基于种业对外开放过程中，外资种子是否对我国种子产业形成垄断控制来判定，而这种垄断控制的市场结果，从根本上讲，源于外资种业和民族种业之间的竞争力差异。

或者说，判断种业对外开放是否适度，要看开放政策（对外开放承诺水平）是否与国内种业发展条件（民族种业）相适应，若国内种业发展条件好（民族种业竞争力强），那么在一定的开放政策下，民族种业能够与外资种业充分竞争，国内种业不会被外资种业垄断控制，反之，若国内种业发展条件不好（民族种业竞争力弱），那么在同样的开放政策下，民族种业难以与外资种业竞争，国内种业将很可能被外资种业垄断控制。由此，判定种业对外开放政策的适度性，即是不是与国内种业发展条件相适应，根本上是要看在对外开放的过程中，民族种业和外资种业之间的相对竞争力变化情况。

因此，笔者构建了一个相对竞争力指数 RCI 来衡量适度性水平。理论上，RCI 可分为 8 个取值区间和 3 种特殊情况，分别对应不同的适度性判断结果。其中，RCI=1 表明外资种业和民族种业竞争力完全等同，这种情况下的开放适度性称为开放理想适度。而 RCI=0 这种特殊情形，表明民族种业完全退出，外资种业完全垄断中国市场。与之相反，RCI→∞ 则表明市场完全封闭，无外资种业进入，民族种业垄断控制中国种业市场。

依据构建的概念框架和相应评估指标，利用专家咨询、农户调查和统计数据，采用群组决策层次分析法和模糊综合评判法相结合的混合方法

(AHP-FCE 混合法），实证评估了中国种业对外开放水平和适度性，并基于群组决策 AHP 方法提出了种业对外适度开放的政策选择。

评估结果表明，总体而言，在当前国家引进外资和进口政策更加开放特别是 2018 年国家进一步放开外商投资政策的背景下，截至 2018 年 8 月，基于规则的我国种业对外开放承诺水平为中等开放，模糊综合评判值介于低度开放和中等开放之间。在种业对外开放政策限制下，无论从广度还是深度而言，种业对外开放的结果即实现水平总体相当低，加权评估的种业开放实现水平为低度开放。从变化趋势来看，在开放政策进一步放松的大背景下，开放实践的诸多指标却呈现出下降的态势。总体而言，无论从规则视角的种业对外开放承诺水平还是结果视角的实践水平来看，目前我国种业的对外开放水平均属于中低水平。

以玉米种业为例的适度性评估结果表明，一方面，从静态的开放状况来看，无论是否考虑滞后影响问题，结果均表明，2010—2017 年种业对外开放属于开放不足区间；另一方面，若从时间变化的动态趋势来看，近年玉米种业开放的适度性亦呈现出波动性，无论是按当期还是滞后一期或两期的评估结果，总体上，2010—2014 年，种业开放适度性朝开放比较不足方向演进，而 2014—2017 年，开放适度性则转向更加开放不足，可以说，2014 年是我国种业对外开放适度性的一个转折点。这一变动态势也与前两年开放政策有所收紧一致。

外资在给我国种业带来诸多积极作用的同时，也带来了冲击和挑战，并引发了种业被外资垄断控制的种业安全担忧。但是，不能因为这些负面影响与担忧而阻止外资种业的进入，因为对外开放是一个不可逆转的趋势，只有坚持改革开放才能确保产业安全。未来仍然要坚定不移地对外开放，但是要适度。从目前的开放度及适度性评估结果来看，未来种业对外开放政策需要在保持总体稳定的前提下，坚持适度开放，一方面，着眼于未来农业科技发展趋势，考虑种业开放所带来的积极和消极影响，进行开放政策的动态小幅调整；另一方面，做大做强民族种业，提高民族种业的竞争力。因此，未来一段时间，种业适度开放的政策选择应从开放政策优化调整和民族种业竞争力提升两方面着手。

基于以上结论，结合专家咨询群组决策AHP法得出的各类政策优先次序排序，相关政策选择如下：

首先，应坚持分类推进，区别对待，适度提高种业对外开放政策的总体开放水平。从推动种业竞争发展的角度，基于本书的种业对外开放水平属中低水平，开放不足的结论，笔者认为，在当前情况下，可适度提高种业对外开放政策的总体开放水平。但笔者强调的是，提高总体开放水平，并不意味着在某些具体领域不能收紧开放政策。当然，这些政策的调整是基于对种业对外开放实现水平和适度性评估结果的动态调适。

具体政策方面，基于群组决策AHP法确定的各领域开放相对优先次序，建议如下：一是从种子进出口和FDI分类来看，应相对优先开放种子进口，更加鼓励引进种质资源，而对FDI继续执行相对比较严格的开放政策，特别是要细化种业安全审查制度，修订种业反垄断法规，防止外资隐性突破我国产业政策限制；二是从粮食、棉花、油料作物、蔬菜和花卉分类来看，应继续严格把控粮食作物中小麦和玉米种子的市场准入标准；三是从转基因和非转基因种子分类来看，应牢牢把握转基因种子育种、生产、经营的控制权；四是从种子育种、繁殖和推广分类来看，应适当收紧和规范种子育种研发的开放政策。

其次，应重点优先考虑提升民族种业创新能力的政策措施，多方面着手，提升民族种业的整体竞争力。本书分析表明，种业对外开放是否适度，归根结底取决于民族种业和外资种业竞争力的相对变化。因此，在种业对外开放中，除动态调适种业对外开放具体政策外，更要着力提升民族种业的竞争力，做大做强民族种业。基于群组决策AHP法确定的各大类和具体政策选项的相对优先次序，相关政策选择建议如下：一是从科研经费、科研人才、科研平台、科研分工等多方面着手，重点提升民族种业创新能力；二是改革种业体制，让企业真正成为市场主体；三是改革农作物品种审定制度；四是创造公平的市场竞争环境。

本书在按照构建的概念框架系统评估我国种业对外开放水平和适度性的同时，亦对其中的某些问题进行了专题研究，包括两项开放实践专题研究（我国农作物种子进口贸易的现状与趋势、农户对外资种子的认知与采用行为及其影响因素）和两项政策选择专题研究（国产棉种竞争力影响因素的实证估计、种子品种创新与生产质量对我国玉米产出的影响）。相关结论请参见相应章节。

第二节 研究不足与展望

其一，正如前文指出的，产业对外开放的适度性判定长期以来是研究中的一个难点问题，相关研究极为稀缺，本书从开放促进市场竞争发展与确保种业产业安全之间进行权衡取舍的角度，提出了评估适度性的新思路，即从种业对外开放过程中，外资种子最终是否对我国种子产业市场形成垄断控制来判定，而这种垄断控制的市场结果，从根本上讲，源于外资种业和民族种业之间的竞争力差异。因此，笔者构建了相对竞争力指数来评估适度性水平。但这是一种基于结果溯源的评估方法。而其中民族种业和外资种业竞争力的高低并不完全由种业对外开放政策决定，同时受其他因素的影响。由于评估中无法剔除其他因素，这就意味着本方法评估的适度性水平结果的精准度有待进一步提高。

其二，由于无法获取国内民族种业和外资种业的行业数据，本书在讨论适度性评估中的竞争力潜力时，采用了部分企业的数据作为行业代表，虽然在选择企业样本时，充分考虑了样本企业的代表性，特别是外资企业样本均为已经进入我国市场的跨国企业，但仍存在以部分代表整体可能带来的结果偏差。

其三，受制于评估方法所要求数据的敏感性和可得性，笔者在数据获取和处理上受到一定制约，如难以获得更翔实的企业数据，部分农业主管部门的专家未能反馈调查数据，部分专家数据因无法通过相应的检验而被剔除；以及难以获得除玉米以外的蔬菜、花卉等其他类别种子相关的完整详细数据；个别评估指标分类之间可能存在一定的交叉性等。这些约束使得本书在数据精度上可能存在一定偏差，在评估对象的广度上有一定不足。

总体而言，对于我国种业开放的相关研究仍然稀缺，虽然本书对我国种业对外开放水平和适度性进行了实证评估，并提出了一些政策选择建议，在研究的概念框架和评估方法上区别于已有研究，但是，如前所述，这仍是一份存在不足之处的探索性研究。对于我国种业的对外开放问题，未来仍需要进一步持续在以下几方面深入探讨。

一是完善种业对外开放水平和适度性评估的概念框架和指标体系，既要考虑框架的内在逻辑性，亦要考虑实证评估的可行性，特别是本书提出的适度性评估方法仍是一种基于结果的间接方法，需要进一步探索完善，提高评估结果的精准度。二是争取在农业部门的支持下，建立完整全面的种子企业数据库，提高数据精度，以在评估中利用更多的企业样本，增加覆盖面和代表性，提高评估结果的精准度。三是扩大评估对象，争取在获得更详细分类的数据基础上，增加对蔬菜、花卉、油料作物等类别种业开放的评估，同时跟踪评估玉米种业的开放情况，以更全面地反映我国种业对外开放的水平和适度性。四是尽可能克服种业开放问题的敏感性，争取扩大对农业主管部门的专家咨询调查范围，将政策选择更加落实在具体政策措施上，提高政策的可落地性。

附　录

附录1：农户调查问卷

农户种子采用情况调查问卷

亲爱的农民朋友：

您好！

我们是广东外语外贸大学课题组，致力于通过调查和研究，为我国种子产业开放和发展提供政策建议。

农民朋友对各类农作物种子的采用非常有经验，因此，我们期待通过以下问卷调查，听取您的宝贵意见和建议，并将您的意见纳入到相关研究报告中，提交给有关部门。

调查问卷不记名，所填写资料严格保密，并承诺只用于课题研究。衷心感谢您对调查的支持，感谢您为我国种子产业更好发展作出的贡献！

祝您全家：

财源广进，幸福安康！

课题组负责人：陈龙江

我国种业对外开放的实证评估与政策选择

填表说明：

1.本表由调查员按顺序询问调查对象问卷所列问题，根据回答选择或填写相应答案。

2.除专门说明外，本问卷所有选择题均只选择一个选项作答。

调查员：_____ [填空题]*

调查地点：_____省_____市_____县_____乡（镇）_____村_____组_____号 [填空题]*

若无门牌号，请在"_____号"前填写"0"

A 种子采用决策

A1.您家采用的种子来源是：[单选题]*

○1 全部自己留种　○2 全部从朋友邻居获得　○3 部分从朋友邻居获得部分留种　○4 全部购买　○5 部分购买部分留种　○6 部分购买部分从朋友邻居获得　○7 部分购买部分从朋友邻居获得部分留种

A2.您购买种子的最主要方式是：[单选题]*

○1 由合作社统一购买种子　○2 自行购买　○3 委托朋友购买

A3.您购买种子的最主要来源是：[单选题]*

○1 亲朋好友　○2 个体商贩　○3 种子站　○4 正规种子公司　○5 其他

A4.种子信息获取的主要渠道有：[多选题]*

□1 邻居朋友　□2 种子站　□3 个体商贩　□4 种子公司　□5 电视广播　□6 互联网　□7 报纸传单　□8 种子杂志　□9 农技员或政府宣传　□10 村组推介　□11 其他

A5.在挑选玉米种子时，您主要看重种子的：[多选题]*

□1 品质(淀粉、蛋白质等含量)　□2 品牌　□3 价格　□4 产量　□5 包装　□6 抗逆性(耐旱性、抗病性和抗倒伏)　□7 生长期（早

中晚熟） □8 是否为转基因品种 □9 其他

A6. 在挑选蔬菜种子时，您主要看重种子的：[多选题]*

□1 品牌 □2 价格 □3 产量 □4 包装 □5 抗虫性 □6 抗灾害能力 □7 蔬菜是否耐贮存 □8 蔬菜营养价值 □9 蔬菜口感品相 □10 是否为转基因品种 □11 其他

A7. 在挑选种子时主要受以下哪几种因素影响：[多选题]*

□1 广告宣传 □2 售前售后服务 □3 种子公司规模 □4 农技部门推荐 □5 个人经验 □6 种植大户推荐 □7 先种农户推荐 □8 普通村民推荐 □9 政府良种补贴 □10 其他

A8. 购买种子时您是否在乎种子是国产还是洋种子（外国品种种子）？[单选题]*

○1 特别在乎 ○2 有点在乎 ○3 有点不在乎 ○4 完全不在乎

A9. 您是否在乎所购种子不能留种的问题？[单选题]*

○1 特别在乎 ○2 有点在乎 ○3 有点不在乎 ○4 完全不在乎

A10. 购买种子时您是否会考虑该种子需要专门配套的农资：[单选题]*

○1 是 ○2 否

A11. 那么您考虑购买了哪些专门配套的农资：[多选题]*

□1 肥料 □2 除草剂 □3 农药 □4 农膜 □5 其他

A12. 您购买的玉米种子平均每亩花费_____元。[填空题]*

A13. 您购买的蔬菜作物种子平均每亩花费_____元。[填空题]*

A14. 您对购买到的种子质量满意吗？[单选题]*

○1 很满意 ○2 基本满意 ○3 不太满意 ○4 非常不满意

A15. 您认为种子假冒现象严重吗？[单选题]*

○1 非常严重 ○2 比较严重 ○3 不太严重 ○4 没有假冒现象

A16. 您是否买到过假种子？[单选题]*

○1 是 ○2 否

A17. 您购买到假种子后如何维权？[单选题]*

○1 自认倒霉　○2 双方和解　○3 农业行政部门协调　○4 法律途径　○5 其他途径

A18. 您对购买假种子后的处理结果满意吗？[单选题]*

○1 很满意　○2 基本满意　○3 不满意　○4 非常不满意

B 对洋种子（外国品种种子）的认知和购买使用

B1. 您是否听说过洋种子？[单选题]*

○1 听说过　○2 没听说过（请跳至第 D1 题）

B2. 您是否购买过洋种子？

（若农户回答"我也不知道买的是不是洋种子"或类似信息，则追问所购买种子的主要品牌、品种等信息，由调查员根据《洋种子品种目录信息》综合判断作出选择回答，并告知农户购买的种子中哪些是洋种子，以便农户能回答后续有关洋种子的相关问题。)[单选题]*

○1 买过 (请跳至第 B6 题)　○2 没买过

B3. 若听说过洋种子却没有购买，原因是：[多选题]*

□1 本地买不到　□2 不知道如何种植　□3 价格太贵　□4 和国产品种差异不明显　□5 经销商信誉不好　□6 新品种风险大　□7 包装不合适　□8 必须要买配套农资　□9 不能留种　□10 其他

B4. 若提供免费试种，您是否愿意采用洋种子？[单选题]*

○1 愿意　○2 不愿意　○3 无所谓

B5. 若别人种植成功，您是否愿意跟随采用洋种子？[单选题]*

○1 愿意**填写完该题，请跳至第 D1 题。　○2 不愿意**填写完该题，请跳至第 D1 题。　○3 看看再定**填写完该题，请跳至第 D1 题。

B6. 若购买过洋种子，您选择购买洋种子是因为：[多选题]*

□1 洋种子产量高　□2 洋种子垄断本地市场　□3 售前售后服务好　□4 口感品相好好卖　□5 收益利润高　□6 品种丰富　□7 抗病虫害

能力强 □8 农药化肥用量少 □9 耐储藏 □10 销售政策灵活（可赊销） □11 其他

B7. 若购买过洋种子，那您现在是否仍然在采用洋种子？ [单选题]*

○1 是（请跳至第 B9 题） ○2 否

B8. 若您曾购买过洋种子但现在却不再用，不继续采用洋种子的原因是： [多选题]*

□1 不能留种 ** 填写完该题，请跳至第 B18 题。

□2 不断提价 ** 填写完该题，请跳至第 B18 题。

□3 必须使用配套化肥农药农膜等 ** 填写完该题，请跳至第 B18 题。

□4 签订不合理协议 ** 填写完该题，请跳至第 B18 题。

□5 赊购引起债务 ** 填写完该题，请跳至第 B18 题。

□6 不适宜本地种植 ** 填写完该题，请跳至第 B18 题。

□7 缺少技术指导等配套服务 ** 填写完该题，请跳至第 B18 题。

□8 其他 ** 填写完该题，请跳至第 B18 题。

B9. 若您今年在用洋种子，您购买的是哪类作物的洋种子： [单选题]*

○1 粮食作物类（请跳至第 B10 题）

○2 蔬菜作物类（请跳至第 B14 题）

○3 粮食和蔬菜作物类（请跳至第 B10 题）

B10. 若您在用粮食作物的洋种子，您购买的是哪种作物的种子？ [多选题]*

□1 水稻 □2 玉米 □3 小麦 □4 大豆 □5 杂豆 □6 马铃薯 □7 甘薯 □8 其他

B11. 您今年春季播种中 [B10] 洋种子的总花费为：_____ 元 [填空题]*

B12. 您今年 [B10] 洋种子播种面积共_____ 亩 [填空题]*

B13. 您今年购买 [B10] 洋种子比同类国产种子平均每亩的花费： [单选题]*

○1 便宜 50% 及以上 ○2 便宜 50% 以下 ○3 无差别 ○4 贵 50% 以下

○ 5 贵 50% 及以上

B14. 若您正在采用蔬菜的洋种子，您购买的是哪类蔬菜的洋种子？(请填写最多 3 种)

　　1_____

　　2_____

　　3_____ [填空题]*

B15. 您今年蔬菜播种中洋种子总花费为：_____元 [填空题]*

B16. 您今年蔬菜洋种子播种面积共_____亩。[填空题]*

B17. 您今年购买蔬菜洋种子比同类国产种子平均每亩的花费：[单选题]*

○ 1 便宜 50% 及以上　○ 2 便宜 50% 以下　○ 3 无差别　○ 4 贵 50% 以下　○ 5 贵 50% 及以上

B18. 您购买洋种子后是否获得过技术指导？[单选题]*

○ 1 是　○ 2 否

B19. 您认为洋种子的价格？[单选题]*

○ 1 太贵　○ 2 偏贵　○ 3 可以接受　○ 4 比较便宜　○ 5 很便宜

B20. 若您觉得洋种子价格不合理，但仍继续购买，原因是：[多选题]*

□ 1 只能买到洋种子　□ 2 产量高收益高　□ 3 售前售后服务好

□ 4 签订了合同　□ 5 其他

B21. 您在使用洋种子中碰到的问题有：[多选题]*

□ 1 不能留种　□ 2 不断提价　□ 3 必须使用配套化肥农药农膜

□ 4 签订不合理协议　□ 5 赊购引起债务　□ 6 不适宜本地种植

□ 7 缺少技术指导等配套服务　□ 8 其他

C 对国产种子和洋种子的比较评价

比较洋种子和国产种子在以下几方面的表现，您认为，洋种子比国产种子：

C1. 淀粉、蛋白质含量等品质方面：[单选题]*

○ 1 差很多　　○ 2 差一些　　○ 3 基本没差别　　○ 4 好一些　　○ 5 好很多

C2. 耐旱性、抗病性和抗倒伏性等抗逆性表现：[单选题]*

○ 1 差很多　　○ 2 差一些　　○ 3 基本没差别　　○ 4 好一些　　○ 5 好很多

C3. 外观、纯度、发芽率、净度、水分等种子质量方面：[单选题]*

○ 1 差很多　　○ 2 差一些　　○ 3 基本没差别　　○ 4 好一些　　○ 5 好很多

C4. 农药用量：[单选题]*

○ 1 少很多　　○ 2 少一些　　○ 3 基本没差别　　○ 4 多一些　　○ 5 多很多

C5. 化肥用量：[单选题]*

○ 1 少很多　　○ 2 少一些　　○ 3 基本没差别　　○ 4 多一些　　○ 5 多很多

C6. 单位产量：[单选题]*

○ 1 低很多　　○ 2 低一些　　○ 3 基本没差别　　○ 4 高一些　　○ 5 高很多

C7. 耐储藏：[单选题]*

○ 1 差很多　　○ 2 差一些　　○ 3 基本没差别　　○ 4 好一些　　○ 5 好很多

C8. 口感品相：[单选题]*

○ 1 差很多　　○ 2 差一些　　○ 3 基本没差别　　○ 4 好一些　　○ 5 好很多

C9. 收益利润：[单选题]*

○ 1 低很多　　○ 2 低一些　　○ 3 基本没差别　　○ 4 高一些　　○ 5 高很多

C10. 售前售后服务：[单选题]*

○ 1 差很多　　○ 2 差一些　　○ 3 基本没差别　　○ 4 好一些　　○ 5 好很多

C11. 销售政策灵活性：[单选题]*

○ 1 差很多　　○ 2 差一些　　○ 3 基本没差别　　○ 4 好一些　　○ 5 好很多

C12. 品牌：[单选题]*

○ 1 差很多　　○ 2 差一些　　○ 3 基本没差别　　○ 4 好一些　　○ 5 好很多

C13. 价格：[单选题]*

○ 1 低很多　　○ 2 低一些　　○ 3 基本没差别　　○ 4 高一些　　○ 5 高很多

C14. 包装：[单选题]*

○ 1 差很多　○ 2 差一些　○ 3 基本没差别　○ 4 好一些　○ 5 好很多

D 农户特征

D1. 您的年龄：_____岁 [填空题]*

D2. 您的性别：[单选题]*

○ 1 男　○ 2 女

D3. 您的受教育程度：[单选题]*

○ 1 小学及以下　○ 2 初中　○ 3 高中与中专　○ 4 大专与本科

○ 5 研究生

D4. 您是村组干部或村民代表吗？[单选题]*

○ 1 是　○ 2 否

D5. 您是否有亲朋好友从事种子销售或技术服务等有关工作？[单选题]*

○ 1 是　○ 2 否

D6. 您是否是种植业示范户：[单选题]*

○ 1 是　○ 2 否

D7. 您种植业从业经验是：[单选题]*

○ 1：1 年及以下　○ 2：1—5 年（含 5 年）　○ 3：5—10 年（含 10 年）

○ 4：10 年以上

D8. 您最近 5 年是否参加过农业技术培训：[单选题]*

○ 1 是　○ 2 否

D9. 您家目前的情况属于以下哪一种：[单选题]*

○ 1 纯务农　○ 2 纯非农　○ 3 以农业为主兼营他业

○ 4 非农为主兼营农业

D10. 您家庭人口共：_____个 [填空题]*

D11. 您家庭的劳动力共：_____个 [填空题]*

D12. 您家庭的年人均纯收入：[单选题]*

○ 1：5000 元及以下　○ 2：5001—10000 元　○ 3：10001—15000 元

○ 4：15001—20000 元　○ 5：20001 元及以上

D13. 您家是否租了别人家的土地来种植？[单选题]*

○ 1 是　○ 2 否

D14. 您家主要种植了哪种粮食作物？[单选题]*

○ 1 水稻　○ 2 玉米　○ 3 小麦　○ 4 大豆　○ 5 杂豆　○ 6 马铃薯

○ 7 甘薯　○ 8 其他

D15. 您家玉米种植面积：＿＿＿＿＿＿＿亩 [填空题]*

D16. 玉米主要用于：[单选题]*

○ 1 自用　○ 2 出售

D17. 玉米的出售对象：[单选题]*

○ 1 本市　○ 2 外地　○ 3 出口

D18. 您家蔬菜种植面积共：＿＿＿＿＿＿＿亩 [填空题]*

D19. 您家主要种植了哪些蔬菜？（按面积从大到小，填写最多 3 项）

1＿＿＿＿＿＿＿＿＿＿＿＿

2＿＿＿＿＿＿＿＿＿＿＿＿

3＿＿＿＿＿＿＿＿＿＿＿＿ [填空题]*

D20. 蔬菜种植主要采用何种种植方式：[单选题]*

○ 1 普通大棚　○ 2 温室大棚　○ 3 非大棚种植

D21. 蔬菜主要用于：[单选题]*

○ 1 自用　○ 2 出售

D22. 蔬菜的销售对象：[单选题]*

○ 1 本市　○ 2 外地　○ 3 出口

D23. 您家是否加入了专业合作社？[单选题]*

○ 1 是　○ 2 否

附录2：FCE专家咨询问卷

种业开放政策开放度评价			
评测人姓名及单位为必填项！		制表日期	2018/8/28
评测人	姓名：	单位：	

尊敬的专家您好：

　　本调查是对我国种业对外开放的各项政策进行开放度评价，请您根据您的经验和调查表中相关政策的说明作出判断，在评价一栏下拉菜单中选择相应的评价等级（完全开放、高度开放、中等开放、低度开放、完全不开放）。

　　非常感谢您的支持。

NO.	评测指标	评测指标说明	评价
1	转基因品种选育和生产政策	目前政策：禁止外商投资	
2	农作物新品种育种和生产政策	目前政策：小麦、玉米新品种的育种和生产必须由中方控股，其他类别无控股要求	
3	国家种业安全审查机制	目前政策：外资并购国内种企及开展技术合作将可能列入审查	
4	我国稀有和特有的珍贵优良品种研发生产等政策	目前政策：禁止外商投资	
5	注册资本要求政策	目前政策：粮、棉、油作物种子企业的注册资本不低于200万美元；其他不低于50万美元	
6	注册企业类别限制政策	目前政策：暂不允许设立外商投资经营销售型农作物种子企业和外商独资农作物种子企业	
7	国内企业税收优惠政策	目前政策：对国内企业符合条件的，免征企业所得税、享受高新企业、兼并重组涉及的有关税收优惠政策	
8	设立企业的审批政策	目前政策：设立粮、棉、油作物种子外资企业，报农业部出具审查意见	
9	股权占比限制政策	目前政策：设立粮、棉、油作物种子外资企业，中方投资比例应大于50%	

续表

10	与国内企业和研究机构的技术合作政策	目前政策：规范国内种子企业、科研机构与国外种子企业技术合作，有必要可进行国家安全审查	
11	种质资源国际交流政策	目前政策：应当经所在地省、自治区、直辖市农业行政主管部门审核，报农业部审批，实行分类管理制度	
12	进口生产用种子审批政策	目前政策：由所在地省级农业行政主管部门审核，农业部审批	
13	种子进出口许可证审批政策	目前政策：由省级农业主管部门审核，农业部核发	
14	国内企业进口种子海关免税政策	目前政策：国内企业进口种子海关免税，外资及代理外资进口种子不免税	

参考文献

白田田:《外资种业巨头加速布局中国科研是国内种业发展掣肘》,《农家参谋》2011年第6期。

柏木钉:《企业主体是王道(科技杂谈·建设种业强国系列谈②)》,《人民日报》2013年3月25日。

陈会英、赵瑞莹、周衍平:《农民对植物品种权认知程度与使用种子情况调查——以山东省为例》,《农业经济问题》2010年第9期。

陈剑:《中国粮种安全面临挑战》,《环球财经》2008年第12期。

陈龙江、高阳:《基于规则视角的我国种业对外开放度评估》,《南方农村》2020年第1期。

陈龙江、Michael R.Reed:《种子质量对中国玉米产出的影响》,《华南农业大学学报(社会科学版)》2016年第3期。

陈龙江、方华:《中国农作物种子进口:现状与趋势》,《中国农村经济》2013年第3期。

陈龙江、王梅:《基于钻石模型的中国转基因棉种竞争力影响因素研究》,《广东外语外贸大学学报》2016年第4期。

陈龙江、熊启泉:《中国种业开放十余年:回顾与反思》,《华南农业大学学报(社会科学版)》2012年第3期。

陈龙江、周筱颖、郭锦:《玉米种植农户对外资种子的采用行为、原因与评价》,《仲恺农业工程学院学报》2019年第4期。

陈宁、薛小花、郭建东等:《玉米单粒播种技术刍议》,《中国种业》2011年第8期。

陈锡文:《中国农业既要坚定不移对外开放又要把握适度》,《农村工作通讯》2009年第17期。

成思危:《只有坚持改革开放才能确保产业安全》,2011年5月26日,中国经济网,见 http://finance.ce.cn/macro/jjxr/mjpl/200712/01/t20071201_12730302.shtml。

程国强:《农业对外开放影响农资行业》,《中国农资》2007年第10期。

程涛、邓一星:《我国服务贸易适度开放问题之研究——基于承诺开放度的分析》,《国际贸易问题》2008年第12期。

程涛:《我国运输业适度开放问题研究》,《中国物流与采购》2008年第11期。

刁玉鹏:《转基因抗虫棉种子的供求及种业竞争状况研究》,硕士学位论文,中国农业大学,2001年。

董峻:《我国第二代转基因棉花研究居国际领先水平》,《中国青年报》2012年3月21日第6版。

杜栋、庞庆华、吴炎:《现代综合评价方法与案例精选(第3版)》,清华大学出版社2015年版。

范存会:《我国采用Bt抗虫棉的经济和健康影响》,博士学位论文,中国农业科学研究院农业经济研究所,2002年。

范小建:《在全国南繁工作会议上的讲话》,《种子世界》2006年第3期。

冯华:《我棉花种植2/3是转基因抗虫棉》,《人民日报》2005年6月23日第6版。

顾列铭:《"洋种子"的是是非非》,《中国外资》2010年第9期。

管华雨:《中国银行业对外开放的测度及其适度性研究》,博士学位论文,复旦大学,2008年。

郭志超:《我国玉米生产函数及技术效率分析》,《经济问题》2009年第11期。

韩军辉、李艳军:《农户获知种子信息主渠道以及采用行为分析——以湖北省谷城县为例》,《农业技术经济》2005年第1期。

韩利、梅强、陆玉梅等:《AHP-模糊综合评价方法的分析与研究》,《中国安全科学学报》2004年第7期。

韩长赋:《玉米论略》,《农业经济问题》2012年第6期。

何美丽:《我国Bt棉种子产业化影响因素与运行机制研究》,硕士学位论文,中国农业大学,2003年。

河北产权交易中心,河北冀岱棉种技术有限公司整体资产转让公告,2012年5月15日,见http://www.hbcqw.org.cn/article/gpxm/201205/20120500013777.shtml。

胡晋:《德国的新品种登记和管理》,《种子世界》2004年第5期。

胡军华:《大豆育种业陷重围》,《农产品市场周刊》2010年第4期。

胡瑞法、张世煌、石晓华:《采用参与式方法评估中国玉米研究的优先序》,《中国农业科学》2004年第6期。

胡智、刘志雄:《中国经济开放度的测算与国际比较》,《世界经济研究》2005年第7期。

黄繁华:《中国经济开放度及其国际比较研究》,《国际贸易问题》2001年第1期。

黄季焜、徐志刚、胡瑞法、张世煌:《我国种子产业:成就、问题和发展思路》,《农业经济与管理》2010年第3期。

黄季焜、胡瑞法:《政府是农业科技投资的主体》,《中国科技论坛》2000年第4期。

黄淑慧:《洋种子"攻城略地""菜园子"祸福难测——外资掘金中国农业之山东寿光样本调查》,中国证券报·中证网,2010年7月14日,见http://www.cs.com.cn/xwzx/cj/201007/t20100714_2509183.html。

回良玉:《在全国现代农作物种业工作会议上的讲话》,2011年5月9日,北京种业信息网,见http://www.znlz.com/news_detail/newsId=de9da43f-611d-4ce7-b424-d73f818df0bf&comp_stats=comp-FrontNews_list01-1291551043627.html。

姜蕴真:《转基因抗虫棉之战——来自中国农业科学院棉花研究所的系列报道之二》,《安阳日报》2014年7月16日。

蒋建科:《中国农科院与8家企业成立公司——1+8推动生物种业快速发展》,《人民日报》2013年3月25日。

蒋建科:《转基因抗虫棉打破国外垄断("十一五"重大科技成就巡礼)》,《人民日报》2011年3月23日。

蒋乃华:《价格因素对我国粮食生产影响的实证分析》,《中国农村观察》1998年第5期。

蒋瑜沄:《拜耳今日完成孟山都收购 全球最大农药和转基因种子供应商诞生》,界面新闻,2018年6月7日,见https://www.jiemian.com/article/2206666.html。

降蕴彰:《全国主推两大玉米品种:郑单958神话VS黑马先玉335》,2011年5月26日,中国种业商务网,见http://www.chinaseed114.com/newsinfo.php?id=24452。

靖飞、陈宁:《跨国种子企业进入是福是祸——来自巴西和阿根廷的发现》,《农业经济问题》2014年第7期。

靖飞、李成贵:《跨国种子企业与中国种业上市公司的比较与启示》,《中国农村经济》2011年第2期。

靖飞、李成贵:《跨国种子企业在中国种子市场的扩张及启示》,《农业经济问题》2010年第12期。

靖飞、李成贵：《威胁尚未构成：外资进入中国种业分析》，《农业经济问题》2011年第11期。

李博英、尹海涛：《领导干部自然资源资产离任审计方法研究——基于模糊综合评价理论的分析》，《审计与经济研究》2016年第6期。

李成贵：《中国种业挑战机遇并存——外资进入中国种业分析》，《农村工作通讯》2012年第4期。

李翀：《我国对外开放程度的度量与比较》，《经济研究》1998年第1期。

李付广：《国产转基因抗虫棉是如何反败为胜的》，《中国科学报》2012年2月28日第B2版。

李慧：《中国种业突破重围，靠什么》，《光明日报》2018年4月11日第10版。

李家洋：《加强种业科技创新，保障中国粮食安全》，《中国农村科技》2012年第2期。

李少昆、王崇桃：《我国玉米产量变化及增产因素分析》，《玉米科学》2008年第4期。

李长健、汪燕：《基于产业安全的我国外资种子企业监管法律问题研究》，《中国种业》2012年第6期。

廖西元：《建设种业强国系列谈：现代种业是典型高科技》，《人民日报》2013年3月22日第20版。

林春：《中国政策性金融机构绩效评价体系研究》，博士学位论文，辽宁大学，2017年。

林石、张志亮、李好：《种子的忧患——中资种企攻坚：一场不对称的战争》，《新财经》2012年第8期。

林嵬、姚润丰：《棉田里的"世界级"创新冲刺——国产转基因抗虫棉创新体系调查报告（上）》，2011年5月26日，新华网，见http://news.

xinhuanet.com/politics/2006-05/02/content_4502525.htm。

刘朝明、韦海鸣：《对外开放的度量方法与模型分析》，《财经科学》2001 年第 2 期。

刘建忠：《浅议我国种子产业知识产权保护现状、问题及对策》，《种子世界》2011 年第 7 期。

刘金海：《国产转基因抗虫棉种子产业化体系研究》，硕士学位论文，西北农林科技大学，2006 年。

刘石：《从巴西的经验看中国种子产业的开放》，《北京农业》2009 年第 6 期。

刘石：《谁在试图"控制中国种业"》，《经济参考报》2009 年 12 月 30 日，见 http://views.ce.cn/view/economy/200912/30/t20091230_20716255.shtml。

栾喜良、吴丽娟：《国产玉米种子遭遇危机》，凤凰网，2010 年 6 月 9 日，见 http://finance.ifeng.com/money/roll/20100609/2292906.shtml#。

马千里、田英姿、英犁等：《模糊综合评价法在新疆葡萄质量评价分析中的应用》，《现代食品科技》2015 年第 2 期。

马淑萍：《中国种业市场 900 亿"蛋糕"难防外资》，《种子世界》2008 年第 11 期。

迈克尔·波特：《国家竞争优势》，李明轩、邱如美译，华夏出版社 2002 年版。

毛树春：《加入 WTO 后我国棉花的可持续发展》，《中国农业科技导报》2002 年第 1 期。

美中贸易全国委员会（USCBC）：《美中贸易全国委员会（USCBC）关于〈外商投资产业指导目录〉修订建议书》，The US-China Business Council，2010。

农业部科教司：《中国农业知识产权创造指数报告（2010 年）》，农业部植物新品种保护办公室，2011 年 4 月 26 日，见 http://www.cnpvp.cn/Detail.

aspx？k=819&itemID=1。

农业部种子管理局、全国农业技术推广服务中心、农业部科技发展中心：《2014年中国种业发展报告》，中国农业出版社2014年版。

农业部种子管理局、全国农业技术推广服务中心、农业部科技发展中心：《2015年中国种业发展报告》，中国农业出版社2015年版。

农业部种子管理局、全国农业技术推广服务中心、农业部科技发展中心：《2016年中国种业发展报告》，中国农业出版社2016年版。

农业部种子管理局、全国农业技术推广服务中心、农业部科技发展中心：《2017年中国种业发展报告》，中国农业出版社2017年版。

潘菁、刘辉煌：《我国知识型服务贸易对外开放度的实证研究：与欧盟比较》，《上海行政学院学报》2009年第3期。

潘勇辉、张宁宁：《种业跨国公司进入与菜农种子购买及使用模式调查——来自山东寿光的经验证据》，《农业经济问题》2011年第8期。

邵长勇、唐欣、梁凤臣等：《基于粮食安全视角下的中国种子产业可持续发展战略》，《中国种业》2010年第4期。

时俊光：《美国先锋玉米杂优模式利用对中国玉米育种的影响》，《杂粮作物》2010年第3期。

苏航：《农产品竞争力与农业竞争力的内涵界定》，《经济论坛》2005年第24期。

苏军、黄季焜、乔方彬：《转Bt基因抗虫棉生产的经济效益分析》，《农业技术经济》2000年第5期。

孙瑞瑞：《跨国种业公司并购的反垄断法规制》，硕士学位论文，郑州大学，2016年。

佟屏亚：《2005年中国种业要事点评》，《中国种业》2005年第12期。

佟屏亚：《2009年中国种业要事点评》，《农业科技通讯》2010年第2期。

佟屏亚：《单粒播种推进玉米产业技术变革》，《中国种业》2012年第1期。

佟屏亚：《中国种业：开放比改革更重要》，《北京农业》2009年第20期。

佟屏亚：《发生在中国棉田里的种子争夺战》，《种子世界》2005年第10期。

王崇桃、李少昆：《玉米生产限制因素评估与技术优先序》，《中国农业科学》2010年第6期。

王济民、刘春芳、周慧：《我国种业及其转基因产业对种子国际贸易的影响》《种业导刊》2007年第12期。

王娟丽：《基于AHP-FCE法的重大项目社会稳定风险评估》，《社会科学家》2017年第2期。

王涛：《成也"先锋"败也"先锋"登海、敦煌两种业股业绩变脸》，《南方都市报》2012年4月6日第GC09版。

王天穷、于冷：《玉米预期价格对农户种植玉米的影响》，《吉林农业大学学报》2014年第5期。

王永德：《中国农产品国际竞争力研究——基于中美比较视角》，中国农业出版社2009年版。

魏圣曜：《民族种业之忧：谁来打造蔬菜"中国芯"》，《农业科技与信息》2013年第4期。

温思美：《种子市场开放要适度》，《科技创新与品牌》2010年第4期。

吴永常、马忠玉、王东阳：《我国玉米品种改良在增产中的贡献分析》，《作物学报》1998年第5期。

吴月辉：《建设种业强国系列：科企合作要在深度上下功夫》，《人民日报》2013年3月29日第20版。

吴月辉、赵永新：《1+5，科企合作开大船》，《人民日报》2013年3月25日第20版。

习近平：《在中央农村工作会议上的讲话（2013年12月23日）》，《十八大以来重要文献选编（上）》，中央文献出版社2014年版。

邢茂德、徐刚、王建华等：《玉米单粒播种的发展现状与对策》，《中国种业》2013年第6期。

徐光胜：《哈尔滨市截获美国转基因玉米种21箱共计115千克》，《哈尔滨日报》2013年5月18日，见 https://heilongjiang.dbw.cn/system/2013/05/18/054775335.shtml。

闫书鹏：《中国种子产业对外贸易形势分析》，《中国种业》2007年第4期。

杨辉：《外资进入视野下我国种子产业安全法律制度研究》，硕士学位论文，华中农业大学，2017年。

杨今胜、李小霞、柳京国、于淼、李洪胜、邓廷绪、王元仲：《国际化背景下我国种子产业的发展策略》，《山东农业科学》2010年第5期。

杨扬、王凤格、赵久然等：《中国玉米品种审定现状分析》，《中国农业科学》2014年第22期。

于文静：《2014年度国内棉花产需缺口约为200万吨》，中国政府网，见 http://www.gov.cn/xinwen/2014-09/25/content_2756324.htm。

余欣荣：《余欣荣副部长在全国现代种业发展推进会议上的讲话（摘要）》，中华人民共和国农业农村部种子管理局网站，2018年3月20日。

袁克成：《净资产收益率：判断上市公司盈利能力核心指标》，《证券时报》2011年5月12日第A5版。

湛育红：《外商直接投资对中国种业影响研究》，复旦大学出版社2017年版。

张建华：《需要模糊层次分析法吗？》，2015年1月22日，见 http://www.jeffzhang.cn/Do-we-need-FAHP/。

张金清、刘庆富：《中国金融对外开放的测度与国际比较研究》，《国际金融研究》2007年第12期。

张孟玉、张红生：《我国蔬菜种子进出口贸易分析》，《园艺学报》2006年第6期。

张宁宁、钟钰:《谁在使用外资种子:农户玉米种子品牌选择及影响因素分析》,《农村经济》2017年第9期。

张锐、王远、孟志刚等:《国产转基因抗虫棉研究回顾与展望》,《中国农业科学》2007年第40期。

张森、徐志刚、仇焕广:《市场信息不对称条件下的农户种子新品种选择行为研究》,《世界经济文汇》2012年第4期。

张社梅、赵芝俊、张锐:《国产转基因棉花研究体系及投资结构分析——基于对21家转基因棉花研究单位的调研》,《中国科技论坛》2007年第5期。

张万松、王春平、张爱民等:《国内外农作物种子质量标准体系比较》,《中国农业科学》2011年第5期。

张雪梅:《我国玉米生产增长因素的分析》,《农业技术经济》1999年第2期。

张毅、朱隽:《我国种业面临新挑战》,《人民日报》2010年7月11日第6版。

张颖、赵宽辽、路燕:《我国玉米生产要素贡献率和地区差异实证分析——基于21个玉米主产省(市)的面板数据》,《河南农业科学》2013年第8期。

张永强、秦智伟:《中国蔬菜种子进出口贸易格局及国际竞争力分析》,《中国蔬菜》2009年第7期。

张志千、赵继伦:《企业竞争情报成果模糊综合评价研究》,《图书情报工作》2014年第4期。

赵刚、林源园:《我国种子产业发展遭遇严重挑战》,《创新科技》2009年第6期。

赵刚、林源园:《中国种业灭顶之危》,《第一财经日报》2009年7月20日。

赵久然、王荣焕：《中国玉米生产发展历程、存在问题及对策》，《中国农业科技导报》2013年第3期。

赵庆华：《玉米单粒机械播种及栽培技术要点》，《种业导刊》2010年第12期。

赵永新、冯华、蒋建科：《多措并举扫清种业发展障碍》，《人民日报》2013年4月12日第20版。

中国农业科学院作物科学研究所：中国作物种质信息网，见 http://icgr.caas.net.cn/default.asp。

中国种子协会秘书处调研组：《种子企业发展研究报告综述》，2011年3月14日，中国种子协会网，见 http://www.cnsa.agri.gov.cn/sites/MainSite/Detail.aspx？StructID=2644。

周茂荣、张子杰：《对外开放度测度研究述评》，《国际贸易问题》2009年第8期。

周伟娜、蒋远胜：《1990—2005年中国玉米产出增长的主要影响要素分析》，《四川农业大学学报》2009年第2期。

朱克毓、杨善林：《关于Saaty对模糊逻辑不适用于AHP观点的评述》，《系统工程理论与实践》2014年第1期。

朱克毓：《模糊AHP的无效性与基于几何加权的AHP方法研究》，博士学位论文，合肥工业大学，2012年。

朱丽娟：《玉米新品种采用的农户响应行为及影响因素分析——基于黑龙江省农户调查数据》，《中国农学通报》2013年第23期。

朱萍：《陶氏杜邦分合术："二合一"后，两年内将"一拆三"》，《21世纪经济报道》2018年5月4日第18版。

A. Lara, P.W.Kelly, B.Lynch, "The International Cost Competitiveness of the Irish Pig Industry", *Rural Economy Research Series No.8*, Rural Economy Research Centre, Ireland, 2001.

参考文献

Aadtya Mattoo, "Financial Services and the WTO: Liberalisation Commitments of the Developing and Transition Economies", *The World Economy*, 2000, 23 (3).

Buckley, P. Pass, C. and Prescott, K., "Measures of International Competitiveness: A Critical Survey", *Journal of Marketing Management*, 1988, 4 (2).

Ci X., Li M., Liang X., et al., "Genetic Contribution to Advanced Yield for Maize Hybrids Released from 1970 to 2000 in China", *Crop Science*, 2011, 51 (1).

Cunha Fernandes J. S., Franzon J. F., "Thirty Years of Genetic Progress in Maize (Zea Mays L.) in a Tropical Environment", *Maydica*, 1997, 42 (1).

David J. Spielman, etc., "The Seed and Agricultural Biotechnology Industries in India", *IFPRI Discussion Paper*, 01103, July 2011.

Dollar D, "Outward-oriented Developing Economies really Do Grow More rapidly: Evidence from 95 LDCs 1976-1985", *Economic Development and Cultural Change*, 1992, 40 (3).

Duvick D. N., Smith J. S. C., Cooper M., "Long-term Selection in a Commercial Hybrid Maize Breeding Program", *Plant Breeding Reviews*, 2004, 24 (2).

Duvick D. N., "The Contribution of Breeding to Yield Advances in Maize (Zea Mays L.)", *Advances in Agronomy*, 2005 (86).

F. S. Thorne, "Measuring the Competitiveness of Irish Agriculture (1996~2000)", *Rural Economy Research Centre Research Report*, Ireland, 2004.

Gavin Cameron, James Proudman, Stephen Redding, "Openness and its Association with Productivity Growth in UK Manufacturing Industry", *Bank of England Working Papers* 104, Bank of England, 1999.

Gruere G. P., Sun Y., "Measuring the Contribution of Bt Cotton Adoption to

India's Cotton Yields Leap", *IFPRI Discussion Paper* 01170, International Food Policy Research Institute (IFPRI), 2012.

Howard, Philip H., "Visualizing Consolidation in the Global Seed Industry: 1996-2008", *Sustainability*, 2009, 1 (4).

Jacques Miniane, "A New Set of Measures on Capital Account Restrictions", *IMF Staff Papers*, 51, 2004.

Jay Squalli, Kenneth Wilson, "A New Approach to Measuring Trade Openness", *Economic & Policy Research Unit Working Paper* No.06-07, Zayed University, Dubai, 2006.

Jin S., Huang J., Hu R., et al., "The Creation and Spread of Technology and Total Factor Productivity in China's Agriculture", *American Journal of Agricultural Economics*, 2002, 84 (4).

Larry Martin, Randall Westgren, and Erna van Duren, "Agribusiness Competitiveness across National Boundaries", *American Journal of Agricultural Economics*, 1991, 73 (5).

Leamer Edward E., "Measures of Openness", in Robert Baldwin (eds.), *Trade Policy Issues and Empirical Analysis*, University of Chicago Press, 1988.

Lobell D. B., Asner G. P., "Climate and Management Contributions to Recent Trends in U.S. Agricultural Yields", *Science*, 2003, 299 (5609).

Lobell D. B., Field C. B., "Global Scale Climate-Crop Yield Relationships and the Impacts of Recent Warming", *Environmental Research Letters*, 2007, 2 (1).

Maltais-Landry G., Lobell D.B., "Evaluating the Contribution of Weather to Maize and Wheat Yield Trends in 12 US Counties", *Agronomy Journal*, 2012, 104 (2).

Marcos Paulo Fuck etc., "Intellectual Property Protection, Plant Breeding and Seed Markets: A Comparative Analysis of Brazil and Argentina", *International*

Journal of Technology Management and Sustainable Development, 2008, 7（3）.

Mattoo, Aaditya & Rathindran, Randeep & Subramanian, Arvind, "Measuring Services Trade Liberalization and Its Impact on Economic Growth: An Illustration", *Policy Research Working Paper Series* 2655, The World Bank, 2001.

Menzie D.Chinn & Hiro Ito, "A New Measure of Financial Openness", *Journal of Comparative Policy Analysis*, 2008, 10（3）.

Muhittin Kaplan, Alper Aslan, "Quantifying International Openness in Turkey, 1965-1995", *Doğuş Üniversitesi Dergisi*, 2006, 7（1）.

O'gorman M., Pandey M., "Cross-country Disparity in Agricultural Productivity: Quantifying the Role of Modern Seed Adoption", *Journal of Development Studies*, 2010, 46（10）.

Rosegrant M. W., Evenson R. E., "Agricultural Productivity and Sources of Growth in South Asia", *American Journal of Agricultural Economics*, 1992, 74（3）.

Rozell E., S., Jin, S., Huang, J., et al., "The Impact of Investments in Agricultural Research on Total Factor Productivity in China", in Evenson, R. E., Gollin, D., *Crop Variety Improvement and Its Effect on Productivity: The Impact of International Agricultural Research*, Oxon: CABI Publishing, 2003.

Russell W.A., "Genetic Improvement of Maize Yields", *Advances in Agronomy (USA)*, 1991,（46）.

Saaty T. L., Tran L. T., "Fuzzy Judgments and Fuzzy Sets", *International Journal of Strategic Decision Sciences*, 2010, 1（1）.

Saaty T. L., Tran L. T., "On the Invalidity of Fuzzifying Numerical Judgments in the Analytic Hierarchy Process", *Mathematical and Computer Modelling*, 2007, 46（7）.

Saaty T. L., *Multi-criteria Decision Making: The Analytic Hierarchy Process: Planning, Priority Setting, Resource Allocation*, 2nd ed., RWS Publications,

Pittsburgh, PA, USA, 1990.

Saaty T. L., *The Analytic Hierarchy Process: Planning, Priority Setting, Resource Allocation*, McGraw-Hill, NY, USA, 1980.

Saaty T. L., "There is No Mathematical Validity for Using Fuzzy Number Crunching in the Analytic Hierarchy Process", *Journal of Systems Science and Systems Engineering*, 2006, 15(4).

Sachs J. D., Warner A., Aslund A., et al., "Economic Reform and the Process of Global Integration", *Brookings Papers on Economic Activity*, 1995(1).

Sebastian Derwisch etc., "Foreign Direct Investment, Spillovers and the Impact of Intellectual Property Rights in the Seed Sector", Conference Paper 4th International European Forum on System Dynamics and Innovation in Food Networks, 2010.

Sebastian Edwards, "Openness, Productivity and Growth: What do We really Know?", *The Economic Journal*, 1998, 108(447).

Srinivasan, C. S., "Concentration in Ownership of Plant Variety Rights: Some Implications for Developing Countries", *Food Policy*, 2003, 28(5-6).

United States Department of Agriculture, National Agricultural Statistics Service, *Crop Production 2014 Summary, January 2015*.

Zhü K., "Fuzzy Analytic Hierarchy Process: Fallacy of the Popular Methods", *European Journal of Operational Research*, 2014, 236(1).

后　记

本书是我主持的国家社科基金课题的最终成果，也为自己近年对种业开放领域的研究画上了一个逗号。画上的是逗号，而不是句号，是因为本书不是我对种业开放问题研究的终结，相反，书中仍存在的不足和有待深化的问题，将吸引和激励着我继续在这条路上探索前行。

确保种业安全（粮食安全）下的开放促发展，是一项值得长期研究的课题。而如何评估和把握种业开放的适度性，则是一个难点问题。本书尝试对此问题进行了回答，但由于学识所限，本书仍存在一些不足甚至错漏之处，请读者批评指正。

我对种业开放的研究发端于在华南农业大学经管学院从事博士后研究的课题，博士后导师温思美教授当年将我领进种业开放研究的大门，因此，在书稿付印之际，我首先要向温老师致以深深的感谢与敬意。

本书也凝聚着华南农业大学熊启泉教授、国务院研究室方华博士、美国肯塔基大学 Michael Reed 教授、仲恺农业工程学院张红玲副教授、陈晓群副教授、广东外语外贸大学张晶晶副教授、华南师范大学欧阳敏华副教授和我的研究生王梅、高阳、周筱颖等团队成员和合作伙伴的心血，本书部分章节内容（详见章标题脚注）来自于与他们合作完成的阶段研究成果，在此向研究团队成员和合作伙伴表示深深的谢意。

本书研究的顺利完成，受益于诸多学界前辈和各界朋友的指导和帮助，在研究过程中，他们或给予我学术之启迪指导，或给予我课题调研之支持。借此机会，我要深深感谢华南农业大学孙良媛教授、谭砚文教授、陈风波副教授、吕立才副教授，中国社会科学院农村发展研究所杜志雄研究员、胡冰川研究员、陈劲松研究员、檀学文研究员，渤海大学靖飞教授、浙江工业大学孙林教授、河北经贸大学刘东英教授、安徽农业大学王士海教授、内蒙古财经大学史俊宏教授、东北农业大学周慧秋教授、上海交通大学史清华教授、福建农林大学林本喜教授、河南大学曹利平教授，广东外语外贸大学张建武教授、肖奎喜教授、张昱教授，广东省农业农村厅原总畜牧兽医师蔡树淦先生、广东省中科进出口有限公司蔡千里先生等良师益友的帮助和支持。

最后，我要特别致敬和感谢本书责任编辑吴焀东副主任，他为书稿审阅和修订付出了大量心血，在他的大力支持下，本书才得以顺利出版。

责任编辑:吴焰东
封面设计:石笑梦
封面制作:姚　菲
版式设计:胡欣欣

图书在版编目(CIP)数据

我国种业对外开放的实证评估与政策选择/陈龙江 著. —北京:人民出版社,2021.1

ISBN 978－7－01－022404－6

Ⅰ.①我…　Ⅱ.①陈…　Ⅲ.①种子-农业产业-对外开放-研究-中国　Ⅳ.①F326.1

中国版本图书馆 CIP 数据核字(2020)第 167164 号

我国种业对外开放的实证评估与政策选择

WOGUO ZHONGYE DUIWAI KAIFANG DE SHIZHENG PINGGU YU ZHENGCE XUANZE

陈龙江　著

人民出版社 出版发行

(100706　北京市东城区隆福寺街99号)

中煤(北京)印务有限公司印刷　新华书店经销

2021年1月第1版　2021年1月北京第1次印刷
开本:710毫米×1000毫米 1/16　印张:17.75
字数:240 千字

ISBN 978－7－01－022404－6　定价:70.00 元

邮购地址 100706　北京市东城区隆福寺街99号
人民东方图书销售中心　电话 (010)65250042　65289539

版权所有·侵权必究
凡购买本社图书,如有印制质量问题,我社负责调换。
服务电话:(010)65250042